O mar é minha terra

O MAR É MINHA TERRA

BETO PANDIANI

:grão
editora

Editoras	Maristela Colucci Renata Borges
Coordenação editorial	Carla Arbex
Projeto gráfico	Maristela Colucci
Preparação de originais	Mineo Takatama
Revisão	Mineo Takatama Zara Peixoto Vieira Viviane Akemi Uemura

1ª edição • 2010 1ª impressão
Editado conforme Acordo Ortográfico da Língua Portuguesa (AOLP).

Dados Internacionais de Catalogação na Publicação (CIP)
(Câmara Brasileira do Livro, SP, Brasil)

Pandiani, Beto
O mar é minha terra / Beto Pandiani.
São Paulo: Grão, 2010.

ISBN 978-85-63313-05-8

1. Pandiani, Beto 2. Velejadores - Memórias
3. Viagens marítimas 4. Viajantes - Narrativas pessoais
I. Título.

10-09781 CDD-910.45

Índices para catálogo sistemático:

1. Viagens marítimas: Narrativas pessoais
910.45

:grão
editora

Rua Girassol, 128 – Vila Madalena
05433-000 São Paulo/SP
Tel.: (11) 3816.0699 - Fax: (11) 3816.6718
vendas@graoeditora.com.br
www.graoeditora.com.br

A todos os meus companheiros e colaboradores de viagem.
A todos os meus amigos e à minha família.
Às minhas três irmãs: Graziella, Barbara e Lilliana.
À minha esposa Debora.
À minha mãe.
Ao Marcelo Lacerda.
Ao Seiji e ao Robert.

De peito aberto

por Maristela Colucci

"Tutuca, estamos chegando!" Carinhosa e festivamente, foi sempre assim que, por meio do telefone via satélite, durante a Travessia do Pacífico, Beto Pandiani me avisou sobre as chegadas – após dois, três ou vinte dias no mar – a cada ponto isolado do mais vasto oceano do planeta.

E foi com o mesmo carinho envolvente que esse intrépido velejador conheceu e interagiu com povos e paisagens ao longo das seis expedições nas quais, sempre a bordo de catamarãs sem cabine, esteve exposto física e emocionalmente ao desconhecido.

Neste livro, você descobrirá um homem sensível, que narra suas experiências – marítimas e de vida – da mesma forma que as vivenciou: de peito aberto. Um explorador que transporta o leitor a pontos remotos do mar e da terra aos quais chegou, sempre levado por suas audaciosas jangadas *hi-tech*. Locais ora desertos, ora habitados por comunidades indígenas ou esquimós. Um narrador que o fará navegar por plácidas lagoas azul-turquesa para, em seguida, fazê-lo vibrar com as explosões de um vulcão.

Você também conhecerá um esportista sonhador e corajoso, porém cauteloso e extremamente consciente dos riscos aos quais se expõe, que planeja detalhadamente cada expedição e, diante das adversidades mais sérias, não só não banca o super-homem como tira delas singelas lições de vida.

Por fim, encontrará aqui um Betão engraçado e de bem com a vida, que o presenteou com certos privilégios que só os viajantes incansáveis alcançam.

Maristela Colucci é fotógrafa e cobriu as expedições Rota Boreal e Travessia do Pacífico.

Grande Betão

prefácio por Fernando Paiva

De Roberto Dias Pandiani pode-se dizer que seja um dos maiores velejadores do Brasil. Com 1,98 metro de altura, não é para menos que Betão tenha realizado todas as suas epopeias oceânicas a bordo de barcos sem cabine. "Mesmo porque eu não caberia dentro de um veleiro cabinado", costuma brincar. "Daí ter navegado sempre em catamarãs abertos."

Brincadeiras à parte, Betão é reconhecido como um dos mais respeitados velejadores do planeta. Sua paixão pela vela, aliás, tem origens remotas. Remonta ao pai, o engenheiro italiano Corrado Pandiani, que, além de pilotar aviões e montar a cavalo, foi também um homem do mar. Um "marinheiro a cavalo", na definição de Irving Stone ao biografar o escritor americano Jack London.

À diferença da maioria dos relatos de aventura e das biografias de homens do mar, no entanto, este *O mar é minha terra* não se resume à descrição de barcos, marinheiros, acidentes geográficos, tempestades e calmarias. Trata-se do primeiro livro escrito por Beto Pandiani – e isso faz dele obra completamente diversa das três anteriores por ele protagonizadas. Nelas, as andanças marítimas de Betão foram documentadas por jornalistas e fotógrafos. Nesta, ele foi bem mais fundo. Resolveu realizar uma viagem para dentro de si.

Tendo como fio condutor o diário de bordo de sua travessia mais recente – a do Pacífico –, Betão não apenas rememora as jornadas anteriores, como recupera boa parte da infância, da juventude e da maturidade. Mais: sem o menor pudor, realiza uma catarse em relação à figura paterna e conta como desvendou o mistério de suas três irmãs, que só veio a conhecer depois de adulto. Uma corajosa expedição pelo oceano da alma. Coisa para poucos.

Sem ser um profissional de texto, Betão se revela um excelente narrador, como você poderá comprovar. Relações humanas, geografia, problemas do cotidiano, história, reflexões ecológicas, náutica, marinharia, superação de obstáculos e muita aventura – por todos esses tópicos Betão navega com impressionante fluência. Consegue tratar com extrema leveza de temas que sempre nos importunaram, pondo-nos a pensar. E, ao final, não deixa de transmitir um bocado de esperança a todos nós – tripulantes efêmeros desta pequena bola de argila coberta de água. Grande Betão.

Fernando Paiva é jornalista e *publisher* da Custom Editora, em São Paulo.

Para começar

Um dia pensei: será possível conhecer o tamanho verdadeiro do mundo? Já que estou morando temporariamente neste belo planeta, por que não explorá-lo, conhecer sua gente, seus hábitos, sua cultura, seu modo de pensar e seus valores? Resolvi tentar e comecei pelas Américas.

Corri regatas de *hobie cat* durante muitos anos e, por motivos óbvios, escolhi o barco a vela para me lançar ao mar pela primeira vez para uma viagem de longa distância. A essa viagem seguiram-se muitas, todas motivadas pelo mesmo espírito aventureiro da primeira.

Um barco a vela proporciona uma relação interessante entre navegador e embarcação. Por exemplo, quando navegava pelos rios amazônicos, bem próximo à margem, podia observar a paisagem em detalhes. O deslocamento do barco, quase imperceptível, permitia até contar árvores. Deslizava a uma velocidade que ensejava à natureza humana poder observar e usufruir um lugar, tal qual em terra faria um zen-caminhante.

Comecei a refletir sobre essa relação entre tempo e espaço e descobri que perdemos totalmente a noção de distância quando andamos de avião ou mesmo de carro, ou seja, num barco a vela, eu poderia realmente vivenciar o deslocamento, torná-lo proporcional ao meu esforço e ser absorvido pela experiência de estar ali, interagindo com o meio ambiente, me expondo aos elementos do entorno.

Talvez exista um meio melhor de viajar do que em um pequeno barco sem cabine. Sem dúvida isso depende do objetivo. Mas foi ele mesmo, um pequeno barco a vela sem cabine, que elegi para minhas viagens. Hoje sei que foi a melhor escolha. Ao fechar os olhos, posso relembrar cada contorno que a costa americana desenha sobre o mar. Jamais vou me esquecer da imponência do delta do rio Amazonas; da beleza selvagem do recortado sudoeste do Chile; da cor turquesa exuberante das ilhas Exumas, nas Bahamas, com seus bancos de coral; da pureza da Antártica; das majestosas montanhas da costa do Labrador; do mágico fiorde da Eternidade, na Groenlândia, e da beleza de Ilhabela, meu porto seguro.

Quando parti pela primeira vez, logo notei que não era só o mar que me atraía. Minha intuição me guiou para as mais significativas experiências que já tive e nem sonhava existir. Foram encontros e despedidas, situações de perigo e insegurança, mas incontáveis momentos de deslumbramento e aprendizado. Foi no mar que senti pela primeira vez o gosto da comunhão com a Natureza. Foi durante essas viagens que encontrei razões para desfazer-me da percepção de que o ser humano "não vale a pena", pois, distante do massacre diário dos meios de comunicação em forma de tragédias, violência e corrupção, tudo se clareou e experimentei outros aspectos do homem, pouco explorados pela mídia.

Meus preconceitos foram dissolvidos pela generosidade que provei, muitas vezes literalmente, compartilhando alimento, respeito, carinho humano, espírito cooperativo. Por onde passei deixei lembranças e levei saudades, num eterno chegar e partir. Quase todos os dias havia alguém acenando para nós em alguma praia desta linda e vasta América. Incontáveis vezes me emocionei com encontros únicos, que nunca mais iriam se repetir. Foi um exercício diário de morrer e nascer, um treino para me tornar um pouco mais desprendido. Mesmo assim sinto que essas pessoas fazem parte da minha família, uma imensa família. Essa bagagem afetiva, que carrego sempre e para todo lugar, além de não pesar nada, não é perecível.

Por mais solitárias que sejam as viagens, nenhum sentimento de solidão me tomou, talvez graças à certeza e à coragem de abrir mão de muitas coisas da vida que eu levava para simplesmente navegar com o vento. Tive que aprender a viver com o medo de fracassar, com a incerteza da chegada ao fim de um dia difícil no mar, entre outros sentimentos que nos assaltam quando enfrentamos praticamente sozinhos as manifestações da Natureza. Mas a sede por aventuras, pelo desconhecido, sempre foi mais forte; além disso, meu coração me dizia que esse mergulho me levaria por um caminho de profundas descobertas pessoais.

Essa vivência me fortaleceu internamente e hoje continuo me entregando à minha maior aventura, à maior viagem de todas: a busca de saber quem sou eu.

Um mundo à parte — 22 de outubro de 2007

A noite está escura, o céu, encoberto, e uma enorme nuvem negra se aproxima. Já jantamos e começamos a vestir as roupas contra o mau tempo. Mais parece que estamos colocando armaduras para uma batalha.

Igor comenta comigo: "Essas coisas só acontecem à noite".

Depois de vários dias de travessia com o céu limpo, não era bem-vinda uma tempestade. Na escuridão fica mais difícil se defender, pois é impossível prever as rajadas de vento, as ondas traiçoeiras arrebentam na lateral do barco, e ainda há o fator psicológico: o escuro amedronta e induz a fantasias.

O vento começa a aumentar rapidamente e traz chuva. As rajadas, violentas, fazem o *Bye Bye Brasil* acelerar, descendo ondas com muita velocidade. O *spray* provocado pelo mar que se levanta vem direto contra a minha cara, misturado com a chuva. Não dá para enxergar coisa alguma na frente. Navegamos por instrumentos, como em um voo cego.

De repente o vento diminui e percebo a aproximação de uma nuvem ainda mais negra. Pouco depois, quando o vento aumenta novamente, baixamos todas as velas e só deixamos a pequena buja na frente. Nessas horas o lugar mais seguro é sobre o trampolim, pois cair no mar à noite – e esse risco está sempre presente – é fatal. Impossível um velejador manobrar sozinho o barco e tentar encontrar alguém no meio da escuridão. Para não correr esse risco, andamos amarrados com um cinto de segurança. Dormir, nem pensar, e já prevejo uma noite longa e dura.

O vento vem muito forte, em rajadas, trazendo muita chuva. A visibilidade é zero, o som do vento e das ondas quebrando em cima do barco, ensurdecedor. Fico atento e peço a Igor para que baixe a última vela. Alinho o barco no mesmo sentido do vento e do mar. Igor olha a bússola e grita para mim: "Estamos voltando para o Chile". Não temos outra opção, o negócio é sobreviver.

Ficamos bem próximos um do outro no meio do trampolim, enquanto procuro manter o barco na direção certa. Estou num lugar inóspito, mas não consigo traduzir o que sinto, o medo passou, e, internamente, parece que este é o lugar em que sempre sonhei estar. Acho que no fundo queria me testar.

É segunda-feira e a essa hora meus amigos devem estar no aconchego da casa deles vendo televisão ou jantando em algum restaurante bacana. Poucos deles imaginam que estamos envolvidos por uma tempestade no meio do oceano Pacífico em um barco sem cabine.

Insônia — 8 de outubro de 2007

Faz três noites que não consigo dormir direito, atormentado por pesadelos. Acordo assustado e dificilmente volto a dormir, pois a intranquilidade toma conta de mim. Fico pensando nas centenas de coisas que temos que fazer: das compras à burocracia a ser cumprida para o desembarque e a montagem do barco, e também em como lidar com essa longa travessia.

Toda véspera de partida me deixa apreensivo e ansioso. Já fiz cinco longas viagens, sempre convivi com a ansiedade e a apreensão, mas desta vez não estou me reconhecendo, tenho que admitir – estou com medo.

Não temo pela minha vida, não é medo de morrer – acho que é receio de falhar, de não conseguir fazer o que estou me propondo. Pode ser o medo do desconhecido também. Às vezes acho que nós, seres humanos, tememos o bom, nos sabotando.

Essa será uma viagem muito diferente das anteriores. Costumo navegar de dia, parando à noite em alguma praia para dormir. Já houve vários trechos em que navegamos mais de um dia sem encostar, mas o maior período que velejei ininterruptamente em um catamarã sem cabine foi quando Duncan Ross e eu cruzamos a passagem de Drake, a caminho da Antártica: 82 horas, sob condições bem duras e teoricamente muito mais críticas do que cruzar o Pacífico.

Vamos partir de Concón, cerca de 15 quilômetros ao norte de Viña del Mar, na costa chilena, para uma velejada realmente longa. A primeira escala será a ilha de Páscoa, a 2.200 milhas da costa – é a primeira perna da viagem. Ainda não consigo me dar conta da real distância até a Austrália, nosso destino final.

Como um barco a vela nunca vai direto ao destino por causa das variações do vento, o percurso sempre fica mais longo. Inicialmente calculo que podemos fazer o trajeto em doze a catorze dias, ou melhor, noites, o que é bem pior, pois dormir nesse tipo de barco é sempre um desafio.

Em Concón, os dias são de muito trabalho, mas estamos muito bem instalados em um apartamento térreo de frente para o mar, com uma ampla varanda. Tudo foi organizado para a nossa chegada por um dos nossos patrocinadores, a Ferrari Stamoid. O Club de Yates Higuerrilas, que acolheu o *Bye Bye Brasil*, fica a 500 metros de casa, e a região é famosa por ser um centro gastronômico de frutos do mar. Comida não vai faltar.

No início éramos quatro: Maristela Colucci, a fotógrafa da viagem; Mauricio Porto, conhecido por Pepê, cinegrafista; Igor Bely, meu companheiro de barco; e eu. Para nós a viagem havia começado em São Paulo, quando no dia 18 de setembro de 2007 partimos num Pajero Sport rebocando o barco vermelho e mais 500 quilos de equipamento. Como não havia espaço para tanta coisa, a Maris foi com sua caminhonete para ajudar a levar toda a carga. Foram necessários seis dias para percorrer os 4.000 quilômetros, andando em ritmo lento, pois o reboque estava muito pesado, e só de pensar num acidente com o barco já me gelava o estômago. No total rebocamos quase 1,5 tonelada, resultado de dois anos de trabalho. Uma tonelada e meia de sonhos.

A ideia de levar o barco de Ilhabela até o Chile, cruzando a cordilheira dos Andes com ele "nas costas", tinha bastante sentido para mim, pois tirá-lo das águas do Atlântico e recolocá-lo no Pacífico era já uma aventura, e tenho uma forte ligação com Ilhabela. Foi um jeito de começar a viagem do lugar para onde sempre quero voltar.

No primeiro dia de viagem pretendíamos chegar a Porto Alegre, missão quase impossível, pois cobrir 1.200 quilômetros com aquele reboque enorme naquela péssima estrada parecia inconcebível.

Claro que a viagem foi tensa, com muito buraco na estrada, caminhões disputando conosco as ultrapassagens, chuva forte, farol na cara, e ainda o inconveniente de rebocar algo mais largo que o carro. Foi um festival de fininhas, e fiz mágica para não cair nos buracos grandes e quebrar a carreta.

Paramos para jantar em Araranguá, bem no sul de Santa Catarina, e chegamos ao hotel de Porto Alegre às duas da manhã, acabados, mas com a missão cumprida. *Bye bye, Brasil, a última ficha caiu... eu penso em vocês* night and day... desmaiei na cama.

Alguém já ouviu falar de Amaral Ferrador?

No dia seguinte passamos por essa pequena cidade, ao lado de Cristal, no Rio Grande do Sul. Dominava a paisagem o pampa, com pastos enormes, horizonte longínquo, gado e muitos pássaros. O dia começava cedo, pois tínhamos que rodar 800 quilômetros e passar por duas aduanas. Já dava para sentir o frio do sul, mesmo com sol, e também para ver que vinha mais água pela frente. O charuto vermelho continuava nos seguindo – tínhamos a sensação do caramujo que carrega a sua casa nas costas. No nosso caso, levávamos a casa e o veículo dos próximos meses. O consumo de combustível aumentou no segundo dia, pois tínhamos muito vento contra, de sudoeste, anunciando a mudança de tempo. A carreta bailava na pista, e eu de olho no retrovisor.

Rumo à fronteira, Chuí era a parada seguinte, e o corpo já começava a reclamar, fruto do cansaço acumulado. Passamos a linda Estação Ecológica do Taim, que pode ser observada nos 15 quilômetros que a BR-471 atravessa a região, cheia de patos, capivaras e milhares de pássaros.

Ao chegar à Inspetoria da Receita Federal de Chuí apresentamos os documentos dos carros, barco e equipamentos eletrônicos, que não eram poucos. Para nossa surpresa, o chefe da Receita Federal, o Paulo, muito gentilmente nos explicou que o barco, que é de nacionalidade francesa e estava temporariamente no Brasil, precisava, na saída da fronteira, passar por um processo de exportação.

Resumo da ópera: como o dia seguinte era 20 de setembro, feriado no Rio Grande do Sul, teríamos que recorrer a um despachante para mexer com a papelada somente na sexta-feira, dia 21. Já era final de expediente, e não havia qualquer um que estivesse a fim de arrumar sarna para se coçar.

Depois de ouvir a nossa situação, Paulo, que é velejador também, decidiu nos ajudar, e que ajuda! Chamou um despachante, que se sensibilizou com o caso e, na mesma hora, fez o processo andar. Passadas duas horas, estávamos prontos para sair do Brasil.

Já do lado uruguaio achamos que a entrada ia ser simples. Ledo engano. Depois de quarenta minutos o chefe da fiscalização da Aduana Uruguaia, Eduardo, veio nos explicar que tínhamos que levar conosco um fiscal até a fronteira com a Argentina, no caso, a cidade de Colonia del Sacramento. Queriam certificar-se de que o barco sairia do país. Já eram nove e meia da noite, e o nosso plano de chegar à pequena cidade de Carmelo naquele dia fora por água abaixo. Além do mais, os dois carros estavam abarrotados, não havia espaço nem para um alfinete! Tira daqui, coloca ali, e partimos rumo a Montevidéu com o nosso novo tripulante e exímio caçador de javalis, Carlos Terra, um simpático funcionário da aduana que foi nos contando muitas histórias. Paramos para jantar no caminho e só chegamos a Montevidéu às três e meia da madrugada, exaustos. Tínhamos só quatro horas para dormir.

Pulei da cama às oito, acordado pelo Carlos. Saímos rumo a Colonia pela *rambla* de Montevidéu. Dia de sol, céu azul, frio e paisagem linda. O Uruguai parece uma grande fazenda, parada no tempo: muitos carros antigos e pessoas idosas dão a sensação de que estamos nos anos 1950. Adoro aquele lugar de gente educada, simples e de muita tradição.

Em Colonia fomos direto para a aduana. Inicialmente disseram-nos que o barco não poderia ficar lá. Bom, ainda bem que tínhamos Carlos a bordo, pois ele conduziu a burocracia, e depois de uma hora e meia deixamos o barco em custódia e tocamos para Carmelo a fim de visitar os pais de Igor. Sem o torpedo vermelho nas costas, levitamos pela linda estrada que levava àquela cidade fundada em 1816. Ao chegarmos próximo à propriedade da família Bely, pegamos uma estradinha de terra margeada por áreas cultivadas de um verde inacreditável.

O caminho foi estreitando, até virar uma trilha. De repente avistei, despontando do meio do mato, dois mastros gigantescos. Que cena rara! Era o *Kotic*, amarrado na beira do rio Uruguai. Todos nos esperavam com a mesa posta: Sophie e Oleg, pais do Igor, Pauline, sua namorada, e a simpática vizinha, Karen. Foi a família Bely que me deu apoio na Travessia da Passagem de Drake e no final da Rota Boreal, quando velejamos juntos pela costa do Labrador até a Groenlândia. Foram muitas aventuras juntos, e a nossa amizade é recheada de boas lembranças por lugares maravilhosos e muito vento frio. Que saudades dos Bely!

O cenário da nossa confraternização não poderia ser mais deslumbrante: Sophie montou à beira do rio, e embaixo de uma árvore frondosa, uma mesa com toalha de flores. Ao lado, um braseiro assava costela de cordeiro, linguiça feita em Carmelo e outras carnes. Na mesa: salada, queijos, salame e vinho tinto da região. Falávamos português, espanhol, inglês e francês, tudo misturado. Como só iríamos ficar um dia, tentávamos saborear ao máximo aqueles momentos preciosos e colocar a conversa em dia. Um encontro mágico. Aquela família tem muitas coisas incomuns. Uma delas: moram num veleiro há 37 anos. Por algum tempo me senti na aldeia dos gauleses, junto com o Asterix e o Obelix, comendo javali. Só faltou o Chatotorix tocando harpa debaixo da árvore.

Falamos do barco, da viagem, e Oleg, o velho lobo do mar, por algumas vezes nos sabatinava sobre a travessia. Os assuntos eram os mais variados, e, como sabíamos que aquele reencontro seria breve, sorvemos toda a informação possível. No fim da tarde fomos à estância da Karen, que vive seis meses em San Francisco, nos Estados Unidos, e o resto do ano na sua casa de campo, que parece uma *hacienda* do famoso seriado *Bonanza*, no mais puro estilo mexicano.

O dia seguinte começou muito bem, especialmente porque consegui dormir doze horas. Tomamos café com Sophie e Oleg. Ainda tínhamos muito assunto, pois não nos víamos fazia dois anos, mas logo chegaria a hora de partir. Durante o inverno eles moram ancorados num rio, no Uruguai, a bordo do *Kotic*, um veleiro polar de 63 pés. Igor e Olga, sua irmã, nasceram no barco. Foram educados pelos pais e estudaram por correspondência. Igor nasceu nas ilhas Reunião, no oceano Índico; Olga, em Angra dos Reis, no Brasil.

A despedida também foi embaixo da árvore, com um assado de cordeiro. Nada mais apropriado, pois estávamos em regime de engorda para garantir os próximos meses, que seriam pesados. Despedidas sempre envolvem muita emoção, especialmente para um pai e uma mãe que veem partir um filho que foi treinado no mar e agora ia se aventurar por uma travessia inusitada. Sair da casca também era importante para Igor, e aquela despedida deve ter significado muito para ele – afinal, iria conquistar seu próprio espaço como navegador. A partir desse dia não era o filho de Oleg, mas sim Igor Bely, que iria cruzar o Pacífico. Mesmo assim, os conselhos do Oleg são sábios e ecoam na alma, tamanho é o seu carisma e sua experiência, especialmente às vésperas de um desafio como o nosso.

A bordo do *Kotic* a vida acontece de um modo especial, e voltar para aquele barco sempre me traz as boas lembranças das viagens polares.

Fomos para Colonia, direto para a aduana, pegar o *Bye Bye Brasil*. Depois de muitas informações desencontradas, conseguimos recuperar o catamarã e embarcamos no *ferryboat* para a Argentina. Em Buenos Aires, depois de uma noite de descanso no Sofitel de Puerto Madero, tomamos um café da manhã digno de reis e caímos na estrada. O dia seria longo: mais uma perna de 1.100 quilômetros rumo a Mendoza, no pé da cordilheira dos Andes.

Cruzamos o pampa argentino. Extensas áreas planas onde as estradas, retas, se perdiam no horizonte. De ambos os lados podiam se ver rebanhos de gado em farta pastagem. Na metade do dia a paisagem mudou um pouco, e passamos a cruzar imensas áreas alagadas. Senti-me no Pantanal. Muitos pássaros voando ao lado e o gado nas fazendas, praticamente ilhado. Aquela paisagem era nova, consequência talvez da grande quantidade de chuva que havia caído.

Na Argentina é comum avistar, na beira das estradas, santuários com bandeirinhas vermelhas em homenagem a Gauchito Gil, o santo padroeiro dos caminhoneiros. Imaginava ser um personagem do folclore argentino, mas, quando o via, era inevitável lembrar a imagem do Maradona gordo, todo vestido de vermelho.

No final do dia, quando começava a anoitecer, vimos algumas montanhas iluminadas pelo vermelho do pôr do sol. Essa paisagem, aparentemente monótona, me dava uma sensação de liberdade e amplidão. Ver o horizonte me faz bem.

À noite soprava um vento lateral de sul muito forte, que trazia muita areia, e em alguns trechos havia neblina. A pista era simples e vinham muitos caminhões no contrafluxo, com farol alto, e, para complicar, a carreta com o barco balançava de um lado para outro a cada rajada de vento. Foram quatro horas bem estressantes, com o barco passando rente aos caminhões.

No nosso penúltimo dia de estrada, a expectativa era grande, pois estávamos cansados de dirigir dezessete horas por dia e dormir pouco. Chegamos a Mendoza, também, tarde da noite.

Para delírio de todos, logo na manhã do dia seguinte, já na estrada de novo, vimos a cordilheira dos Andes coberta de neve bem na nossa frente - neve fresca, provavelmente da noite anterior. Logo que começou a subida da serra através do passo Los Libertadores, entramos em ritmo bem mais lento, pois puxávamos o torpedo vermelho cheio de malas, mais o porta-malas abarrotado. Faltava ar para o motor em altitude elevada, mas o nosso Pajero puxou o *Bye Bye* bravamente pelo passo. Nunca mais, acho eu, meu barco vai passar por um lugar tão alto, ele que só anda ao nível do mar! Depois de duas horas subindo e serpenteando as montanhas, começamos a ver neve ao longo do acostamento. "Que situação inusitada para um barco", pensei. Na fronteira com o Chile havia um movimento enorme de carros, e a burocracia nos tomou duas horas, fazendo-nos ir de guichê a guichê, mas no final deu tudo certo.

Descemos a montanha em direção a Valparaíso e pegamos uma estradinha bem estreita para chegar a Viña del Mar. Perto da costa, a estradinha começou a ziguezaguear ao lado do oceano. Ao ver o Pacífico fiquei arrepiado. Pensei: "Este é o mar que vamos cruzar". Saímos de Ilhabela, no Atlântico, e agora estávamos chegando ao Pacífico. Cruzamos o continente de carro e agora vamos cruzar o Pacífico com o catamarã que está bem atrás de nós. Quando paramos em frente ao portão do condomínio, olhei para o odômetro parcial do carro: 4.000 redondos. Impressionante! Descemos do carro e comemoramos a chegada. Havíamos dado outro passo importante. Agora o barco olhava para o majestoso oceano Pacífico, o mais vasto de todos. Vislumbrei o horizonte escuro e me imaginei longe, mergulhado no desconhecido. Como seria estar a 1.000 milhas da costa em plena escuridão, velejando com um barco aberto, em um dia de mau tempo? Achei melhor não pensar muito. Preferi conhecer a casa. Descarregamos as malas e fomos direto jantar no La Gatita, um simpático restaurante de frutos do mar bem colado à nossa nova casa. No dia seguinte, ao acordar, abri a cortina da enorme janela do meu quarto. Vi o Pacífico aos meus pés, pois a nossa casa estava debruçada no mar, sobre uma praia bem pequena e cheia de pelicanos. O dia começava lindo e frio. Não imaginava que naquela época do ano estaria tão gelada a costa do Chile. Na noite anterior a temperatura havia descido aos 7 graus.

Depois do almoço fomos recebidos pelo capitão Eduardo Hidalgo, da Capitania do Porto de Valparaíso, que já sabia da viagem, pois tinha lido um artigo a nosso respeito no jornal *La Tercera*. Após a reunião de praxe, realizada num ambiente descontraído graças ao nosso bom passado em águas chilenas, ficou combinado que ele faria uma vistoria no barco montado e, se tudo estivesse de acordo com as exigências, estaríamos liberados para a viagem. Além disso, o senhor Hidalgo nos explicou que eles nos monitorariam e nos dariam cobertura até as ilhas Gambier, na Polinésia. Uma ótima notícia.

Saímos para a rua e vimos que o tempo começava a fechar, com um vento frio soprando de sudoeste. Passamos então a reavaliar a nossa estratégia para a travessia, pois tínhamos planejado partir da cidade de Antofagasta, que fica bem mais ao norte, uma região mais quente e seca. A mudança do local de partida para a região de Viña del Mar foi sugerida por Pierre Larsnier, nosso meteorologista, que vive na França e já nos havia assessorado na travessia do Drake e na expedição Rota Boreal.

Em Concón, enquanto montávamos o barco, nossa rotina era muito prazerosa. Nas geladas manhãs, a caminho do iate clube, passávamos pelos pequenos restaurantes da orla, espremidos entre o mar e a montanha, pelas casas de veraneio, pelo pequeno porto de pesqueiros e por um entreposto de pesca onde os pescadores limpavam os peixes e as conchas, espreitados por simpáticos pelicanos. Depois do almoço eles voavam para a pequena praia onde ficava a nossa casa.

Depois de quatro dias de trabalho nosso barco começou a tomar forma. A montagem deveria ser feita com todo o cuidado e atenção, pois um erro poderia pôr tudo por água abaixo, literalmente. Numa das idas ao iate clube, Igor percebeu uma trinca num lugar crítico do mastro, onde todos os cabos de aço convergem para segurá-lo. Chamamos então um especialista em solda de alumínio para fazer o reparo.

Há quatro anos, quando Duncan e eu estávamos na região do cabo Horn aguardando uma janela de tempo bom para atravessar o Drake e chegar à Antártica aconteceu a mesma coisa: ao revisarmos o *Satellite* antes de sair da Caleta Martial, Duncan viu uma trinca em uma manilha no mesmo lugar. Se dependesse das semelhanças, aquele era um bom sinal, pois no final tudo deu certo na expedição à Antártica.

Nas noites frias, ficávamos na frente da lareira tomando vinho tinto para esquentar e preparando nosso jantar. Depois, aproveitávamos o tempo para organizar as malas, separar as comidas, testar os aparelhos eletrônicos e discutir a logística da viagem. E eu, lembrando das outras viagens, percebia que nada destoava do programado: ansiedade, trabalho, saudades da namorada, da mãe, dúvidas, *check lists* intermináveis, dezenas de malas, muitos eletrônicos, preocupação com a cobertura da mídia... enfim, estava tudo normal.

Uma noite saí para pegar lenha e vi uma imensa lua cheia nascendo amarela. Tomado por um misto de admiração e preocupação, pensei que aquela linda lua não iria nos acompanhar na travessia do Chile para a ilha de Páscoa, pois ela estava minguando e, na segunda semana de viagem, iríamos ficar às escuras no meio do Pacífico. Esperávamos pelo menos por um céu estrelado.

Em 1994, no Caribe, quando velejávamos de Grand Turks para a República Dominicana, ficamos sem vento e, na segunda noite no mar, numa calmaria a 50 milhas da costa, vi o céu mais lindo da minha vida, com estrelas desde a linha do horizonte até o outro lado, numa extensão de 180 graus. Como não havia vento, o mar estava um azeite. Fiquei de pé no barco, olhei para baixo e vi o céu refletido no mar. Os nossos pequenos catamarãs pareciam espaçonaves flutuando no espaço sideral, soltas no meio do imenso vazio. Foi o dia em que o mar e o ar se fundiram em algo maior, um presente da Natureza para os tripulantes daqueles dois barquinhos atrevidos.

No aconchego da casa aquecida, eu ouvia o mar quebrando nas pedras. Dali a alguns dias estaria a milhas e milhas da "civilização". Iríamos para um mundo hostil e duro, que não tem sentimentos, e por uma rota de ninguém. Nossa chance de encontrar outro barco durante a travessia era quase zero.

Naquela semana chegou do Brasil a Silvia, minha namorada na época, junto com suas filhas Renata e Luiza. Também vieram os amigos Bene, Nando e Marcos, que levariam os carros de volta para o Brasil. A vinda da Silvia foi muito importante, pois o carinho dela desanuviou minha ansiedade, que, alguns dias antes da partida, estava se transformando em medo.

Além dela, naqueles dias merecia minha atenção apenas o barco: estávamos tratando de deixá-lo o mais habitável e humano possível, e para isso providenciamos alguns pequenos luxos a fim de amenizar a vida a bordo, como iPods, livros e duas camas, digamos, adaptadas: macas cobertas por iglus para deitarmos durante as longas noites.

O gosto do Pacífico — 2 de outubro de 2007

No dia 2 de outubro o *Bye Bye Brasil* sentiu pela primeira vez o gosto do Pacífico: exatamente às 13h33min ele molhou a barriga no mar gelado do Chile. A operação, que parece simples, durou uma hora e meia. Primeiro, ainda sem o mastro, ele foi içado por um guindaste e colocado na água. A seguir, recebeu o mastro, também içado pelo guindaste e lentamente encaixado na posição correta. Para finalizar, com a ajuda de um bote de borracha, fixamos os estais. Esse barco nasceu na Europa, navegou pelo Atlântico norte e depois se mudou para a América do Sul, onde passou a navegar em águas mais quentes e calmas. Agora, estava prestes a se aventurar pelos mares da Polinésia.

Ir ou não ir: não era essa a questão, mas sim quando e como ir. Navegávamos em uma jangada *hi-tech* sem cabine e isso exige um planejamento perto da perfeição; não há muita margem para erro, as decisões devem ser certeiras. Assim, no nosso plano inicial, muitos meses antes, determinamos o dia 6 de outubro como o dia da partida. Mas sabíamos que era quase impossível manter a data, pois o tempo oscila muito. Informações meteorológicas para o planejamento de uma viagem podem ser obtidas por meio de publicações e cartas náuticas, mas a informação local é sempre muito valiosa, pois existem circunstâncias peculiares a cada região, como o microclima, que pode ser conhecido apenas por pescadores, velejadores ou alguém que mora na região.

Naquele sábado, diante da nossa oscilação, Igor entrou em contato com Pierre Larsnier, que estava na França, e ele nos passou como data ideal o dia 8, segunda-feira.

De qualquer maneira o adiamento foi bem-vindo, pois estávamos muito atarefados e não queríamos partir às pressas, sem o barco estar 100% preparado. Um acidente no mar quase sempre é consequência de um mau planejamento em terra.

Uma superstição me acompanha desde os tempos em que participava de regatas: é preciso ter o barco pronto alguns dias antes da competição. Ele tinha que estar limpo e visualmente perfeito. Isso me incutia um sentimento de que meu barco era o mais veloz, o que, consequentemente, me ajudava a manter o alto-astral.

Queria um *Bye Bye Brasil* impecável. Assim, quando estivéssemos numa noite escura mar afora, eu lembraria que o barco estava muito bem preparado, pronto para enfrentar tudo.

Nos últimos anos tenho viajado sempre em barcos bem pequenos, com um espaço diminuto a bordo. Essas circunstâncias exigem um bom senso bem afiado para definir a prioridade dos equipamentos levando em conta seu volume e peso. Às vezes, para ganhar espaço, cortamos o cabo da escova de dentes... Brincadeira à parte, na Travessia do Pacífico decidimos pelo seguinte equipamento obrigatório:

kit médico completo, balsa salva-vidas revisada e com certificado, 40 litros de água potável engarrafada. dois dessalinizadores manuais, fogos de sinalização, dois Epirb (*Emergency Position-indicating Radio Beacons*) – transmissores de localização usados em situações de emergência em caso de resgate –, dois rádios VHF, dois telefones via satélite, um computador à prova de água da Semp Toshiba para conexão com a internet, um rastreador via satélite, que transmite a posição da embarcação a cada três horas, três GPS (*Global Positioning System*), quatro bússolas, dez frascos de protetor solar, roupas com proteção contra os raios ultravioleta, roupas secas (as mesmas usadas na Antártica), alimento para 45 dias, ferramentas, peças de reposição, roupas, *kit* para mergulho e âncora. E nessa travessia ainda teríamos o luxo de levar dois livros e um MP3. A alimentação seria um pouco menos calórica do que aquela que consumimos nas velejadas à Antártica e ao Ártico, já que iríamos navegar por águas menos frias: deveríamos ingerir 3.500 calorias por dia para manter o peso.

Fazer malas aprendi com a experiência. Então, nessa sexta viagem já sabia o que era preciso levar. E agora, recordando a primeira viagem, a Expedição Entre Trópicos, em 1994, lembro uma passagem interessante com referência à bagagem.

Algum tempo atrás comecei a organizar o *clipping* eletrônico da travessia do Drake. Entrei em todos os *sites* de busca possíveis para encontrar artigos sobre a nossa viagem para a Antártica em 2003. Para minha surpresa achei mais de sessenta matérias em *sites* nacionais e internacionais, mas uma em especial me chamou a atenção: uma revista chamada *Cat Sailor* mostrava a palavra "Drake" numa área de fórum. Vários velejadores discutiam e trocavam impressões sobre a travessia do Drake, mas o texto que me surpreendeu foi o de uma mulher chamada Mary Wells. Dizia ela:

"Em 1994 eu estava com meu marido Rick White no iate clube de Miami, em Watson Island, quando encontramos alguns velejadores brasileiros que se preparavam para partir em dois *hobie cats* de 21 pés para a América do Sul. Curiosa e um pouco preocupada, perguntei a um deles se tinham experiência com *hobie cats*, e se eles já haviam feito longas travessias. Para minha surpresa, um deles me disse, com muita sinceridade, que essa era a sua primeira viagem e que ninguém havia velejado antes naqueles catamarãs. A única experiência era com *hobie cat* 16 em regatas. Meu marido e eu ficamos preocupados e continuamos a fazer perguntas:

'Vocês já experimentaram colocar toda a carga dentro do barco para ver como ele reage com tanto peso?'

Perguntei isso porque havia uma grande quantidade de equipamentos ao redor dos barcos.

Com bastante franqueza o velejador me respondeu que ele não sabia nem se o material todo iria caber dentro dos catamarãs.

O fato é que eles partiram, e eu e Rick ficamos muito impressionados com aquela viagem, e desde então sempre nos perguntamos se eles conseguiram, se desapareceram no mar... o que aconteceu com aqueles velejadores. Essa pergunta nunca foi respondida, e ao longo desses anos sempre me volta à memória aquela imagem."

Que sensação maravilhosa encontrar esse depoimento depois de tantos anos: aquele marujo inexperiente interpelado por Mary Wells era eu. Minha vontade foi encontrar pessoalmente aquela senhora e contar-lhe tudo em detalhes. Lembrei também que ela me perguntou como atravessaríamos a passagem de Mona, entre a República Dominicana e Porto Rico, conhecida por seu mar bastante encardido.

Continuei a ler o depoimento de Mary:

"Estou querendo saber se esses brasileiros que atravessaram o Drake de catamarã 21 têm alguma ligação com os rapazes que partiram de Miami em 1994."

Um dos internautas que participava do *chat* respondeu:

"Acho que sim, pois eles também fizeram uma outra viagem pelo sul do Chile, dobrando o cabo Horn, e me parece que eles são bem conhecidos no Brasil."

No *site* encontrei o *e-mail* de Mary e enviei-lhe uma carinhosa carta, confirmando que havíamos terminado a viagem com saúde e segurança. Agradeci-lhe a atenção e disse-lhe que a preocupação dela quanto ao peso da carga tinha procedência: no caminho jogamos muita coisa fora, até um monitor de televisão que o cinegrafista Pablo havia insistido em levar para periodicamente assistir ao material gravado. Também contei-lhe sobre as outras viagens: a Rota Austral e a Travessia do Drake.

Mary Wells tinha razão em ficar preocupada, mas em momento algum nos faltou responsabilidade. Pelo fato de não termos experiência em viagens longas, cometemos alguns erros que nos ensinaram a evitar outros mais sérios.

Contra o vento — 6 de outubro de 2007

Igor ligou para Pierre a fim de avisá-lo de que estávamos prontos para partir. Ele respondeu que não tinha tido tempo de dar uma olhada no nosso Pacífico sul, pois estivera ocupado, assessorando plataformas petrolíferas que estavam chegando rebocadas ao golfo de Bengala. O trabalho principal dele é este: guiar navios que transportam plataformas de petróleo pelo mundo.

Combinamos telefonar-lhe no dia seguinte: assim ele já estaria com todos os dados da nossa rota. No dia seguinte bem cedo lá estava Igor com caneta e caderno para anotar as indicações. Pierre começou dizendo que tinha uma notícia boa e uma ruim. A boa era que a situação do Pacífico sul naquele ano estava bem calma, com poucas frentes frias na região que cruzaríamos. A ruim: a alta pressão da ilha de Páscoa estava mais ao norte do que o normal, o que nos prejudicaria, porque isso empurrava os ventos alísios favoráveis a nós para o norte em relação ao local em que nos encontrávamos.

O problema não é tanto ir para onde estão os ventos alísios, pois a corrente de Humboldt nos levaria naturalmente para o norte, mas, para realmente pegar os alísios, teríamos que ir um pouco mais para o norte do que a latitude da ilha de Páscoa, o que tornaria difícil descer para chegar à ilha, encompridando bastante o percurso.

Finalmente, decidimos com o Pierre que o melhor dia para a saída seria segunda-feira, 8, pelo norte, em direção às ilhas San Félix, até conseguirmos pegar os alísios. Depois, avançaríamos na direção oeste, esperando que Pierre encontrasse uma "janela" de ventos favoráveis para podermos descer até a ilha de Páscoa. Na pior das hipóteses, se a janela não aparecesse, pegaríamos o que aparecesse, provavelmente ventos contrários. Mas isso eram só conjecturas, um jogo de xadrez contra o vento, um adversário imprevisível, que tem sempre uma carta na manga. Combinamos com Pierre que a partir daquele dia ligaríamos para ele a cada dois dias, para que ele nos mantivesse informados sobre o tempo. Assim poderíamos fazer alguma mudança de rota com antecedência.

Dia 8 chegou... e tivemos de adiar a saída, pois não conseguimos cumprir as exigências da Marinha chilena quanto a alguns tipos de fogos. Além disso, não havia vento.

Finalmente a partida — 9 de outubro de 2007

Pronto, a partida é hoje, 9 de outubro de 2007. E me vêm à mente todas as datas de partida e de chegada de todas as jornadas, todas bem guardadas dentro de mim. Como em todas as viagens, a ansiedade começa a tomar conta da gente, o medo se insinua pela imaginação, que cisma com a capacidade do barco, com a resistência do nosso corpo, com o tempo e com as longas noites maldormidas.

Igor falou novamente com Pierre, que nos indicou hoje como o dia ideal, com ventos calmos de até 12 nós. O frio continua, mas daqui a três dias deve começar a esquentar.

Dois dias atrás, fizemos o teste mais importante da fase de preparação: viramos o barco dentro da marina, com a ajuda de um guincho, que puxou o topo do mastro até o barco tombar. Para desvirar a embarcação Igor desenvolveu um sistema que consiste numa haste à qual se prende um saco de 200 litros de água que faz um contrapeso para puxar o barco à posição original. Passamos meia hora testando esse sistema em uma água de 12 graus. Mesmo com a roupa seca, sentimos o frio nos assaltar dentro da água. Não gostaria de repetir essa manobra, mas ficamos felizes com o resultado. Estávamos muito bem preparados. Só restava partir.

Penso em tudo o que ocorreu nos últimos anos da minha vida de velejador e me habilitou a chegar onde estou. Olho para o oceano Pacífico, imagino as não sei quantas mil milhas que nos separam da Austrália, os meses, os pensamentos, o tempo comigo mesmo. Essa é uma oportunidade de aprender um pouco mais sobre mim e sobre minha essência e mergulhar no imenso oceano interior. A dureza do mar irá me tornar um pouco mais experiente também. Agradeço do fundo do coração a todos os que nos ajudaram a chegar até Concón. Tenho como companheiro Igor, um grande amigo e um homem do mar com muitas habilidades. Temos muita sinergia e juntos esperamos fazer uma linda viagem. Despedimo-nos dos amigos. Dei um abraço no Bene, no Nando e no Marcos. A Silvia e as meninas retornaram ao Brasil um dia antes, pois já tinham marcado a passagem de volta.

O nosso *Bye Bye Brasil* está sendo rebocado através do píer do Club de Yates de Higuerillas pelo barco de serviço do clube. Lá fora nos espera a embarcação da Marinha que vai nos escoltar por alguns instantes. Soltas as amarras, o barco começa a se deslocar lentamente, movido só pela buja, a vela menor da proa. Depois içamos a vela mestra, a principal. Fazemos rapidamente os ajustes, e assim que colocamos o barco no rumo as velas enchem e dão mais potência ao catamarã. Acompanham-nos no barco do clube a Maris, fotógrafa, o Dudu, cinegrafista, e alguns amigos do clube que vieram se despedir. No molhe de pedra, nosso outro cinegrafista, o Pepê. Igor se aproxima e nos damos um forte abraço sem dizer palavra, e nem precisava.

O tempo está perfeito para a saída: vento fraco de sudoeste, mar calmo, temperatura agradável e sol, como antecipado por Pierre. Esse é o último contato visual com o "mundo de fora". Agora, só nos resta despedirmo-nos dos pássaros e dos pinguins que aparecem na nossa frente boiando. Pouco tempo depois me viro para olhar a terra. Estou sentado na popa do barco e atrás, já quase desaparecendo, está Valparaíso; à direita, os Andes nevados; à esquerda e na frente, nada – apenas o horizonte límpido. É difícil explicar a sensação desse momento. Igor e eu falamos pouco, quase nada – cada um com seus pensamentos, suas reflexões. Muitas coisas passam pelo meu coração: tristeza, alegria, medo, satisfação, orgulho. Fizemos tanto para chegar aqui! Partir é já uma vitória para nós. Sinto vontade de chorar, pela fadiga dos últimos dias, pelo *stress* da viabilização do projeto, por todas as coisas que só ficaram prontas na última hora, pela incerteza de que conseguiríamos partir. Preciso só de alguns dias no mar para me curar. Preciso navegar sobre as angústias – é uma questão de tempo.

À noite, por volta das 22h30min, navegamos tranquilos num mar calmo. A noite está fria e úmida, sem lua, muito escura, porém linda.

Sob milhares de estrelas, olho especialmente para uma delas. De repente uma estrela cadente ilumina o céu de tal forma que no primeiro momento penso ser fogos de artifício. Nunca havia visto algo tão bonito, verde, muito luminoso. Clareou o barco e o mar. A noite é muito cansativa, pois fazemos turnos de duas horas, ou seja, ficamos acordados seis horas. Agora que o mar está calmo vamos tentar dormir, mas tudo é novidade. Lentamente vamos nos adaptando.

As partidas são sempre angustiantes, pois é um momento de transição importante, quando tudo o que você pensou e fez vai se materializar, e é exatamente essa a sensação que tenho. O novo está se apresentando outra vez, e na primeira noite no barco, no meio da escuridão convidativa, mergulho no passado.

Alguns anos atrás, tomei a decisão de cruzar a passagem de Drake num barco aberto e comecei a repensar o tipo de barco que vinha usando. Nas duas primeiras viagens usei um catamarã de fabricação americana chamado *Hobie Cat 21*, construído de fibra de vidro. Era um modelo usado apenas como lazer em fins de semana ao longo da costa. Não era recomendado para viagens extremas, como as nossas, mas aprendi a deixá-lo mais resistente.

O Drake é um trecho de oceano de 800 quilômetros de extensão, que separa o cabo Horn, extremo sul da América do Sul, da península Antártica. Nessa latitude há uma faixa só de oceanos, sem continentes. Ali, o choque das correntes com os ventos fortes pode gerar ondas de mais de 15 metros de altura, que às vezes colidem umas com as outras. As temperaturas são muito baixas, e as frequentes tempestades têm uma força incomum. São conhecidos mais de oitenta naufrágios no Drake.

O nome da passagem é uma homenagem ao navegador inglês Francis Drake, que partiu de Londres no final de 1577 com cinco navios para realizar uma expedição comercial pelo rio Nilo. Quando chegou à África, o verdadeiro objetivo da expedição foi revelado, para consternação dos marinheiros: Drake queria atingir o oceano Pacífico pelo estreito de Magalhães e atacar as possessões espanholas estabelecidas na costa do ouro da América do Sul. A expedição foi marcada por conflitos e motins, tempestades monumentais, perda de navios e encontros fatais com nativos.

Em setembro de 1578, com três navios remanescentes, a frota cruzou as águas do estreito de Magalhães. Ao atingir o Pacífico, foram surpreendidos por uma tempestade medonha. Por dois meses, os navios estiveram nas mãos da fatalidade, impossibilitados de fugir do mau tempo ou de navegar para longe da costa. Um deles afundou. Outro voltou para o estreito de Magalhães e, em seguida, para a Inglaterra. Somente o *Golden Hind* prosseguiu, com Francis Drake, empurrado pelos ventos para longe, na direção sul. Supõe-se que naquele momento foi descoberta a passagem por mar aberto que existe abaixo do continente sul-americano, ligando os oceanos Atlântico e Pacífico. Francis Drake retornou à Inglaterra em 1580, abarrotado de ouro e prata, produto da pilhagem de galeões espanhóis na costa do Pacífico. Virou um herói inglês do século XVI, tendo recebido o título de *"Sir"* da rainha Elizabeth em 1581.

A passagam de Drake é um dos trechos de oceano mais temidos do mundo. Ninguém havia tentado cruzá-la em um pequeno catamarã sem cabine. Com mais de 20.000 quilômetros percorridos em barcos da classe *hobie cat*, era um desafio para mim. Não apenas de coragem. Para Duncan, era um desafio de planejamento meticuloso e de perfeito gerenciamento de projeto. Nosso barco, o *Satellite*, um catamarã de 21 pés, foi construído com base no sólido formato do *Hobie 21*.

Ir à Antártica passando pelo pior mar do planeta e navegando por uma região que apresenta enorme risco de colisão com *icebergs* exigia um barco diferente. Mas eu não queria fugir do conceito de catamarã sem cabine.

Fazia um mês que eu havia retornado da França, onde conheci o famoso meteorologista francês Pierre Larsnier, que me deu informações valiosas. Pierre foi-me apresentado por Oleg Bely, que também estava envolvido no projeto, pois seu veleiro *Kotic* seria o nosso barco de apoio, se necessitássemos de resgate em alto-mar. Era quase como levar um resgate a tiracolo.

Segundo Pierre, só conseguiríamos atravessar o Drake se houvesse bom tempo, ou melhor, tempo excelente. No final de janeiro de 2003 deveríamos estar na região do cabo Horn, num lugar abrigado, à espera de um sinal de Pierre, que estaria na França monitorando as frentes frias que nascem na Antártica. Assim que notasse um prenúncio de alguns dias de bom tempo, ele nos avisaria e daríamos então a largada para uma velejada bastante ousada, e ao mesmo tempo uma corrida contra o tempo, pois deveríamos cruzar o Drake entre dois momentos de mau tempo. Passamos a chamar esse intervalo de bom tempo de "janela".

Se a janela não surgisse até o dia 20 de fevereiro teríamos que fazer as malas e voltar para casa, para retornar somente no ano seguinte. Contando assim parece simples, mas isso custou um ano e meio de trabalho. Levantar recursos, construir o barco, contratar uma equipe, barco de apoio... e no final desistir por causa do caprichoso tempo! Era um risco muito alto, assim como um custo fora das minhas possibilidades. Mesmo assim encarei o desafio, e a embarcação para vencê-lo teria de ser mais leve, mais forte, mais estável e mais rápida. Daí se conclui que ela seria muito mais cara e mais difícil de ser encontrada. Decidi então procurar alguém para construí-la sob medida. Soube por intermédio de Dan Van der Klught, de São Paulo, que a Barracuda Technologies, uma empresa do Rio de Janeiro, distribuía para a indústria náutica fibra de carbono e *kevlar*, que são dois materiais muito resistentes usados na laminação de cascos e mastros, e este último é empregado também para fabricação de coletes à prova de balas e capacetes de guerra. A minha ideia era um barco de *kevlar*, para deixá-lo bem resistente.

Liguei para o dono da Barracuda, Jorge Nasseh, e me apresentei como Betão, o velejador que faz umas viagens de catamarã, mas ele imediatamente me identificou um pouco diferente: "Ah, já sei quem é você, é aquele maluco que faz umas viagens de barco sem cabine por aí". "Isso mesmo, Jorge." Então ele me perguntou qual era a minha próxima ideia maluca. Disse-lhe que estava planejando ir para a Antártica em um catamarã de 21 pés e procurava alguém para construir meu barco. Jorge me cortou: "Betão, você quer ganhar um barco?"

Respondi: " O quê?"

Ele repetiu: " Quer ou não quer?"

Pelo sim, pelo não, respondi que sim, mas meio desconfiado perguntei o que tinha que fazer para ganhar um barco.

Jorge me explicou que todos os anos ele constrói para a feira do *Boat Show* um barco diferente para mostrar a qualidade dos produtos com que ele trabalha e a tecnologia de construção que pode ser aplicada às fibras exóticas. Daí para nossa parceria foi um passo.

Duncan Ross, engenheiro experiente em construção de barcos e laminação e meu companheiro de viagem, que naquela época morava na França, começou a participar do projeto. Ademais, ele ficou encarregado também de comprar nos Estados Unidos o mastro, as travessas estruturais e as ferragens. Passados alguns meses, Duncan veio para o Brasil a fim de trabalhar na construção do barco, no galpão da Barracuda, ao lado da Cidade de Deus, no Rio de Janeiro.

Seguindo minha ideia, a estrutura do barco foi feita com *kevlar* e fibra de carbono. O mastro convencional foi substituído por outro, mais comprido, para que pudéssemos aumentar a área da vela, uma *spinnaker* de 24 metros para ventos de popa. E para proporcionar mais equilíbrio à embarcação e aumentar o conforto aos navegadores foram acopladas duas asas ultraleves, também construídas com fibras de carbono.

Como todo projeto dessa envergadura, houve atrasos inevitáveis em diversas fases, superados com muita dedicação de todos os comprometidos com o programa.

A segunda etapa do projeto foi realizada em São Paulo, na Tom & Cat, no bairro de Santo Amaro, onde ocorreu a montagem final do barco. O período de testes da embarcação se resumiu a uma velejada de trinta minutos na represa do Guarapiranga, zona sul de São Paulo, com vento de 5 nós e calor - condições "bem parecidas" às que enfrentaríamos na Antártica...

Finalmente, após dois anos de planejamento e preparação da expedição, no dia 7 de janeiro de 2003 colocamos o *Satellite* numa carreta e partimos do Yacht Club Santo Amaro - localizado nas margens daquela represa e um dos mais tradicionais do país, fundado em agosto de 1930 com o nome de Deutscher Segel-Club - para uma viagem de 5.500 quilômetros rumo a Ushuaia, na Argentina, "a cidade mais austral do mundo", capital da província da Terra do Fogo, que conheci em 1989 numa viagem de moto.

O carro foi abarrotado de equipamentos, além dos que levamos num baú gigante instalado na parte central da carreta. Transportar a embarcação e parte dos equipamentos foi já uma epopeia. O que para muitos seria uma viagem extenuante, para nós era apenas o começo. Achei que não chegaríamos nem a Curitiba.

Mas chegamos, depois de sete dias, e no mesmo dia fomos já ao aeroporto buscar o José Eduardo Amorozo, um amigo que havíamos convocado para nos ajudar em Ushuaia, onde teria início a viagem. E com ele vieram mais dez malas repletas de equipamentos, e de quebra duas bicicletas Caloi, que iriam protagonizar um *down-hill* na Antártica.

Eu estava tão cansado e tão estressado com os últimos preparativos em São Paulo, que acabei ficando doente: gripe fortíssima, rinite, conjuntivite e, de sobra, um herpes. A minha resistência estava no chinelo.

Em Ushuaia os dias continuaram sendo de muito trabalho, uma continuação da preparação meticulosa iniciada no Brasil. Depois de sete dias de montagem no Yacht Club Afasyn, com o auxílio incansável dos argentinos Dani e Gustavo, o *Satellite* tomou sua forma final, debaixo de copiosa chuva, muito vento e um frio de rachar. A aclimatação estava sendo feita, literalmente.

Montado o barco e testados os equipamentos de comunicação, câmeras e baterias, reservamos alguns dias para descansar e aumentar a nossa reserva de calorias. Escolhemos o La Rueda como o nosso restaurante oficial por causa do bufê, conhecido na Argentina como *tenedor libre*.

Durante o período de montagem do barco, chegou a Ushuaia o *Kotic*, trazendo a bordo Oleg, Sophie e seus filhos Igor e Olga.

O plano de travessia do Drake previa a escolta do *Kotic* por todo o percurso, navegando cerca de 20 milhas atrás do *Satellite*.

O *Kotic* foi construído por Oleg e Sophie e projetado para suportar condições de mar bastante adversas e até mesmo para navegação em regiões polares. Na verdade, esse era o *Kotic II*. O primeiro ele havia vendido quando dava aulas de física na Pontifícia Universidade Católica do Rio de Janeiro (PUC-RJ).

Oleg é reconhecido como um dos navegadores mais experientes do mundo na região antártica, mas conhece igualmente bem o hemisfério norte, e seu currículo cobre todos os oceanos do planeta. Não foi por acaso que o escolhemos como apoio. Seria como levar um anjo da guarda a bordo.

Oleg, Duncan e eu nos damos bem porque somos conservadores nas decisões, sem, entretanto, perder a ousadia. Para nós, a vida sem aventura não teria sabor.

Sophie, companheira inseparável de Oleg, tem aparência franzina, mas é uma mulher forte, acostumada aos rigores da navegação polar. Sempre de bom humor, durante aquela expedição ela cozinhou num fogão de duas bocas, muitas vezes em mar agitado, mais de mil e quinhentas refeições!

Olga, com 15 anos naquela época, ajudava na cozinha, nas manobras e limpeza do barco, e nas horas vagas pintava aquarelas. Mas essa artista é capaz de feitos incomuns. Lembro-me de que, certa vez, voltando da Antártica, numa noite de mar grande e vento de cerca de 40 nós, acordei preocupado e fui até a cabine de comando ver quem cobria o turno. Para meu espanto, não vi ninguém, até que, para espanto maior ainda, a escotilha se abre e surge Olga, vindo da tenebrosa escuridão.

Perplexo, perguntei a ela que diabos fazia àquela hora sozinha lá fora, cercada pelo mar assustador. Com aquela carinha de 15 anos, Olga respondeu calmamente que o vento havia mudado um pouco de direção e então decidiu dar uma folgada nas velas.

Igor, de 20 anos, é maduro e forte fisicamente. Pode substitutir Oleg em qualquer tarefa. Costumeiramente solícito, maneja bem um barco e se encarrega do trabalho pesado. Tem alma de cientista, como o pai, e está sempre disposto a aprender algo novo. Tornou-se pupilo de Makoto, nosso cinegrafista e um dos mais destacados escaladores de montanha do Brasil. Quando esteve no Brasil, em abril de 2003, ficou três dias com o médico Fábio Tozzi no Hospital da Universidade de São Paulo acompanhando cirurgias. Igor tem o frescor da vida e uma agilidade física e mental extraordinária. Eu nem imaginava que seria meu companheiro na Travessia do Pacífico.

A tripulação do *Kotic* para a escolta seria formada por Fábio Tozzi, que havia ido à Antártica quatro vezes; Makoto Ishibe; Júlio Fiadi, velejador e o único brasileiro que até então havia ido aos dois polos; Clayton Conservani, repórter do programa *Esporte espetacular*; e meus amigos velejadores Moyses Pluciennik e Roberto Dias.

Estava tudo pronto para a partida. Só aguardávamos uma boa previsão para sair dia 25 de janeiro, a data estabelecida para zarpar. Deveríamos estar na Caleta Martial, uma praia perto do cabo Horn, distante 100 milhas de Ushuaia, no final de janeiro.

No dia 24 de janeiro, Jorge Nasseh nos ofereceu um jantar no hotel onde estava hospedado. Também lá estavam Afonso Hennel, presidente da Semp Toshiba – minha parceira há muitos anos –, sua esposa Cristina Sá e Nuria Casadevall, que trabalha no *marketing* da empresa. Lá pelas tantas Jorge propôs um brinde e, por insistência da Clara, sua esposa, nos contou uma história.

Jorge é um apreciador de antiguidades e sempre que vai a Dallas, no Texas, visita uma galeria especializada em mapas antigos. Um mês antes de me conhecer, havia recebido um telefonema de Royd, dono da Riddell Rare Maps, que lhe ofereceu um mapa muito antigo, uma carta náutica da marinha mercante de mais de dois metros, datada de 1720, época que a Antártica ainda era desconhecida. Jorge gostou da descrição e adquiriu a peça por telefone. Assim que o mapa chegou, foi pendurado na parede do quarto do casal, acima da cabeceira da cama.

Clara, mulher sensível, indagou-lhe o motivo de colocar acima de suas cabeças uma carta náutica da passagem de Drake, famosa pelo desaparecimento de navios e pela morte de muitas pessoas. Na carta havia marcações de naufrágios recentes, feitas à mão. Para ela o quarto deveria ser um lugar aconchegante, e o significado daquele mapa trazia-lhe dissabores.

Na época, Jorge respondeu-lhe que não sabia por que havia comprado aquela carta. Mas naquele jantar parece que ele percebeu a mão do destino: ele era o construtor do primeiro barco sem cabine a cruzar o Drake.

25 de janeiro chegou. Planejamos partir pela manhã. No momento de colocar o barco na água o vento aumentou repentinamente e chegou a 40 nós. O mar ficou branco, cheio de "carneirinhos", e a Capitania dos Portos fechou o porto, uma decisão que reforçou a nossa, de não partir sob aquelas condições logo no primeiro dia. Os amigos que estavam lá para se despedir ganharam mais um dia conosco. Desmontamos o barco e adiamos a saída para o dia seguinte. Fomos direto para o La Rueda, nosso restaurante favorito, almoçar um carneiro assado.

No dia seguinte, com condições bastante favoráveis, partimos para Puerto Williams, 25 milhas a leste, já em território chileno. Nessa cidade já familiar para mim – havia passado por lá dois anos antes, durante a Rota Austral – disse a Duncan que conhecia um ótimo lugar para estacionar o barco.

Contornamos o Micalvi, o iate clube mais original que conheço, e paramos o barco numa pequena praia de areias negras, protegida tanto dos fortes ventos da região como da maré. O Club de Yates Micalvi é um antigo caça-minas alemão afundado na beira do mar que serve de píer para os veleiros. No passado essa embarcação foi usada como meio de comunicação por toda a Terra do Fogo, levando mantimentos para os faroleiros e povoados.

No interior do barco há um charmoso restaurante, decorado com fotos antigas e bandeiras de embarcações que se atreveram a ir à Antártica. Nas paredes, mensagens coladas e mapas antigos. Meu programa favorito ali à noite é tomar um vinho tinto chileno acompanhado de um sanduíche de *centollas*, uma espécie de caranguejo gigante, e ler o livro de visitas.

Assim que encostamos o *Satellite* na minha "praia particular", fui cumprimentar o Mani, que morava lá fazia alguns anos. Ele imediatamente sugeriu que eu guardasse o barco em outro lugar. Estranhei porque não havia local mais seguro que aquele, e dois anos antes havíamos deixado outra embarcação exatamente ali. Ele me contou que na noite anterior um dos poucos moradores da ilha que possuíam carro perdeu a direção e caiu na praia exatamente no lugar onde estava o meu barco. Ainda havia as marcas do carro na areia. Senti um frio no estômago, pois no mesmo instante me dei conta de que se não tivesse ventado forte no dia anterior já teríamos partido e o barco estaria no lugar onde caiu o carro. Imaginei o barco destruído por um dos poucos carros de Puerto Williams que perdeu a direção numa curva. Perguntei a Mani se no dia anterior havia ventado muito lá. Para minha surpresa ele disse que o dia havia sido calmo. Soube depois que o vento forte só soprou nas imediações de Ushuaia.

Pensei na explicação que iria dar se perdesse o barco num acidente como aquele ao voltar para o Brasil. Mas o compromisso do Jorge com o Drake era muito claro e forte. Coube a ele o papel de viabilizador do barco que foi para a Antártica. Decidi deixar o barco no mesmo lugar. Senti-me alinhado com o destino.

Calmaria — 10 de outubro de 2007

Na nossa saída, ontem, às 10 da manhã, senti que deixamos nossos amigos com o coração apertado. Para nós, o barquinho de escolta em que estavam foi ficando pequeno, pequeno, até sumir. Acho que para eles a imagem foi a mesma, e com certeza mais angustiante.

Depois de vinte horas sem vento, começamos a nos mover. O dia anterior foi psicologicamente cansativo, pois o *stress* da saída é sempre grande e, mesmo com mar calmo, o *Bye Bye Brasil* balançou, e eu, que não havia dormido na noite anterior, fiquei com enjoo. O lado positivo da calmaria foi que pudemos dormir melhor, mesmo com o frio que insistia em nos acompanhar.

Sabemos que os três primeiros dias serão difíceis. Temos que nos adaptar à vida na jangada, onde as horas passam arrastadas. Há tempo para pensar, sentir, refletir e lembrar. À noite o tempo parece uma eternidade.

Novamente o céu está recheado de estrelas e da janelinha da barraca posso ver esse maravilhoso universo. Para nós, neste barquinho, o mar parece imenso, sem fim, e para quem nos vê lá do espaço sideral, somos apenas uma gotinha de água azul viajando no universo. Tudo na vida depende do referencial e neste momento começo a vislumbrar um mar interior imenso.

É difícil imaginar que existam seis sextilhões de estrelas. Quantos sóis? Quantos sistemas solares? Quanto mistério! Como pode existir gente que se acha importante? Acho que nunca olharam para cima.

Nosso jantar hoje é macarrão com frango, com trilha sonora de Pat Metheny.

Além do horizonte 11 de outubro de 2007

Pela primeira vez velejamos com vento mais forte. O mar está mais mexido, tornando a velejada mais desconfortável. Sentimos que a travessia vai ser difícil, com um mar estranho, ondas vindo de duas ou mais direções. Não passei bem a noite. Vomitei e fui deitar. O barco chacoalha como touro mecânico, balançando o corpo da gente para os lados, para baixo e para cima. Igor está segurando as pontas, dessalinizou e esquentou água, fez a guarda diurna no leme e a transmissão de dados.

O vento sopra forte, com rajadas de mais de 25 nós, e para ficar mais tranquilos com o barco, decidimos fazer três rizos. Ele se mostra bem seguro, mesmo com bastante vento. Testamos então o piloto automático, que faz o trabalho pesado durante a noite, guiando o barco para o rumo preestabelecido. Deitado com a cabeça para fora da barraca, vejo-o corrigir o leme do barco a cada descida de jacaré. Mesmo com quase nada de vela, velejamos a 10 nós.

As ondas explodem contra a lateral do *Bye Bye Brasil*, espirrando água para dentro da nossa "cama". As noites estão muito longas e os pensamentos passam como o vento – vêm e vão. Em alguns momentos é difícil saber se estou dormindo e sonhando ou se ocorre realmente aquilo que penso e sinto. Está frio e durante a madrugada a temperatura cai para 7 graus. Somando a força do vento, a sensação térmica está bem baixa. Esses dias estou dormindo de *dry suit*, aquela roupa seca toda fechada. Ficar mareado é uma sensação que me incomoda muito, pois me sinto vulnerável, sem energia, e o barco não é bom lugar para se sentir assim. Nunca fiquei doente nas viagens que fiz em barcos sem cabine, somente enjoado. O medo de adoecer longe de tudo é algo com que aprendi a conviver; então levo uma vida bem regrada para não ter surpresas. Mas em 2000, durante a Rota Austral, testemunhei o tormento de um dos tripulantes com uma infecção dentária grave.

Estávamos num vilarejo chamado Puerto Éden, na ilha Wellington, nas costas chilenas. Acordamos cedo na pousada Yackchal para tomar o café da manhã. Felipe, um dos velejadores da viagem, disse que não conseguira dormir direito por causa de uma dor de dente repentina. A queixa me pareceu um mau presságio.

Partimos então imediatamente e no mar o vento não ajudava; nos movíamos com certa lentidão. Tivemos sorte em pegar uma carona na corrente a favor que chegava a mais de 1 nó. No meio do caminho, Felipe já não aguentava a dor. Paramos então numa pequena praia e recorremos ao *kit* de primeiros socorros preparado pelo dr. Fábio Tozzi. Segundo o manual, recomendava-se tomar um Voltaren, mas havia duas opções: um convencional e o outro, o 5.000. Olhei para o Felipe, que estava com o rosto inchado e uivando de dor, e escolhi o Voltaren 5.000. Quando lhe dei o comprimido, ele ficou espantado com o tamanho do medicamento. Expliquei-lhe que era o Voltaren 5.000, por isso aquele tamanho. Ele aceitou a explicação e colocou-o na boca. Tomou um pouco de água e tentou engoli-lo. O argentino começou a ficar vermelho, engasgar, e não conseguia mais respirar. Dei um tapa nas suas costas e ele cuspiu o medicamento na mão e ficou me olhando. Gui, tripulante do outro *hobie cat*, viu a cena, se aproximou e disse: "Beto, você deu a ele um supositório!" Meu Deus, queria ajudar e quase matei meu amigo! Foi impossível não rir, mas o Felipe estava tão mal que não achou graça alguma, tomou o Voltaren normal e retornamos ao mar.

Com quase nada de vento, paramos numa pequena ilha no final do dia, depois de avançar apenas 30 milhas. Logo pegamos o telefone via satélite Nera e começamos a procurar ajuda – queríamos ter certeza do que estávamos fazendo. Gui contornou a pequena ilha pelas pedras e subiu uma encosta, buscando uma posição sem obstáculos entre o aparelho e o satélite. Enquanto isso, eu e Santiago, proeiro do meu barco, preparávamos o acampamento e o jantar. Conseguimos uma consulta via satélite com a amiga dentista dra. Paula Zing, que nos deu as instruções: antibiótico, anti-inflamatório e analgésico. Felipe tomou esses remédios, jantamos e fomos dormir.

Ao acordar, notamos que a pressão atmosférica havia caído fortemente. Teríamos bastante vento. Felipe acordou sem dor, para nosso alívio, mas sabíamos que estava sob o efeito do analgésico e a dor poderia voltar. Sabíamos também que o antibiótico levaria no mínimo 48 horas para surtir efeito. Barcos na água e lá fomos nós mar afora. O vento, que vinha do norte, estava a nosso favor e nos fazia velejar rápido. O barômetro não parava de cair, o céu estava cinza e as montanhas ao lado já não nos davam a sensação de proteção. O cenário era diferente do dos canais ao norte, mais estreitos e com montanhas altas em suas margens. Lá o céu aparecia somente como manchas claras ou cinza acima de nossa cabeça. A sensação de labirinto era clara.

No começo da tarde cruzamos a latitude 50° sul, que marca o início do processo de "dobrar o cabo Horn". Tradicionalmente, considera-se que um barco dobrou o cabo Horn quando ele cruza a latitude 50° sul no oceano Pacífico, depois navega por fora da ilha de Hornos, onde fica o cabo, e por fim cruza novamente a latitude 50° sul no oceano Atlântico. Ou vice-versa, navegando no sentido contrário.

Estávamos entrando na área mais complicada da viagem. A parte sul e sudoeste da Patagônia e da Terra do Fogo, onde se localizam o estreito de Magalhães e o canal de Beagle, é um trecho que exige o máximo de cautela para não ser surpreendido por uma frente fria violenta, especialmente nos trechos abertos e sem abrigo, onde os ventos violentos formam grandes ondas. Com certeza a Terra do Fogo não é um lugar para barcos como os nossos.

Felipe voltou a ter crises de dor, amenizadas com analgésico. Mas, ao mesmo tempo que diminuía a dor, o remédio provocava-lhe sono e moleza, sensações que não combinam com velejar de *hobie cat* naquelas condições. A situação não estava nada boa. Puerto Natales, capital da província de Última Esperanza, na Patagônia chilena, estava a dois ou três dias de viagem, se o tempo ajudasse. Perguntamos por rádio a um navio chileno que passou por nós se havia alguma embarcação da Marinha na área, e a resposta foi não.

No final da tarde, com pouco vento, vislumbramos no horizonte um pequeno barco aberto com dois homens a bordo. Navegamos até eles. Queríamos saber de onde vinham e se havia algum povoado naquela região. Eram pescadores de Puerto Natales e estavam acampados num refúgio de uma ilha próxima. Conseguimos, com pouco vento, chegar a esse refúgio. No caminho, outra lancha se aproximou para nos conhecer. Seus tripulantes eram de outro acampamento e nos informaram que o *Katita*, um pesqueiro grande que transporta peixes para Puerto Natales, se encontrava nas imediações.

Ao chegar ao refúgio, Felipe agiu rápido: ligou o rádio e falou com o capitão do *Katita*. O pesqueiro iria zarpar à meia-noite e ele conseguiu uma carona para ser atendido com urgência. Hugo, um dos pescadores do refúgio, nos levou em sua lancha até o meio da baía para nos conectarmos pelo Nera com o nosso carro de apoio. O Zé Eduardo e o Marcelo, que faziam parte da nossa equipe de apoio, estavam em Chaiten, cidade localizada a 250 quilômetros de Puerto Natales e a 1.300 quilômetros ao sul de Santiago. Eles nos seguiam com uma Mitsubishi L200 rebocando um *trailer*. Deveriam seguir para Puerto Natales, onde encontrariam Felipe, que chegaria depois de dezoito horas de viagem no *Katita*. Depois de todas essas providências, Felipe deitou e apagou: havia tomado muito analgésico e estava entorpecido. Quando acordou, na hora de partir, sentia calafrios, encostou e dormiu mais um pouco. O barco atrasou. Às duas da manhã colocamos Felipe numa das lanchas e remamos até a saída do refúgio para encontrar o pesqueiro. Quinze minutos depois vimos as luzes do barco se aproximando. Colocamos Felipe na embarcação. Agora só nos restava esperar.

Ficamos cinco dias acampados no refúgio dos pescadores, em uma pequena ilha do canal Farrel, a 270 quilômetros de Puerto Natales. Por causa do relevo da ilha, que nos impedia o contato com o satélite, mais o mau tempo, permanecemos incomunicáveis durante esses dias. Só no quinto dia pudemos sair com uma lancha dos pescadores para fazer uma chamada. Esse período de sedentarismo compulsório nos levou a mudar o ritmo de vida. Não havia muito que fazer, a não ser esperar e ter paciência.

Um dia depois da partida de Felipe fomos atingidos por uma frente fria que nos presenteou com três dias de mau tempo, com a pressão chegando a 974 milibares, que era muito baixa, mesmo naquela latitude. Ventos fortes nos açoitavam, mesmo dentro do refúgio, pequena baía que conta apenas com uma estreita entrada de 10 metros. A lua cheia tornou pior o clima, pois a maré subiu exageradamente durante a noite quando o vento apertou: a água invadiu uma das cabanas de pau e plástico dos pescadores e soltou nossos barcos, o *La Samba* e o *Guru*, que estavam presos a barris de gasolina, arrastando-nos para fora do abrigo. Acordei com o balanço. Chamei Santiago e disse-lhe que algo estranho estava acontecendo. Abri a barraca do *La Samba* e peguei a lanterna. Iluminava todos os lados e não via nada familiar. Quando apontei a lanterna para baixo, em vez de terra vi água. Estava sonado ainda, mas como era possível estarmos flutuando?

Comecei a iluminar mais cuidadosamente ao redor e percebi que estávamos boiando longe do acampamento e sendo levados para o mar aberto no meio da madrugada chuvosa e ventosa. Nem queria imaginar o que poderia acontecer se fôssemos afastados para fora da pequena baía. Imediatamente começamos a remar em ritmo frenético de volta ao acampamento. Iluminando com a lanterna vi o Gui no barco dele enroscado na margem direita da baía. Por sorte o mastro do *Guru* havia se enroscado nos galhos de uma árvore. Depois de algum tempo conseguimos voltar à terra firme. A partir desse dia passamos a amarrar os barcos nas árvores.

Dormíamos nos barcos, mas passávamos o resto do tempo nas barracas dos pescadores. O plástico transparente que cobria a estrutura de pau proporcionava uma iluminação suave em seu interior e a estufa/fogão revelou-se a peça mais importante para nós naqueles dias. Sempre havia um de nós em volta dela, esquentando água para o mate, secando alguma peça de roupa ou simplesmente se aquecendo. À primeira vista, quando chegamos, tínhamos a impressão de estar em um acampamento de garimpo ou em alguma guerra: cabanas de plástico, tambores de gasolina por toda parte, som de motosserra ou machado cortando lenha, barcos chegando depois de um dia de pesca, pescadores conversando e muita lama entre as cabanas.

Naquele acampamento havia onze barcos que saíam com dois pescadores cada um às cinco horas da manhã, quando começa a clarear, e só retornavam às oito ou nove da noite. Todos trabalhavam para uma mesma pessoa, porém eram deles os barcos de madeira que mediam de 7 a 9 metros, equipados com motor de popa de 40 cavalos. Pescavam merlusa e congrio, com a técnica espinhel – chegam a pescar uma média de 150 a 200 peixes por dia, somando 500 a 600 quilos cada barco, diariamente. Os pescadores permaneciam três semanas no acampamento pescando e uma semana em Puerto Natales descansando e preparando-se para a próxima pescaria. O ritmo deles era muito intenso, agravado pelo mau trato proporcionado pelas condições climáticas e por uma vida muito precária em terra.

Felipe voltou no sexto dia, após passar por uma cirurgia em Puerto Natales. Seguimos então para Ushuaia, velejando por um dos lugares de natureza mais imponente que conheci, e lá chegamos às sete e meia da noite do dia 24 de dezembro de 2000, véspera do Natal.

Mar desencontrado e ondas fluorescentes

12 de outubro de 2007

A noite está bem escura e presencio um dos fenômenos mais lindos e impressionantes da minha vida. A lua não veio nos visitar e o céu encoberto não deixa ver nada lá fora. O mar está bastante temperamental, o vento sopra a mais de 30 nós, e novamente optamos por velejar com pouca vela. Já é bem tarde, e estou cansado de chacoalhar na barraca. Decidi esticar as pernas.

Sair do "sarcófago" à noite, sem cair no mar e com o barco pulando, requer muita atenção e bastante intimidade com esse tipo de embarcação. Logo que saio noto que o barco está todo iluminado por baixo por uma luz esverdeada. Esse fenômeno chama-se "ardentia" e ocorre raramente. Ardentia é um protozoário que possui bioluminescência e, quando numerosos e agitados, causam a fosforescência das águas dos mares à noite. Como o trampolim que une os cascos é feito de "material" furado, a luz que vem por baixo, em virtude do atrito dos cascos com a água, ilumina-o de verde-cintilante, como um néon que transparece sob o mar. Atrás do barco, o rastro da esteira também está todo esverdeado. Parece que o mar engoliu bilhões de vagalumes, que continuam a piscar, criando um efeito mágico.

O mar está todo encarneirado por causa do vento e as cristas das ondas também estão verdes. O que mais me impressiona é que está tudo muito escuro ao redor e o *Bye Bye Brasil* corta o mar repleto de pontos esverdeados. A arrebentação ao redor do barco é muito barulhenta. Não sinto medo, e por algum tempo fico em pé agarrado no estaiamento lateral, admirando esse espetáculo. Sei que é um momento único, um presente da Natureza, quero dar um grito de emoção. Mas não o faço, pois Igor vai se assustar. Volto para minha toca. Penso comigo: o *Bye Bye* navega sozinho sobre um manto verde, rasgando a imensidão. Hoje é o mar que está verde, mas já ocorreu o contrário.

Em 2005, na expedição Rota Boreal, quando meu parceiro Felipe Whitaker e eu estávamos na península do Labrador, no extremo norte da costa do Canadá, prestes a chegar a Hebron, o último vilarejo habitado da região, paramos em uma baía para passar uns dias. No último mês o *Kotic* havia se juntado a nós com a sua tripulação e era nele que passávamos as noites.

Dormia na minha cabine quando fui acordado por um grito: "Um urso polar!". Pulei da cama e saí correndo do jeito que estava. Quem gritou foi o Paulinho Magalhães, que dormia na sala do barco. Por volta das quatro e meia da manhã ele ouviu algo arranhar o casco do barco. Curioso, levantou-se do sofá e foi até a gaiuta que dá acesso ao convés. Abriu-a, não viu nada. Mesmo assim saiu para dar uma espiadela e bem na popa do barco avistou um gigantesco urso polar. Paulinho não teve outra reação a não ser correr aos gritos para dentro da cabine. Todos saíram para o convés com câmeras fotográficas e filmadora. Igor baixou o dingue e seguiu o urso, que a essa altura também estava assustado com o alvoroço, talvez mais até do que nós.

Estavam no dingue o Makoto, o Paulinho e a Maris, que documentaram a fuga do gigante branco. Impressionantes o tamanho e a velocidade do animal; chegou à terra e subiu com a maior agilidade uma enorme escarpa! Não gostaria jamais de ser perseguido por um bicho daqueles. Naquele habitat ninguém tem chance contra ele. Um oficial da Marinha do Canadá contou-me que um urso polar já foi visto nadando a 500 milhas da costa. Concluímos que o urso veio ao barco atraído por alguns salmões que deixamos secando no convés.

Na noite do mesmo dia, quando descansava, ouvi de novo uma correria no convés do barco. Pensei: será que é outro urso? Saí em disparada e me deparei com toda a tripulação olhando, em êxtase, para o céu todo esverdeado, com manchas difusas enormes que se moviam como um *show* de luzes coloridas. Eram formas de diversos tamanhos, em tons de verde-limão-néon e lilás. O espetáculo durou uns vinte minutos. Era madrugada e pela primeira vez via a aurora boreal, um fenômeno que só ocorre em lugares de latitude alta. A aurora boreal são tempestades eletromagnéticas que irrompem na atmosfera e sua coloração pode variar do púrpura ao verde e azul. Fiquei paralisado e concluí que no Labrador, para sonhar, a gente não precisa fechar os olhos; pelo contrário, tem que abri-los para se defrontar com um céu de pura magia. As silhuetas das altas montanhas e dos fiordes imponentes e a vida selvagem completam a beleza de um lugar esquecido pelo homem.

Girafa enlatada 13 de outubro de 2007

O tempo amanhece bem fechado e temos que gerar energia com o dínamo por causa da ausência do sol. O nível das baterias está baixo. Mesmo sem sol, a temperatura já está mais alta do que perto da costa. Dos 12 graus do amanhecer subiu para 16 graus. Pierre nos disse que daqui a dois dias vamos pegar os ventos alísios, bem mais confiáveis e confortáveis.

O mar grosso não nos permite conectar o telefone via satélite de dados; então, transmitimos as informações por voz pelo telefone direto para a Maris e ela escreve um diário que publica em nosso *site* no Yahoo Brasil. Ao menos temos vento de 17 a 22 nós em boa direção, vindo de sudoeste, como esperamos. Mesmo sem balão, andamos na direção certa. Apesar de não ir direto para a ilha de Páscoa, estamos ganhando altura, segundo determinações do Pierre, indo mais para o norte, para tentar garantir uma velejada com vento de boa direção. O convés do barco é varrido por uma onda a cada minuto, o que torna a vida a bordo muito molhada. Às vezes me questiono: não será melhor viajar em um submarino? Tudo o que fazemos tem que ser pensado, como abrir uma gaiuta, ir ao banheiro, ou abrir a tampa da cozinha (uma grande caixa de plástico) para pegar algo para comer.

Ir ao banheiro é a coisa mais "dolorosa" nos primeiros dias, pois para fazer a operação número dois é preciso tirar toda a roupa e se dependurar na proa do barco, o lugar mais molhado, porém o mais seguro. Tomar um jato de água gelado num dia sem sol e frio não é meu *hobby* predileto. Para quem está no leme é o momento mais hilário do dia, pois só ouve o companheiro gritar e praguejar. A cena é insólita, pois há situações em que ainda é preciso estar vestido com colete salva-vidas e cinto de segurança.

Igor e eu já nos adaptamos à rotina e parece que vivemos assim faz muito tempo. No final da tarde, com o sol bem baixo, avistamos San Félix, uma ilha alta, com relevo que lembra o formato de um baú. Passamos um rádio para o destacamento da Armada chilena em terra e reportamos as boas condições a bordo. À noite vemos luzes de pesqueiros e tento imaginar o que pescam. De manhã nosso barco está cheio de lulas e até uma espadinha. Nem imaginávamos, mas esses barcos seriam os únicos que avistaríamos em toda a viagem.

Alguém já viu girafa em lata de sardinha? É um produto novo lançado no mercado. É como me sinto: uma girafa dentro da barraca, onde entra água durante toda a noite, faz frio, e tudo o que eu visto está molhado ou úmido. Precisamos de um dia de vento fraco, sol e calor e, se possível, vinte minutos de chuva para lavar a alma, pois até ela está salgada. Como diz meu amigo Sidão Tenucci, a alma está aquática. Todos os dias, quando converso com a Maris, que está na ilha de Páscoa, me invade uma ansiedade de chegar logo, mas ansiedade não cabe em um barco a vela – só saudade. Onde estão os meus queridos amigos?

Apesar de a vida no mar ser dura, mais duro deve ser não ter planos. Estou fazendo algo em que muitas vezes não sei vislumbrar sentido, apenas sigo uma ordem que emana de dentro de mim. Sei que o caminho é esse.

Essa ideia de dormir em sarcófago *hi-tech* começou na viagem ao Drake, quando Duncan e eu fomos à Antártica. Descobrimos o que fazer para descansar durante as noites. Aquela foi, em minha opinião, a mais ousada das viagens. Saudades do Duncan, meu colega que hoje mora na África do Sul e constrói catamarãs. Tudo aconteceu há mais de quatro anos.

2003, Travessia do Drake. Duas da tarde, deixamos a Caleta Martial. Era o último ponto em terra firme antes da península Antártica, nosso objetivo final, 900 quilômetros na direção sul. Sabíamos que as primeiras 80 milhas seriam muito difíceis. Nesse trecho o mar passa de uma profundidade de 100 para 2.800 metros. O degrau traz como efeito uma turbulência incomum. Há relatos assustadores de ondulações que, vindas de mais de uma direção, se "somam", criando pirâmides de água, as chamadas ondas piramidais.

Em pouco tempo saímos da proteção das ilhas Wollaston e damos de cara com vento contra e uma forte corrente de oeste para leste. Apesar do vento contra, o *Satellite*, nosso catamarã de 6,5 metros, navegava bem. Duncan e eu íamos bastante animados, mas com o coração apertado. Nunca antes um barco sem cabine tinha atravessado o Drake, nós tampouco havíamos feito alguma travessia oceânica num barco desse tipo.

Sabíamos que naquela noite o vento iria virar de popa, rondando para noroeste. Avançávamos num rumo adequado, tendo em vista essa mudança. Nas outras viagens não tínhamos usado uma informação meteorológica tão precisa, nem precisávamos prever uma mudança de vento para definir uma tática de rota. Sempre se podia corrigir uma decisão errada. Não dessa vez. A travessia do Drake não deixava margem para correções de um dia, era um jogo de xadrez com o vento, e cada movimento tinha de ser muito bem estudado. Tínhamos de usar cada minuto.

Nossa experiência em vela nos dava confiança, e estávamos andando bem. Atrás de nós iam ficando o cabo Horn, que não parecia se afastar muito rápido, e a vela do *Kotic*, o veleiro contratado para dar apoio à expedição, que era bem mais lento que o *Satellite* e ficava cada vez mais distante.

Velejamos várias horas e avançamos bastante. Quando comecei a sentir frio, me dei conta de que precisávamos comer, faltavam calorias no corpo, e a noite já se aproximava. Duncan ficou no leme enquanto eu abria a minha gaiuta para pegar uma comida autoesquentável. Sentei-me no casco e puxei um cabinho que dispara uma reação térmica que esquenta a ração. Como fiquei de ponta-cabeça procurando outros apetrechos para a noite, começei a me sentir mareado, mas procurei não pensar em passar mal. Passados uns quinze minutos meu *fusilli* à bolonhesa estava pronto.

Comi por obrigação, pois meu estado piorava rapidamente. A noite já se aproximava e o mar batido, com ondas vindo de frente, água fria respingando na gente, e vento muito gelado na cara colaboraram para dificultar minha recuperação.

Peguei o leme pensando em tentar me entreter, enquanto Duncan ia jantar, se é que se pode chamar aquilo de jantar. Duncan também foi fuçar a gaiuta para pegar a ração, a lanterna e luvas extras.

Percebi que ficou calado enquanto comia. Depois de alguns minutos me ofereceu um pouco de *fusilli*. Agradeci a gentileza, mas declinei. Eu estava sentado na asa do barco, amarrado, tentando fazer o barco andar. Olhando na direção da proa, não conseguia enxergar nada. O barco subia e descia, como numa montanha-russa. Duncan não aguentou, começou a vomitar... e bem na minha frente. Passou mal quatro vezes. Depois disso sugeri que ele entrasse na "barraca", uma proteção de *goretex*, um tecido impermeável. Ela ficava montada em cima de uma das asas; assim, poderíamos ter um mínimo de proteção contra o vento. Apelidei-a de "sarcófago *hi-tech*", pois ficávamos na posição de múmia, amarrados 90 centímetros acima da gélida água do Drake.

Já era noite e acho que demoramos muito para fazer a primeira refeição quente. Perdemos muita caloria, e isso ajudou a enjoar. A água na passagem de Drake, próximo ao cabo Horn, tem por volta de 5 graus e umas 250 milhas mais ao sul, já abaixo da Convergência Antártica, a temperatura passa para 1 grau.

O progresso a essa altura era lento, não enxergava nada na frente. Eu só seguia o rumo preestabelecido. A cada trinta segundos acendia a lanterna para olhar a bússola e checar o rumo. Também não resisti e vomitei.

Duncan, que estava tentando dormir amarrado no sarcófago, gritou: "Betão, é você que está vomitando?" Respondi que sim, mas estava bem. Ele quis saber quem estava no leme. Respondi naturalmente que era eu. Depois dessa absurda conversa percebi que estávamos muito cansados e desgastados por causa do enjoo. Nunca pensei nem por um segundo em desistir de uma viagem, mas confesso que faltou muito pouco para fazermos meia-volta.

Passei mal quatro vezes, o que me deixou abatido e exausto. Tínhamos 500 milhas pela frente e só havíamos velejado nove horas.

Fiquei ponderando se era mais prudente voltar e descansar ou tentar recuperar o bem-estar velejando mais devagar.

O pior seria desistir e depois não encontrar outra janela de tempo tão boa como aquela que estávamos tendo para partir. Decidi aguentar minhas duas horas de turno; depois Duncan assumiria o leme e eu teria a chance de me recuperar com um cochilo.

Naquele momento muitas coisas passaram na minha cabeça, e me lembrei dos dois anos de preparação, do esforço para conseguir os parceiros, do *stress* para terminar o barco a tempo de não perder o verão daquele ano.

Dois dias antes, dia 2 de fevereiro de 2003, os dois barcos estavam prontos e toda a equipe, reunida. Era hora de deixar Ushuaia e atravessar o canal de Beagle rumo à ilha de Navarino, no extremo sul, já do lado chileno. Na parte noroeste da ilha fica Puerto Williams, cidade de 2 mil habitantes e uma base militar-naval responsável pelo patrulhamento das ilhas do Atlântico sul, do canal de Beagle e da Antártica.

Em Puerto Williams demos entrada na Imigração chilena, já que navegaríamos pelas ilhas do sul da Terra do Fogo, território do Chile. Depois de dois dias de burocracia e reuniões com a Marinha chilena, que havia recebido nosso plano de viagem oito meses antes, Duncan, Oleg e eu assinamos um documento assumindo toda a responsabilidade pelo projeto. Estávamos prontos para deixar Puerto Williams e seguir pelo canal de Beagle em direção ao Atlântico.

Tanto em Ushuaia como em Puerto Williams recebemos muita atenção dos navegadores que vivem nessa região, mas eu nem desconfiava que tinham feito uma bolsa de apostas a respeito da nossa travessia. Quando voltamos da Antártica o pessoal do iate clube de Ushuaia nos contou que as apostas eram de 10 para 1 que não conseguiríamos velejar mais do que 100 milhas ao sul do cabo Horn. Que oportunidade perdi, pois se soubesse tinha ganhado algum dinheiro.

A Marinha chilena, considerada a melhor da região, é bem equipada e treinada. O comandante nos contou os detalhes da queda de um helicóptero inglês no Drake cinco dias antes. Eles pegaram mau tempo, com forte vento contra, e ficaram sem combustível já próximos à península Antártica. Antes de caírem no mar, acionaram a Marinha chilena, que os resgatou com grande dificuldade. Em tom jocoso, dissemos que, se tivéssemos saído uma semana antes, poderíamos ter resgatado os ingleses. Iríamos aparecer na

CNN como os brasileiros de *hobie cat* que resgataram dois pilotos da Royal British Navy.

Estávamos equipados com um sistema de segurança moderno e completo. Duncan e eu levaríamos dois Epirb presos ao corpo. O barco transportaria um terceiro Epirb. Cada Epirb envia, numa emergência, a posição em que se encontra com um código individual, registrado para cada usuário.

Além disso, o *Satellite* levava um moderno equipamento de rastreamento, chamado EasyTrack, que envia sua posição para o satélite Inmarsat C, que é retransmitida para uma empresa na Dinamarca. Programamos o EasyTrack para fazer uma atualização de posição a cada trinta minutos. Da Dinamarca, os dados seriam enviados para a Marinha chilena, para Oleg e para o portal Terra. No Terra, um *software* desenhava um mapa, em tempo real, da rota da viagem. Quem estivesse nos acompanhando pela internet saberia mais facilmente nossa posição do que nós mesmos, já que não estávamos permanentemente com o GPS.

Foi esse conjunto de sistemas via satélite que inspirou o nome "*Satellite*" do nosso barco, juntamente com o fato de o nosso *notebook*, fabricado pela Semp Toshiba, nosso principal patrocinador, chamar-se também *Satellite* (modelo 2400). Na imensidão do Drake, iríamos em nosso barquinho, longe de tudo, mas superconectados via satélite. O telefone, nossa posição, nossos sistemas de segurança, tudo dependia de *links* de satélite. A travessia seria documentada por uma combinação de satélite e internet, com fotos e texto.

O *kit* básico para a travessia era composto de fogos de sinalização, comida autoesquentável para refeições quentes durante os quatro dias previstos para cruzar o Drake e uma balsa salva-vidas protegida, que se inflava automaticamente quando jogada no mar. Vestíamos *dry suits* e poderíamos resistir até quatro horas nas águas geladas de 1 grau centígrado da Convergência Antártica. Sem uma roupa dessas, uma pessoa que caísse no mar teria hipotermia em dois ou três minutos, seguida de morte em menos de cinco minutos.

Nossa próxima parada foi Puerto Toro, povoado localizado na parte leste da ilha Navarino.

Puerto Toro é o povoado mais austral do planeta. Ali vivem umas cinquenta pessoas. O local é abrigado, tem uma baía bem protegida de águas geladas e transparentes, com fundo de seixos. O porto fica movimentado na época da pesca da *centolla*. Quando lá chegamos fomos presenteados com doze desses crustáceos pelo pescador Pedro, ao qual retribuímos com um cordeiro que tínhamos no *Kotic*.

Ficamos um dia em Puerto Toro. Imagina-se que seja uma região desolada, de mar bravio e vento constante. Não é bem assim, pelo menos nos dias calmos de verão. Apesar de ser um lugar inóspito, de clima rigoroso, é muito bonito, com um vivo contraste entre o verde dos baixios e as montanhas nevadas. O povoado está incrustado numa encosta bem íngreme em frente à praia. No alto verão a vegetação fica toda colorida. A paisagem é inesquecível: um píer de madeira velha, com cachorros peludos e crianças brincando num campinho de futebol. Há localidades, como essa, que se mantêm intatas por causa do difícil acesso. São lugares tocantes, que mudam a uma velocidade muito diferente àquela que estamos acostumados. Visitar Puerto Toro é fazer uma viagem ao passado, quando o homem tinha uma relação muito estreita com a natureza. O clima é quem dá as cartas naquela região.

Saímos de Puerto Toro e fomos para a ilha Lennox, nossa próxima escala, 25 milhas ao sul, velejando com vento fraco. A ilha Lennox tem um relevo relativamente baixo, que contrasta com o arquipélago de ilhas pretas e pontudas, chamado Wollaston. No sul das Wollaston fica a ilha de Hornos, onde se localiza o cabo Horn. Outra ilha das Wollaston é a Herschel, onde fica o local escolhido para a última parada antes da travessia do Drake: a Caleta Martial, a única praia de areia da região. Wollaston é um lugar de agulhas negras, pontudas, com muitos canais entre ilhas. Impressionam os picos muito altos. O visual na direção sul é mar aberto, apontando para a Antártica. Atrás, ao norte, veem-se os picos nevados dos Andes.

Quando chegamos à Caleta Martial, descemos à praia e ficamos à espera do *Kotic*, que trazia a carreta do *Satellite*. Era um lugar bastante familiar para mim. Mas, ao pisar a areia, senti uma súbita apreensão: até ali eu pisava terreno conhecido. Dali em diante viria o desconhecido, e não um desconhecido qualquer: era a passagem de Drake. No mar, à minha frente, não se via nada até a península Antártica. Se Ushuaia é a cidade do fim do mundo, aqui, bem depois de Ushuaia, ao lado do cabo Horn, é o limiar do mundo.

Sabia que ir além do fim do mundo num barquinho sem cabine era um exagero de ousadia. Mas tinha de mudar rapidamente o pensamento. Quando chegamos aqui dois anos antes, na expedição Rota Austral, o local era o ponto alto do projeto. Naquela ocasião a cisma era se conseguiríamos chegar ao cabo Horn, a 10 milhas de distância. Agora, comparativamente, ir ao Horn parecia um piquenique. Claro que na Rota Austral, depois do Horn, ainda restava velejar 3.000 milhas até o Rio de Janeiro, o que representa um grande desafio para qualquer velejador, ainda mais num barco sem cabine. Mas existe um temor relacionado ao cabo Horn e ao Drake que é difícil de explicar.

Logo que o *Kotic* chegou, colocamos o *Satellite* para fora da água. Duncan havia ficado doente, e isso nos deixava preocupados. Mas o relógio do Drake estava correndo e não iria mais parar. Começamos a mandar *e-mails* para o Commander's Weather e para a Meteomer. A Commander's Weather é uma empresa americana de meteorologia que nos tinha sido indicada pelo americano

Skip Novak, um velejador muito conhecido, que já fez várias regatas de volta ao mundo. A Commander's Weather desconhecia o tamanho e o tipo da nossa embarcação. Explicamos, num *e-mail*, que o barco era um catamarã sem cabine, de 250 quilos. Precisávamos não apenas de uma boa janela de tempo, mas de um tempo maravilhoso. Precisávamos de quatro dias com pouco vento, mas não uma calmaria. Um vento muito fraco poderia nos segurar no meio do Drake enquanto se aproximava um sistema de baixa pressão com uma frente fria. Seria uma armadilha fatal. Assim, a discussão era não só em relação a com quanto vento deveríamos partir, mas principalmente quanto vento encontraríamos no caminho.

Quanto à Meteomer, eu a tinha visitado um ano antes, em Côte d'Azur. Foi lá que conheci Pierre Larsnier, o famoso meteorologista e velejador que nos auxiliaria na Travessia do Pacífico anos mais tarde. Todas as regatas com velejadores franceses contam com sua participação no planejamento e na assessoria técnica. Naquela ocasião, Pierre havia me dito que talvez houvesse uma janela de tempo bom de três a quatro dias, provavelmente no final de janeiro. Acrescentou que os verões antárticos podem ser muito diferentes, uns mais difíceis e outros mais fáceis. Às vezes, em determinados anos, a península não abre, fica congelada durante todo o verão.

As informações das empresas de meteorologia começaram a chegar. O tempo estava frio e chuvoso. O estado de Duncan ainda exigia cuidados. Naquele momento, eu não tinha ideia exata da gravidade do problema. De qualquer forma, tínhamos um velejador reserva, o Fábio. Já tinha decidido que, se a janela para a travessia surgisse antes de Duncan estar em condições, ele assumiria o posto. Não deveríamos perder uma condição de tempo que talvez não se repetisse. Os dias iam passando e o tempo continuava ruim. Felizmente, Duncan começou a melhorar graças a injeções e massagens.

Durante os dias que ficamos parados na Caleta Martial à espera do aviso de Pierre nos dedicamos ao *Satellite*. Fizemos inúmeras revisões e, depois de o barco estar totalmente pronto, Duncan passou horas e horas dando um acabamento especial em todos os cabos e terminais.

No dia anterior à partida Duncan e eu resolvemos checar os cabos de aço que, presos no alto do mastro, convergem para uma manilha presa no próprio mastro. Tudo era novo, mas não custava conferir mais uma vez. Duncan foi içado por meio de uma cadeirinha para a ponta do mastro. Com um olhar próprio de engenheiro suspeitou de uma trinca na manilha principal. Decidimos baixar o mastro para analisá-la. O trabalho levou o dia todo, mas foi decisivo: a peça estava mesmo condenada. Se não trocássemos a manilha, o mastro poderia ter caído no meio da travessia e o trabalho de um ano e meio iria por oceano abaixo. É praticamente impossível eliminar todos os riscos, mas deve-se empenhar todos os esforços para reduzi-los. Ficamos felizes por ter descoberto a trinca: foi um aviso de que tudo corria na direção certa. A intuição foi testada e aprovada – sem ela não ando uma milha mar adentro.

A tempestade de chuva e vento continuava alternando com momentos de calmaria. A ansiedade da equipe começou a aumentar, quase imperceptivelmente, mas à medida que o tempo passava tornou-se muito evidente, pois passávamos os dias de espera trancados no *Kotic*. Um dia o Betão Dias, um dos amigos do barco de apoio, me procurou e disse que tinha recebido o espírito de um índio, que lhe havia dito que a partida deveria ser no dia seguinte. Eu, que já estava com a ansiedade à flor da pele, achei graça: "Você recebeu um índio? Era só o que faltava: uma previsão meteorológica psicografada..."

Não foi fácil aguentar a pressão, e eu só sairia quando a meteorologia aprovasse. A essa altura choviam também palpites e prognósticos. Certa noite, durante o jantar, conversei com a equipe e disse-lhes que só sairíamos quando todas as normas de uma partida segura fossem atendidas. Na verdade, eu havia estabelecido que a partida só se daria quando tivéssemos três OK: da Meteomer, da Commander's Weather e do Oleg. Enquanto isso cada um usava o tempo como melhor lhe agradasse. Eu continuava a escrever o diário de bordo para o *site* e a mandar os boletins para a Rádio Eldorado.

O relógio corria contra nós. Sabia que quanto mais tempo ficássemos parados pior seria, pois a ociosidade daria lugar ao medo. Receava criar um Drake ainda maior do que o real.

Na manhã do dia 3 de fevereiro de 2003 recebemos um *e-mail* da Commander's Weather informando que no dia seguinte haveria uma janela de tempo bom, com 90% de chances de condições favoráveis para a nossa empreitada. Ligamos para Pierre, que confirmou a possibilidade, mas disse que preferia esperar até a manhã seguinte para dar a palavra final.

O barco foi então abastecido. Naquela noite não dormi bem. Sentia a travessia se avizinhar, e o Drake criava uma mistura de fascínio e medo, difícil de lidar.

Dormimos seis horas. Era dia 4 de fevereiro, e às seis da manhã já estávamos a postos. Acordei mais tranquilo, e sabia por quê: até aquele momento, e naquele último ano, tudo o que devia ter sido feito fora feito. Lembrei as infindáveis horas de discussão com Duncan e Jorge Nasseh, durante a construção do barco: fazer mais largo e mais estável; usar *kevlar*, resistente a impacto; estaiamento especial, mastro com 1 metro a mais, para usar uma área de vela maior, a fim de andar mais com menos vento; as conversas com Duncan durante centenas de horas de velejada a respeito de formas de dormir no barco, que resultaram na criação da pequena barraca bivaque, do compartimento que não entrava água e de um sistema de prender a barraca na asa.

Nosso veículo continuaria sendo um catamarã de 21 pés, só que especialmente adaptado para a travessia do Drake. Lembrei-me do estudo dos componentes de segurança, das discussões sobre meteorologia e da avaliação dos possíveis imprevistos. Pensei na seleção da equipe, formada por especialistas em cada área, na documentação e registro da viagem e nas reuniões com o pessoal do *Esporte espetacular*, da Rádio Eldorado e do portal Terra. A maratona atrás de patrocínio...

Quando tudo isso me veio à mente senti-me fortalecido, pois não era só o objetivo que me importava: era no caminho que estavam as preciosas lições que me alimentavam. Nosso barco ia atravessar o Drake não somente com dois velejadores, mas sim com mais de cinquenta pessoas que se dedicaram ao projeto ao longo daquele ano e meio. Iria levá-los no coração.

Sabia que quando saíssemos em direção à Antártica teríamos que cuidar do corpo e da mente, do tempo, das ondas e da rota. Não poderíamos nos preocupar apenas com o barco. Deveríamos ter uma concentração absoluta para chegar ao outro lado o mais rápido possível. E uma confiança total no equipamento. Para mim, aquela peça trincada era a última pegadinha, e tínhamos passado no teste, um sinal de que agora estava tudo bem. Eu estava pronto e confiante.

Ao meio-dia, Oleg ligou novamente para Pierre, que confirmou a previsão. Mesmo com a previsão de quatro dias de vento fraco, achamos que aquela era a hora de sair. Então Oleg deu o sinal verde: estavam atendidas as três condições da partida. "Pronto, está decidido", pensei. Ao ver a equipe reunida, que já vinha guardando um silêncio cuidadoso desde o dia anterior, um arrepio de excitação e expectativa perpassou meu corpo.

Pouco depois do meio-dia, com o frio na barriga e muita adrenalina, chegamos à praia de dingue, já vestidos com os *dry suits* e com os últimos equipamentos que ainda estavam no *Kotic*. Quando vi o barco pronto e carregado, fiquei com a boca seca. Só faltava a despedida. Sob um silêncio abafado, abraçamos a equipe: Betão II, Kleiton, Makoto, Moisés, Olga, Igor, Fábio, Júlio. Achei que, como velejador experiente, que já tinha navegado por três meses na bacia do Orinoco, no meio da selva amazônica, estava exagerando o sentimentalismo. Talvez não. Na nossa frente estava o Drake, um perigo real. Só pelo efeito "roupa", sabíamos que era uma missão diferente. Eu me sentia um astronauta naquele *dry suit* cercado por equipamentos. Sophie e Oleg, que tinham ficado no *Kotic*, acenaram quando passamos. Não entendi por que não foram à praia para se despedir de nós.

Enfim éramos só nós dois no Drake, e eu, já mareado e abatido. Cada vez que eu vomitava Duncan abria assustado o zíper do bivaque, e eu lhe dizia que estava tudo bem e podia continuar dormindo. Acho que ele não conseguiu descansar muito por causa do balanço do mar e da preocupação. O importante é que segurei as duas horas do meu turno.

Nessa época do ano anoitecia mais ou menos às onze e meia, e àquela altura já eram duas da manhã. Estava quase amanhecendo e era minha vez de ir para a cama. Fechei-me dentro do bivaque. Dormi uns quarenta minutos profundamente. Duncan disse que ouvia meu ronco.

Acordei com sede e vontade de fazer xixi. A sede era fácil de resolver, mas o xixi dava uma tremenda mão de obra. Tinha de tirar as luvas e abrir várias camadas de roupa. E depois o desafio maior: achar o "coelho" todo encolhido de frio e trazê-lo para fora com os dedos gelados... Esse quadro de sede e fazer xixi me acompanhou por dois dias. Tomava água a cada quinze minutos, estava permanentemente com a boca seca e fazia muito xixi. De tanto tomar água gelada, a garganta começou a ficar dolorida.

Quando o dia amanheceu de todo, às quatro da manhã, o vento rondou e o meu turno chegou. Demos um bordo e começamos a velejar num rumo bem favorável, já com vento de popa e com o lindo e azul *spinnaker* – a tal vela gorda que tenta capturar qualquer ventinho – para cima.

Quando o sol despontou havíamos ultrapassado as primeiras 70 milhas, que eram bem críticas. O mar estava liso, vento fraco, céu azul. Dia lindo! Apesar de o vento fraco tornar mais lenta nossa marcha, achamos que ele veio em boa hora, pois precisávamos de uma trégua para nos recuperar. Cerca da uma da tarde recomendei a Duncan parar o barco, virar de frente para o vento, para almoçarmos tranquilos. Fazia já algum tempo estávamos sendo seguidos por três albatrozes, para mim os pássaros que têm o voo mais bonito. O albatroz pode ter uma envergadura de mais de 3 metros e ele quase não bate as asas – simplesmente veleja com o vento. Quando um deles passa não se veem as patas, só aqueles grandes olhos fixos na gente. O barco parou e os albatrozes pousaram na água, a cerca de 10 metros. A água estava linda, de um azul profundo, podiam-se ver os raios do sol mergulhando até uma profundidade que nunca tinha visto.

Tomamos sopa, comemos um biscoito e tomamos chá. Enquanto isso os albatrozes vieram nadando em direção ao *Satellite*. Um deles chegou a um metro do barco e ficou me olhando. Os bichos dessa região são tão selvagens que não conhecem o homem e por isso não têm medo de se aproximar da gente. Fiquei pensando: o que será que ele quer? Pois tinha certeza de que aqueles olhos pediam alguma coisa. Joguei um biscoito na direção dele, mas não deu a mínima. Então não era comida que ele queria. Concluí que estavam interessados era na gente mesmo. Talvez pensassem para que servia aquela geringonça com dois *teletubbies* em cima...

Acabada a refeição, ligamos para o *Kotic*, que estava bem distante, atrás de nós, para informar que estava tudo bem e iríamos continuar.

O vento voltou, com uma velocidade de 8 a 12 nós durante toda a tarde, sempre de nordeste. Velejamos por várias horas com uma boa direção. Quando anoiteceu, o vento caiu um pouco. À tarde já estávamos nos alimentando melhor. Meu maior temor quando fiquei enjoado no primeiro dia foi ser tomado pela fraqueza e pelo cansaço logo na saída.

Durante a noite o vento começou a cair e lá pela uma da manhã cessou completamente. Quanto mais se avança para o sul, mais curtas ficam as noites. Àquela altura a escuridão duraria cerca de três horas. Quando o *spinnaker* fica murcho é sinal de ausência de vento. Depois de uma hora virando de um lado para outro à procura de vento, desisti e propus dormir, aproveitando a calmaria, que, na verdade, estava prevista pela Commander's Weather, assim como a volta do vento. Dormi uns 40 minutos e acordei ouvindo Duncan tentando caçar a vela para pegar uma brisa. Saí do bivaque para ajudar. O espírito era este: mesmo se houvesse só 2 nós de vento, tentaríamos andar.

Ficamos vendo essa novela até o amanhecer. Quando o dia começou a clarear, para nossa surpresa, vimos o *Kotic* se aproximar. Perguntamo-nos o que ele estava fazendo ali, se não tínhamos pedido ajuda. Havíamos feito o chamado da noite no horário previsto. A programação era fazer outro chamado cinco horas depois, que ainda não tinham passado. Eles passaram a uns 20 metros do *Satellite* e perguntaram se estava tudo bem.

Esse desencontro, ou encontro, se deve ao fato de o *Easy Track*, que enviava nossa posição para o Inmarsat C a cada trinta minutos, ter deixado de enviá-la três vezes. Assim, quando Júlio Fiadi, no *Kotic*, percebeu que não recebiam a nossa posição havia quase uma hora, acordou Oleg, que ficou muito preocupado. Instalou-se o pânico no *Kotic* e surgiram as hipóteses mais fantásticas: o *Satellite* havia capotado ou trombado com uma baleia! Com motor a toda a força, Oleg rumou para a nossa última posição conhecida. Naquele momento o *Satellite* havia enviado uma nova posição. Como estávamos com pouco vento quando informamos a última posição, eles perceberam que estávamos praticamente parados. A 20 milhas de onde estavam, entretanto, havia vento. Esse fato também foi interpretado como sinal de apuros. Mas não foi difícil nos encontrar. Quando viram o *Satellite* na posição normal, respiraram aliviados. Estavam todos muito preocupados e prontos para nos acudir. Como nossa viagem era sem suporte, não deveríamos aceitar qualquer tipo de assistência. A função do *Kotic* era prestar auxílio apenas em emergência. Nosso compromisso era atravessar o Drake num barco sem cabine e sem auxílio externo.

Quinta-feira, terceiro dia da travessia. De manhã o vento ficou praticamente parado. Velejávamos a uma velocidade muito baixa, quando veio uma neblina muito forte que nos fez perder de vista o *Kotic* que nos seguia a cerca de 500 metros. Pouco depois do meio-dia o vento entrou mais forte, em torno de 15 nós, com direção favorável, oeste-noroeste. A previsão dizia que na quinta e na sexta-feira teríamos vento de até 25 nós. Era hora de aproveitar, fazer milhas, e não desperdiçar a oportunidade.

Andamos bem a tarde inteira. Duncan e eu estávamos no auge da forma, aproveitando a velejada. Típico do Drake, nos deparamos com um *swell*, com ondulações de 3 metros de altura. Respeitável em qualquer mar, essa ondulação oceânica não era algo excepcional para o Drake, mas para o nosso pequeno barco... Nessa latitude há relatos de ondas de mais de 15 metros.

Anoiteceu, e tudo parecia estar funcionando bem. Entretanto, havia algo que me intrigava. Algumas vezes, durante a calmaria, tinha ouvido uma música baixinha, como vozes ao longe. Achava que era alguma lembrança recorrente, algum pequeno delírio. Na noite de quinta-feira, porém, essa sensação tornou-se mais forte. De vez em quando, ao olhar para Duncan, parecia ver outra pessoa, como num sonho. Havia algo no ar, que eu não conseguia apreender. À noite o vento estava excelente, o barco andava rápido. No escuro tem-se a sensação de andar mais rápido ainda. Dentro do bivaque Duncan estava meio assustado com as sacudidas incessantes causadas pela velocidade. Para piorar, algumas vezes, por estar navegando com vento de popa, eu quase perdia o controle do barco, e o Duncan abria o bivaque, preocupado, para ver se estava tudo bem.

Com o passar das horas, distraído na velejada, ao olhar umas malas amarradas na asa, me parecia ver uma silhueta, talvez feições de um homem velho, talvez. Concluí que minha mente, em busca de uma comprovação para essa sensação de haver mais alguém conosco, fabricava aquela imagem. Mas definitivamente sentia a presença de alguém, além do Duncan.

Mas, firme no leme, lá ia eu feliz com o catamarã, num excelente rumo em direção à península Antártica. Duncan dormia amarrado dentro do bivaque. Apesar de também estar amarrado, meu corpo tinha o sinalizador Epirb e uma luz estroboscópica no ombro. Se eu caísse no mar poderia disparar um SOS internacional.

Embora a noite estivesse muito escura, no horizonte via-se uma luminosidade permanente, própria das latitudes cada vez mais altas. Graças a isso eu conseguia divisar um ponto de referência, mas com bastante dificuldade. Estávamos entrando na Convergência Antártica, onde a temperatura da água passa a ser de 1 grau e a profundidade do Drake, em torno de 3.000 metros. Tudo seguia de acordo com o planejado. Parecia um milagre. Até o vento ajudava, soprando na direção mais favorável. Eu me imaginava lá em cima, vendo por meio de um mapa, a nossa jangada *hi-tech* se aproximar do seu destino. Naquele momento estava integrado ao mundo marinho de que tanto gostava! E admirei a capacidade humana de se adaptar, mesmo nos ambientes mais hostis. Não sentia medo, não estava ansioso, não tinha frio – estava totalmente em sintonia com aquela natureza forte e ao mesmo tempo surpreso com aquela sensação.

Amanheceu e Duncan assumiu o leme. O dia estava bem mais frio. O mar, picado. Velejamos com a vela balão até as dez da manhã, quando tivemos que baixá-la, porque o vento havia aumentado, e ficamos apenas com a buja e a mestra. As ondas começaram a crescer, e nós realmente a surfar. O valente *Satellite* continuava batendo todos os recordes de velocidade, numa velejada que exigia muita concentração. O resultado foi impressionante: traçamos uma reta no mapa da rota, e como uma flecha o *Satellite* riscou o Drake na direção da península Antártica.

Em torno do meio-dia avistamos as velas do *Kotic* ao longe. Pelo rádio fomos informados de que estávamos a apenas 70 milhas da ilha Deception e a 30 do estreito de Boyd. Exultamos de felicidade e ouvimos também alguns gritos entusiasmados no rádio. Mas eu não estava muito seguro e não queria festejar antes da hora. Para mim, chegar significava sair do Drake. Porém, fui contagiado pela euforia quando, fazendo as contas, concluí que sairíamos do Drake em algumas horas e chegaríamos à ilha Deception à noitinha.

Esperamos o *Kotic* se aproximar e velejamos próximos um do outro por algum tempo, para que Makoto e Júlio pudessem fazer algumas imagens. Depois de uma hora de filmagem, retomamos o ritmo, pois com aquele vento andávamos muito mais rápido que o *Kotic* e tínhamos um bom trecho pela frente.

Continuamos descendo os jacarés o mais rápido possível e fazendo boas milhas em direção à península Antártica. Mais ou menos às duas da tarde o vento começou a diminuir. E foi diminuindo, diminuindo, até parar. A previsão dizia que quando acabasse o vento de noroeste iria entrar um leste-nordeste, que era contra. Quando o vento parou, baixou uma neblina fortíssima. Não enxergávamos além dos 100 metros. A essa altura o *Kotic* já havia ficado bem para trás. Com a neblina, o mundo parou, e se instalou um silêncio assustador. Nada se mexia – nada na água, nada no ar.

Quando o vento voltou a soprar, veio fraco e contra. Com uma orça bem fechada, conseguimos obter um rumo razoável, em direção ao estreito de Boyd, que fica nas ilhas Shetland do Sul. Nosso objetivo era sair do Drake o mais rápido possível e entrar no Boyd, que nos levaria até a Deception. Uma vez no Boyd, estaríamos a apenas 40 milhas da Deception. Nossa janela de tempo começava a se fechar e eu senti a aproximação de uma grande mudança das condições meteorológicas. Sentados lado a lado, fazendo escora e com a vela bem caçada, seguíamos em silêncio. Duncan e eu tínhamos centenas de horas indispensáveis de silêncios eloquentes. Mas naquele momento resolvi falar algo que não conseguiria transmitir com o silêncio: "Duncan, quero contar uma coisa meio esquisita para você..."

Ele me olhou com seu ar sul-africano-saxônico-inquiridor: "O que há, Betão?"

"É que desde o segundo dia eu estou sempre ouvindo uma musiquinha, ouço vozes... E desde que saímos da Caleta Martial sinto a presença de alguém, sinto que somos três."

Para minha surpresa Duncan respondeu com bastante tranquilidade e firmeza: "Eu também ouvi, e não tenho dúvidas de que somos três".

A maneira segura com que ele me respondeu aumentou minha surpresa. Continuei, então: "Quero te dizer outra coisa: estou vendo alguém aqui no *Satellite*."

Ele retrucou: "Eu também".

Para me certificar de que falava da mesma coisa, indaguei:

"Você pode me dizer como ele é?"

Fazia já umas duas horas que eu tinha percebido a presença de uma criança ajoelhada debaixo da retranca, atrás do mastro: uma menina de 7 anos aproximadamente, loira, de cabelos lisos. O mar espirrava água sobre ela, que virava o rosto para evitá-la. Pela primeira vez via uma imagem se materializar dessa forma. Pensava já haver sentido outras presenças, mas nada parecido com aquela.

Duncan descreveu a menina com todos os detalhes, até mesmo as particularidades do vestido. Era a mesma garota. Eu estava entre incrédulo e chocado. Mas a conversa transcorria de forma serena, sem despertar desconforto ou medo.

Pensei comigo: se essa menininha quer velejar conosco e se sente bem no meio do trampolim, tudo bem, seja bem-vinda. Talvez seja um anjo que quer se anunciar. Quem sabe, pelo fato de estarmos em tamanha sintonia com a natureza, conseguimos abrir um canal de comunicação com esses seres celestiais.

A neblina foi se adensando e tínhamos só 100 metros de visibilidade. O mar estava agora bastante ondulado, mas o *Satellite* continuava andando muito bem com vento contra de 25 nós. Minhas mãos doíam, dificultando a manobra dos cabos. Isso porque o constante tira-e-põe a luva acabou molhando todos os pares que eu tinha trazido e, sem luvas secas, minhas mãos começaram a congelar, causando dores angustiantes. Já tinha usado todas as *hot-bags*, almofadinhas ativadas por uma reação química para produzir calor.

O vento contra aumenta a sensação de frio, pois ele arremete diretamente contra o nosso corpo, e por isso perdíamos muito calor. Somando a exaustão dos quase quatro dias de viagem e as poucas horas dormidas, estávamos no limite.

O vento começou a ficar mais forte. Cerca de dez da noite, o *Kotic* nos avisou pelo rádio que eles estavam 5 milhas atrás de nós. Ao conferir a direção no GPS, Duncan percebeu que a bateria tinha acabado. Pegamos o GPS reserva. Para nossa surpresa, estava desprogramado, tinha perdido todos os *way-points*, as preciosas marcas de referência. Reprogramar um GPS naquele ambiente estava fora de questão! Trocar a bateria do outro GPS implicava parar o barco, tirar as luvas e procurar as baterias nas malas, dentro das gaiutas. Depois notamos que a bússola do lado esquerdo não batia com a bússola principal. A essa altura parecia estarmos velejando no céu, tão cerrada estava a neblina.

Comunicando-nos com o *Kotic* percebemos que eles haviam passado muito perto de nós, e agora estavam na nossa frente 1,5 milha, o que não era recomendável por questões de segurança. O fato de não termos visto passar o *Kotic*, um veleiro de mais de 60 pés cheio de luzes de sinalização, era muito preocupante.

Pela carta náutica já estávamos no estreito de Boyd, entre as ilhas Shetland do Sul. Isso significava que a travessia do Drake estava concluída. Nossa meta havia sido cumprida. Tínhamos alcançado um mar "abrigado", entre as ilhas do arquipélago. O perigo então eram os blocos de gelo. Um *iceberg* é fácil de avistar, mas um bloco de gelo, que na superfície pode ser do tamanho de uma geladeira, arrasta sob a linha d'água um volume de mais de 3 toneladas. À noite, com neblina, velejando a certa velocidade, um abalroamento com um desses blocos poderia significar a destruição do *Satellite*. Decidimos aproximar-nos do Kotic e velejar ao lado dele. Paramos o barco e chamamos o *Kotic*, que se aproximou lentamente, guiando-se por meio de radar.

Mas era difícil navegar lado a lado. O radar do *Kotic* era o nosso olhar eletrônico em busca de pontos suspeitos em forma dos temidos blocos. Mas mesmo o radar não garantia a detecção de blocos pequenos e pouco aparentes. Foram momentos de grande tensão, que exigiam concentração absoluta.

Estávamos no final do quarto dia, e havia três noites não dormíamos mais que duas ou três horas. Apesar da nossa experiência e preparação, estávamos bem perto do esgotamento físico. Então, pelo rádio, Oleg determinou o encerramento da travessia. Segundo ele, as condições poderiam se deteriorar rapidamente, já tínhamos cruzado o Drake e estávamos dentro do arquipélago de Shetland. Continuar naquelas condições era uma temeridade. Ele nos recomendava que o *Kotic* nos rebocasse até a ilha Deception. Conversei com Duncan e concordamos com Oleg. Na verdade, não havia espaço para discordância. Como responsável pela segurança do projeto, Oleg tinha a palavra final. Não chegar velejando à ilha Deception foi uma decepção, mas achei prudente parar.

O *Kotic* demorou para chegar. O mar estava muito grande. Havia ainda a escuridão e a neblina. Fábio e Igor nos ajudaram a amarrar o cabo de reboque. Oleg achou arriscado alguém ficar no *Satellite*. Assim decidimos que ele seria rebocado solitariamente até a ilha Deception.

Subi para o *Kotic* com dificuldade. O balanço de um barco grande é muito diferente do de um pequeno catamarã, e eu estava com as pernas bambas. Quando finalmente entrei na espaçosa cabine pareceu que minha tomada tinha sido tirada da parede – toda a minha energia se desvaneceu. Duncan subiu pouco depois. Falávamos coisas desconexas. Ele voltou para ajudar a amarração do *Satellite*. Eu mal aguentava ficar de pé, e Duncan, que acabara de cruzar o Drake quase sem dormir, continuava em atividade, preocupado com o nosso barco.

Não foi à toa que chamei esse engenheiro civil, nascido na África do Sul, para participar do projeto. Duncan é especialista em barcos multicascos e foi membro da equipe olímpica sul-africana. Já participou de campeonatos mundiais de diversas categorias, desde *hobie cat* 16 até Tornado. Em 2001, quando me visitou em São Paulo, falei-lhe da ideia de cruzar o Drake. A reação de Duncan foi instantânea: "Betão, quero fazer essa viagem com você!" Também queria velejar com ele novamente. Em 1994, navegamos durante sete meses e meio, de Saint-Barthélemy a Ilhabela. Naquele momento, no estreito de Boyd, percebi como a presença de Duncan no projeto desde o início tinha sido essencial. Ele imprimiu um padrão de qualidade altíssimo, ajudando a desenvolver cada componente do barco, pesquisando vários equipamentos na Europa e nos Estados Unidos. Junto com Oleg, selecionou o melhor sistema de rastreamento. Durante a fase final da montagem no Brasil, ele incutiu um ritmo intenso, sem jamais fazer concessões à qualidade e à segurança. Foi muito preciso na navegação e seguro na condução do barco. Não conseguiria dormir amarrado na asa de um catamarã, no meio do Drake, se não confiasse 100% no meu amigo.

Uma hora da manhã. Meus companheiros de travessia, o *Satellite* e o Duncan estavam ainda lá fora, sob a intempérie. Mas não podia ajudá-los. A exaustão tinha atingido o meu limite. Fui para a cabine e adormeci.

Acordei às cinco e meia da manhã e fui ver o *Satellite*. Já podíamos vislumbrar Deception. O dia estava encoberto por uma bruma espessa, uma paisagem só vista na Antártica. A maior parte do pessoal dormia. Aos poucos começaram a acordar. Soube que trabalharam muito para amarrar o nosso barco. Estavam felizes. Tínhamos realizado o que poucos acreditavam ser possível.

Aos poucos a ilha foi-se fazendo visível, negra e escarpada, com paredes verticais mergulhando no mar, o que dava ao lugar um ar tenebroso. Pela primeira vez vi *icebergs* gigantes e inúmeras pedras de gelo. Como referência para encontrar a estreita entrada de Deception usamos o Pete´s Pilar, uma rocha negra em formato de pilar, de aproximadamente 100 metros de altura. Quando se entra na baía da ilha Deception, formada pelas bordas de um vulcão, o mar vira lago. Oleg conhecia bem esse lugar, cujo fundo é constituído de areia. É para esse local que se dirige o *Kotic*, até o raso, quase encalhando, graças à quilha retrátil. O barco fica preso, sem necessidade de âncora.

Eu estava muito feliz, mas ainda cansado, e meio anestesiado, como numa brutal ressaca. Quando Duncan acordou, recebemos um presente que havia sido preparado cinco meses antes, pela Patricia, mulher dele, em São Paulo: uma garrafa de champanha e uma carta para cada um de nós. Li a minha e não me contive: chorei. Como se estivesse acordando de um sonho – primeiro como uma sensação, depois como uma ideia que ganhava força e finalmente como um choque – me dei conta de que tínhamos conseguido. Havíamos atravessado o Drake num catamarã sem cabine.

Curioso, perguntei a Oleg e a Sophie por que eles não foram à praia despedir-se de nós quando partimos da Caleta Martial. Disseram-me que desde que marcamos a viagem, um ano e meio atrás, eles nunca dormiram uma noite inteira. Passaram meses preocupados conosco e até arrependidos de ter aceitado fazer o apoio da viagem. Isso caiu como uma bomba no meu coração.

Oleg acendeu um charuto. Quando, enfim, ancoramos na ilha Deception, ele me disse: "Finalmente vou poder dormir uma noite inteira tranquilo."

Trinca na caixa do leme — 14 de outubro de 2007

Ao cair da tarde, percebo uma trinca grande na caixa do leme. Imediatamente paramos o barco para avaliar o estrago. Igor sugere um torniquete em volta da peça para evitar o aumento da rachadura. Usamos um cabo de *spectra*, que é tão resistente como o aço, mas com a vantagem de ser maleável. Caso a caixa quebre ficaremos só com um leme. Por causa disso diminuímos o ritmo da viagem para poupar a peça. Vamos velejar com menos vela.

O frio insiste em voltar e, se a bússola não dissesse que estamos indo para noroeste, eu diria que nos dirigíamos para o sul. Apesar do frio, é a primeira noite bem dormida. Nosso meteorologista nos disse que devemos entrar nos ventos alísios, que trazem calor e uma direção melhor de vento. Que saudades da BL 3 na praia da Armação! E de poder velejar só de bermuda!

Continuamos dessalinizando uma média de 6 litros de água por dia, o que significa bombear manualmente o equipamento por uma hora. Trezentas bombeadas transformam muitos litros de água salgada em 1 litro de água potável. Levamos a nossa academia Reebok a bordo. A ideia de não levar água e pegar a do mar para beber nos faz economizar 240 quilos de carga, um peso que deixaria o barco bem mais lento e forçaria muito mais a sua estrutura, que já está perto do limite.

Vida de Rex 15 de outubro de 2007

Fazemos xixi presos à coleira e dormimos amarrados! Uma autêntica vida de Rex. Juro que nunca mais na vida prendo um cachorro. Esse é um procedimento de segurança fundamental em qualquer veleiro, e no nosso, mais ainda. Meu maior medo é cair no mar à noite enquanto Igor estiver dormindo. E também tenho receio de acordar e não encontrá-lo. Várias noites acordei pensando: será que o Igor está na "casa" dele? Hoje não aguentei: grito o nome dele. Quando ele acende a lanterna, respiro longamente, aliviado.

Esta noite navegamos acorrentados. Para fazer uma manobra, vamos engatando a ponta do cabo de segurança em pontos fixos do barco; assim, evitamos que um escorregão nos lance no mar. O colete salva-vidas é dotado de uma luz estroboscópica para localização no mar à noite, e o cinto, de um Epirb, espécie de radiotransmissor com GPS que, como já disse, permite ao velejador acionar um SOS internacional. O equipamento permanece emitindo o sinal com a posição. Não estou a fim de testar esse equipamento, tampouco o Igor. Esperar um resgate no mar à noite, ou por alguns dias, não é um programa que me seduz.

Pierre nos pediu que avançássemos cerca de 200 milhas na direção norte para evitar vento contra e pegar os alísios. Estamos no meio de uma frente fria e a temperatura voltou a cair consideravelmente. À noite enfrentamos muitas ondas grandes a favor, o barco surfa demais e, para evitar fadiga no piloto automático, tiramos todas as velas e velejamos só com a buja. Vou me aguentando aqui no meio do nada, um lugar muito propício para mergulhar dentro de mim.

O tempo se arrasta 16 de outubro de 2007

Igor falou novamente com Pierre, que reforçou o alerta de que este é o ano de La Niña, responsável pelas condições atípicas de tempo na região. Não há sol, faz frio, a umidade predomina e os ventos são bem variáveis.

Não podemos reclamar, pois estamos sendo conduzidos com cuidado pelo melhor caminho, com ventos favoráveis e mar relativamente bom. Isso só vai nos custar um pouco mais de tempo. Não estamos propriamente cansados, mas às vezes fico um pouco entediado. Os dias são muito longos, não acontece muita coisa, não vejo ninguém, e acho que neste instante somos os dois seres humanos que estão mais afastados da civilização. Pode haver um ou outro navegador solitário por aí, mas não muitos.

Se os dias são longos, as noites são eternas, já que não consigo dormir mais que uma hora seguida, pois acordo para verificar se tudo está bem, e se alguma onda mais forte estoura contra o barco desperto assustado. Parece que estou aqui há um mês, mas faz pouco mais de uma semana, e ainda nos encontramos na metade do caminho. Como o tempo engana a gente! Neste deserto de água os olhos vasculham o horizonte todo o tempo, e os pensamentos... vasculham não sei o quê. Quando estou num lugar como este, não é fácil manter-me em equilíbrio. Os fantasmas insistem em me visitar. Na vida da cidade, sempre estou correndo de um lado para outro, não dou oportunidades a eles, mas aqui a coisa é diferente. Sempre imaginamos que um lugar afastado e tranquilo traz paz. Talvez. Mas a coisa fica difícil quando você é obrigado a lidar com algo que ainda não conhece bem: você mesmo.

Entre os pensamentos e as reflexões surge uma pergunta: será que há outros seres humanos em algum lugar do planeta tão afastados de outros seres como nós? Num raio de 2.000 quilômetros daqui provavelmente não há ninguém. Onde será que fica outro lugar tão isolado como este neste mundo?

Estamos fazendo um reforço na alimentação: aperitivos antes das refeições, como presunto de Parma, queijo, aliche, atum com torradas. Nada mau! Depois vem o prato principal. E assim vamos, devagar, poupando a caixa do leme trincada.

Pequenos acontecimentos, grandes alegrias — 17 de outubro de 2007

Um dos motivos que me levam a fazer uma viagem como esta, e estiveram presentes nas cinco viagens anteriores, é a convivência com a limitação do barco e a forma como lidamos com a escassez. É o tipo de desafio que me atrai. No barco a vela, temos que levar uma vida espartana, pois os recursos são restritos. Quando digo que gastamos horas para dessalinizar alguns litros de água salgada, que temos painéis solares e um dínamo com hélice que diariamente jogamos na água para gerar energia, que nos alimentamos de comida liofilizada, barras e castanhas, e que não carregamos supérfluos, parece que estamos no pior lugar do mundo. Não estamos! O que uma vida assim tão limitada tem de bom? Bem, vivemos uma época de crise, recursos energéticos têm sido motivo de conflitos entre povos, poluentes tomam conta da atmosfera... Está mais do que na hora de acordarmos e encarar esses problemas de frente.

Passar dias e noites nesta jangada, com recursos tão contidos, é uma prova de que se pode viver bem com pouco. Essa vida me reeduca, me ensina a ter hábitos mais condizentes com a realidade.

Quando volto para São Paulo depois de uma viagem, fico assombrado com o desperdício que corre solto por toda a cidade e relembro que também eu colaborava para essa situação. Aqui neste universo aquático e limitado, onde não há pé de laranja, verduras ou supermercados, chupo uma laranja como se fosse a última da minha vida.

Comi várias vezes um prato liofilizado de bacalhau com purê de batatas, por exemplo, como se degustasse um jantar preparado por um *chef* celebrado. Tudo é relativo, mas podemos ser mais conscientes em relação ao nosso consumo e aos nossos hábitos. Adotar hábitos simples, como banhos mais curtos, apagar lâmpadas supérfluas, pode realmente fazer a diferença. Aqui no meio do Pacífico tenho tempo para questionar a minha existência neste planeta e refletir sobre desperdício. Já que estou no mar, mergulho mais a fundo e me pergunto: será que vale a pena viver uma vida sem propósito? Viver sem objetivo?

Quando estou velejando ou conversando, estou no presente, estou no Pacífico, mas é difícil não escapar para o passado. À noite, quando me recolho para a barraca, me vêm as lembranças e continuo a recordar a expedição Entretrópicos, nossa mais longa viagem no tempo e no espaço.

Viajamos de Miami, que fica próxima ao trópico de Câncer, a Ilhabela, no trópico de Capricórnio. A bordo de dois *hobie cats*, durante 289 dias percorremos mais de 7.500 milhas através de uma enorme diversidade de paisagens: Bahamas, Antilhas, costa norte da América do Sul, floresta amazônica nordeste e sudeste do Brasil.

Essa foi a primeira viagem, a mãe de todas, e no início dela íamos pingando de ilha em ilha do Caribe, em direção ao sul.

Depois de algumas semanas rumamos para a ilha Mayaguana, onde pretendíamos pernoitar. Tínhamos um bom vento de través e avançamos bem durante o dia. Mas as horas foram passando e nada de avistar a ilha. Até que, no final da tarde, ela apareceu no horizonte, lindamente refletida na superfície de um mar liso, quase sem vento. Aportamos ali depois das oito da noite. Sabíamos que velejávamos num lugar perigoso. A ilha é cercada por recifes de coral e pedra, e não tínhamos uma carta náutica muito detalhada. Assim, resolvemos pedir ajuda pelo rádio, tentando contato com o iate clube de Mayaguana, para obter informações sobre a entrada do porto, melhor lugar para aproximação etc. O pessoal do iate clube respondeu, mas entrou na conversa uma voz feminina, que se identificou como comandante de um barco ancorado no iate clube. Preocupada, recomendou que não tentássemos entrar à noite e sugeriu que ficássemos ancorados fora da baía até o dia amanhecer. Explicamos que estávamos em dois *hobie cats* e que não era possível ancorar onde nos encontrávamos.

"Vocês estão em condições de navegar esta noite até as ilhas Turks e Caicos?", ela perguntou. Pelos nossos planos essa era a nossa próxima escala. Apesar do cansaço, pareceu-nos uma opção melhor do que ficar ali, já que iríamos passar a noite em claro, de qualquer forma. Pedimos uma previsão do tempo e fomos informados de que ficaria estável durante toda a noite, com vento favorável para a travessia. A comandante garantiu que seria muito mais seguro do que passar a noite negociando com as barreiras de coral de Mayaguana.

A primeira ilha do arquipélago de Turks e Caicos, chamada Providenciales, ficava a cerca de 70 milhas. Fizemos um levantamento da despensa: água suficiente, lanternas, bateria para o GPS, comida... estávamos preparados para vencer aquela distância. No último contato, a comandante havia dito: "De qualquer maneira, amanhã estamos saindo daqui para Turks e Caicos. Se vocês tiverem algum problema no caminho, chamem no rádio, pois vamos estar na mesma rota". Agradeci a gentileza e anotei o nome dela no diário. Quando soube de onde éramos, despediu-se com um *"Ok, boys from Brazil, good luck, have a safe trip"*.

A velejada para o arquipélago, a primeira noturna da Entretrópicos, foi maravilhosa. Os barcos andavam a cerca de 8 nós, com a luz prateada da lua iluminando o mar. As ondas estavam inesperadamente grandes para um tempo tão bom: assim, íamos subindo e descendo as longas e suaves linhas do *swell*. Só tínhamos um pequeno embaraço, que geralmente ocorre em velejadas noturnas em barcos de pouca altura: a reduzida visibilidade em torno do barco, pois navegávamos quase rente à água. Mas naquela noite a luz compensava esse empecilho, fazendo-nos enxergar tudo. As velas brancas iluminadas refletiam no mar seus contornos perfeitamente nítidos. Ao amanhecer avistamos o arquipélago de Turks e Caicos. Chegamos a terra às nove da manhã, cansados, é verdade, mas felizes por ter navegado à noite sem transtornos.

O arquipélago de Turks e Caicos é o paraíso dos mergulhadores, com suas águas claras e visibilidade que alcança 30 a 40 metros. Ao chegar a Providenciales, fomos direto para uma marina. Arrumamos os barcos e alugamos um bangalô para dormir. Fernando Almeida, proeiro do Marcus Sulzbacher, partiria de Caicos para o Brasil, pois já tinham se passado os quarenta dias que ele planejara ficar conosco. Seu substituto, já combinado havia alguns meses, tinha avisado na última hora que não poderia vir. Convidei então o meu amigo Robert Wagner, que morava nas Bahamas, para fazer o trecho até Puerto Rico, em 15 dias. Robert é brasileiro, mas nasceu na Alemanha. Grande velejador e conhecedor da região, aceitou o convite. Ele pegaria um avião em Nassau para Grand Turks e lá nos esperaria. Faríamos as 70 milhas até lá com apenas três velejadores. Com mais de 600 milhas percorridas em mar aberto desde Miami, sentíamo-nos confiantes.

Descansamos dois dias, despedimo-nos do Nando e saímos de Providenciales bem cedo. A partida de Nando foi sentida, até porque ele foi o primeiro a falar em fazer uma viagem de *hobie cat 21* pelo Caribe. A sua ideia foi bem recebida, evoluiu e junto com o Marcus decidimos esticar a rota até a Ilhabela. Assim nascia a Entretrópicos. Precisávamos chegar de dia a Grand Turks, ilha totalmente formada por rocha e coral. O acesso a ela é feito por estreitas passagens espremidas entre as paredes de recifes. Velejamos pela costa de North Caicos, Middle Caicos e East Caicos. Durante metade do dia, com vento fraco, tentando vencer a corrente, não fizemos muito progresso. O vento variava de direção, dificultando a manutenção da rota. Às quatro da tarde, percebi que já não era possível chegar a Grand Turks com sol. Voltar para Providenciales também tornara-se complicado, pois em busca de um vento melhor, tínhamo-nos afastado muito da costa. Nessa região, ou se chega de dia a uma das ilhas, ou se fica no meio do mar, longe dos corais e da ondulação da costa.

Ao sul de East Caicos, alinhados com a ilha, tínhamos uma difícil decisão pela frente: resolvemos arremeter para mar aberto, na direção de Grand Turks. Já que não dava para chegar de dia, escolhemos velejar para aquela ilha e esperar ao largo até o dia amanhecer, para, então, fazer uma aproximação com segurança. Estávamos Gui e eu no meu barco, enquanto Marcus navegava sozinho no dele. Tentávamos nos manter perto um do outro, mas isso se tornava penoso à medida que o vento aumentava. Num determinado momento, Marcus começou a ouvir barulhos vindos de dentro do casco. Chamou-nos pelo rádio: "Estou ouvindo ruídos bem onde fica o estaiamento lateral; parece que tem algo solto dentro do casco!" Era a pior notícia que poderíamos receber numa travessia oceânica. O estaiamento é o cabo de aço que mantém o mastro em pé. Sem esse cabo, o mastro do barco do Marcus poderia simplesmente desabar.

Fiquei tenso. Éramos três tripulantes e estávamos quebrando um procedimento de segurança. No leme, lutando para reduzir a crescente distância entre os barcos, disse ao Marcus para continuar observando o ruído e manter a calma. Mais ou menos às sete, a noite chegando, a vela da frente do barco do Marcus, chamada buja, se soltou e começou a bater estrondosamente. Um parafuso do *traveller* da buja – um sistema de polias que prende a vela – tinha se soltado. Para completar a confusão, acabou a bateria do rádio, pois não tínhamos previsto velejar noite adentro, tampouco falar tanto. Estávamos numa tremenda encrenca: sem comunicação, com o vento aumentando e agora os problemas no barco do Marcus.

Sugeri ao Gui que pulasse para o barco do Marcus e o ajudasse a arrumar o *traveller* da buja e também verificasse o problema do estaiamento. Sob vento forte e muita onda foi uma operação trabalhosa alinhar dois barcos velozes e ariscos como os nossos. Mas, finalmente, Marcus entendeu a sinalização e consegui dar uma breve encostada no barco dele.

Com a agilidade de um gato, Gui pulou para o outro barco. Os dois trabalharam por algum tempo para recuperar o *traveller* da buja.

O ruído no casco persistia - pelo menos na cabeça do Marcus -, mas não havia nada que fazer, tínhamos que tomar uma decisão. Aproamos os barcos no rumo de Grand Turks e nos lançamos para o mar aberto. Àquela altura o mar era um gigante de água salgada, com ondas altas e vento forte. Anoiteceu, e a ausência de luz torna tudo mais penoso. Os barcos andavam rápido, saltando as ondas. Marcus e Gui estavam preocupados comigo. Naquela escuridão, naquela velocidade, era arriscado velejar sozinho. Uma queda na água seria fatal. A certa altura, vendo aquelas ondas e aquele vento, nos convencemos de que não podíamos continuar, não com três tripulantes. A única saída era voltar e procurar abrigo dentro dos corais.

Por volta das onze horas, a lua nasceu. Apesar de minguante, lançava luz suficiente para avaliarmos as ondas, de quase 3 metros de altura, num mar crescentemente agitado. Fizemos a volta e tocamos para a ponta sul de Caicos. Com forte vento de popa, sabíamos que os barcos iam penetrar num campo minado, mas não havia alternativa. À medida que nos aproximávamos da ilha, com a lua mais alta, começamos a ver manchas escuras sob os barcos. Algumas cabeças de coral, em forma de cogumelo, começavam a aparecer na superfície do mar, conforme a maré baixava. No escuro, as águas transparentes de Caicos enganam: nunca se sabe se um objeto está a 2 metros ou a meio metro. É difícil, se não impossível, avaliar a profundidade. Marcus sugeriu que eles fossem na frente e eu os seguisse. Em pé, na proa, o Gui guiava o Marcus em meio aos corais. Eu ia atrás, flutuando num jardim fantasmagórico, à luz de uma lua pouco convicta.

Começamos a preparar as âncoras, eu atrapalhado no leme, sem tirar os olhos do barco da frente. Tinha uma âncora para pedra, que preparei com 40 metros de cabo. O Marcus estava tão nervoso, que, ao preparar sua âncora própria para fundo de areia, se esqueceu de amarrar o cabo nela. Ele se constrangiu vendo a âncora sumir nas profundezas do mar. Eu fiquei furioso. Acabávamos de perder nossa única âncora de areia. Propus, então, entrar mais na área dos corais, para buscar mais abrigo e um fundo de pedra.

Continuamos entrando nos corais, para chegar à praia de uma pequena ilha não mapeada. De repente ouvi gritos do Gui, com o barco do Marcus raspando nos corais: "Volta, dá um bordo, vamos bater..."

Por pouco evitaram uma colisão com uma enorme cabeça de coral, invisível poucos metros antes. Impraticável chegar à pequena ilha. A saída era achar um lugar qualquer, aproar o vento, jogar âncora e esperar amanhecer.

Nesse instante surgiu um enorme cogumelo de coral à nossa frente. Impossível desviar. Como a ondulação estava alta, eles passaram pelo coral em cima da onda. Não tive a mesma sorte.

Com um estrondo, colidi de frente com o coral, batendo um dos cascos do *hobie cat*. A onda seguinte jogou o barco em cima daquela cabeça de coral, fazendo raspar todo o fundo. Senti que o casco tinha sido rasgado, destruindo bolina, leme... tudo. Gritei para o Marcus parar. Instintivamente aproei o barco no vento, baixei a vela e joguei a âncora, tudo num piscar de olhos.

O tempo parecia ter parado enquanto a âncora afundava, com o barco se aproximando rapidamente de outro monstro de coral. Finalmente ela se prendeu em alguma coisa, o cabo esticou e o barco parou. Nesse meio tempo, Marcus e Gui se aproximaram e me jogaram um cabo, que prontamente amarrei na popa do meu barco.

Toda essa peripécia transcorreu em cima de um imenso banco de corais, sob vento forte e ondas, na meia-tinta noturna – um caos.

Em algum lugar ao sul de East Caicos, numa noite ventosa e estrelada do Caribe, estávamos finalmente parados. Por quanto tempo?

Fui para a proa do barco, peguei o cabo para verificar se a âncora estava se arrastando. Afinal, aquela pequena peça segurava dois *hobie cats* com três pessoas, equipamentos e provisões. Temia que a âncora se soltasse, ou, pior ainda, que o cabo roçasse numa pedra e rebentasse. A luz da lua já era suficiente para ver que o vento apontava para um paredão de pedra de coral. Finalmente, encharcado e com frio, me rendi: eram duas da manhã, coloquei o casaco de tempo e deitei no trampolim da proa. Fiquei em estado de vigília, com a mão no cabo, ou melhor, na linha da vida. Praticamente não dormi e não desgrudei a mão do cabo até o amanhecer, e aos primeiros raios do sol notei que meu barco estava adernado. O *hobie cat* tem dois cascos unidos por uma estrutura de travessões. Um dos cascos havia sido perfurado ao chocar-se contra o coral. Cada casco é dividido em três seções, para evitar uma inundação total de um dos lados da embarcação em caso de perfuração. Somente uma seção havia sido inundada. Conclusão: o barco estava penso para a direita.

Quando o sol subiu percebemos que não havia terra para desembarque. Estávamos no meio de pedras de coral, que na maré baixa pareciam ilhas. Avistamos um único ponto com areia, denunciado pela cor clara da água. Com um vento menos intenso, recolhemos a âncora e nos dirigimos bem devagar para esse local, distante cerca de 500 metros. Paramos ali. O banco de areia tinha menos de meio metro de profundidade. Descemos dos barcos para examinar os cascos. Gui colocou a máscara de mergulho para avaliar a parte submersa, enquanto eu receava o resultado de sua inspeção. E meu receio se justificou: havia um rasgo de uns 80 centímetros de comprimento, com a fibra afundada ao longo de toda a extensão. Abrimos a tampa de inspeção daquela seção do casco e a encontramos inundada. Cerca de 200 litros de água haviam-se infiltrado. O volume só não foi maior por causa do isopor que revestia parte do espaço interno do casco. Desnorteado, não sabia o que fazer. Mas logo me lembrei de uma cena em Miami, dois meses antes...

Nosso amigo velejador, o médico Fábio Tozzi, havia feito o programa de treinamento médico da viagem. Ele fez parte da equipe que foi a Miami trabalhar na preparação e planejamento finais. Numa das compras de equipamentos e suprimentos ele adquiriu um epóxi marítimo, uma massa para colagem que secava até dentro d'água. Fábio disse: "Betão, tomei a liberdade de comprar essa novidade, acho que pode ser útil em alguma emergência..."

Pegamos o epóxi no compartimento de ferramentas. Gui mergulhou e rejuntou as placas de fibra que haviam ficado sobrepostas em toda a extensão do rasgo. O trabalho estava concluído em meia hora. Abri a tampa da seção inundada e, com um recipiente improvisado, comecei a retirar a água. Sem uma bomba elétrica, levei duas horas até esgotar toda a água. Isto feito, o barco voltou a flutuar perfeitamente. Verificamos também o estaiamento do barco do Marcus, afinal ele tinha trazido grande apreensão com o estranho ruído na noite anterior. Não encontramos qualquer problema. Acho que a pressão psicológica foi grande e capaz de criar uma situação negativa. Um ruído que você nunca notou passa a ser percebido como algo ameaçador.

Após a sessão de manutenção e um bom café da manhã, manobramos os barcos através das pedras e saímos da floresta de corais. Navegamos no rumo de Grand Turks com mar não tão liso, mas bom vento, em um dia lindo. Gui se revezava, ora com Marcus, ora comigo. Chegamos a Grand Turks no meio da tarde, após uma velejada tranquila. Lá íamos encontrar nosso querido amigo Robert Wagner, que completaria a tripulação do próximo trecho.

Ficamos três dias em Grand Turks. Com bicicletas alugadas, andamos pela ilha, visitando pontos de interesse. Não me cansava de admirar a cor da água combinada com a fina areia branca, em trechos de praia com uma exuberante vegetação tropical. No penúltimo dia Robert chegou, e começamos o planejamento da próxima travessia.

Esta seria uma das duas travessias mais difíceis no trecho do Caribe, e a mais longa. Velejaríamos de Grand Turks à República Dominicana, uma distância de 115 milhas em mar aberto. Dada a direção predominante do vento, o trajeto deveria se alongar em até 40%. Assim teríamos que vencer de 160 a 180 milhas numa única perna, sem parar. Em pequenos barcos sem cabine, esse é um bom desafio.

Nosso novo tripulante era um touro. Com quase 2 metros de altura, o alemão aliava força física e destreza incomuns. Com muita experiência como velejador no Caribe, entendia de navegação tanto quanto da construção de barcos. Apesar disso, fiquei preocupado ao encontrá-lo. Ele estava visivelmente cansado. Tinha tido uma semana pesada de trabalho em Nassau e só com muita correria conseguiu pegar o voo para Grand Turks. Mas resolvemos sair na tarde do mesmo dia de sua chegada. O plano era velejar a noite toda para tentar chegar à

República Dominicana no final da tarde do dia seguinte. Assim, no meio da tarde, deixamos Grand Turks.

Por segurança, velejávamos com os dois barcos próximos, mantendo contato visual. O mar estava grande e agitado, com ondulações desencontradas, dificultando nosso avanço. Colocamos no GPS três destinos prováveis, todos na República Dominicana. Esse país fica numa grande ilha, chamada Hispaniola, que divide com o Haiti. Tínhamos que tomar cuidado para não chegar do lado do Haiti, que tem graves problemas de criminalidade e segurança. Dependendo do vento, iríamos escolher um dos três destinos. Quando anoiteceu as condições pioraram. O vento muito forte, combinado com ondas rápidas, fazia os barcos baterem muito. Sem que nos déssemos conta, um trilho do trampolim frontal começou a perder rebites com as frequentes batidas da proa no mar e se soltou, formando quatro pequenos buracos no casco. Em pouco tempo a água que começou a entrar nesses buracos se acumulou no casco o suficiente para atrapalhar a navegação. Notei que estávamos mais lentos, e o leme, mais pesado. Marcus, num barco claramente mais rápido, nos chamava pelo rádio para perguntar o que estava acontecendo. Aí começamos um movimento de gato e rato. Marcus se distanciava e parava. Então, chamava pelo rádio e perguntava onde estávamos nós, que só podíamos ver as luzes do barco dele bem distante. Como nós dois velejávamos com desempenho muito parecido, eu sabia que havia algo errado com meu barco. Com vento forte e mar agitado, já não conseguíamos nos aproximar do barco do Marcus, que, mesmo parado, derivava rapidamente. Além disso, com a carga extra em um dos cascos, nosso barco andava com bastante dificuldade em meio àquele caos de vento, água e escuridão. Finalmente a bateria do rádio acabou. A ondulação tinha aumentado de tal forma que não enxergávamos as luzes da outra embarcação.

Sabia que tínhamos um problema, e também que naquele momento deveríamos manter a velocidade e o melhor rumo possível. Gui e eu decidimos continuar a velejar até clarear, no rumo preestabelecido. Na pior das hipóteses, chegaríamos à República Dominicana sozinhos e de lá buscaríamos uma solução para reencontrá-los. Não podíamos exigir mais do barco ou de nós mesmos. Estava começando o amanhecer e nesse momento notamos que havia um problema no casco direito. Mesmo com todo o movimento dava para perceber que ele estava mais baixo, ou seja, flutuava menos. Em seguida, vi o trilho levantado e os buracos dos rebites. Abrindo a tampa superior do casco nos deparamos com uma inundação. O problema estava identificado. Novamente recorremos à milagrosa epóxi do doutor Fábio. Enquanto eu transferia algumas coisas armazenadas no casco direito para o esquerdo, com uma faca Gui retirava os restos de rebite do casco perfurado. Não deu outra: naquelas condições cortou-se profundamente numa das mãos. Para "ajudar", o *kit* de primeiros socorros estava no outro barco. Essa falha nos fez refletir sobre outra, tão ou mais grave. Uma das regras de navegação que tínhamos estabelecido é que o barco mais rápido era responsável por acompanhar o mais lento. Marcus e Robert não tinham obedecido. A diminuição de velocidade se devera a um problema técnico. Agora sabíamos também que nossa capacidade de manobra também tinha sido comprometida. A regra existia exatamente para esse tipo de situação, e sua estrita observância fazia parte do elenco de medidas de segurança mais elementares. Um sentimento de profunda irritação com a dupla do outro barco, até então dissimulado, veio à tona com força total.

Com um pedaço de tecido e *silver tape* improvisei um curativo na mão de Gui. Ele colocou uma luva por cima e então terminamos o reparo com a epóxi marítima. O trampolim da frente foi todo retirado e a lição, aprendida: nunca mais, em nenhuma de minhas viagens, voltaria a utilizar o trampolim frontal. Por fim, retiramos a água do compartimento inundado, um trabalho em que já éramos *experts*. Quando estávamos recolocando a carga de volta no casco direito vimos o barco do Marcus milagrosamente se aproximando. Como estávamos indo com vento contra, orça no jargão de navegação, eles tinham vento a favor, de popa. Mesmo assim, tinham sido incrivelmente habilidosos. Imaginaram fazer uma linha contrária àquela que haviam percorrido, costurando uma rota em ziguezague. Sabiam que, com a variação do vento e a deriva da corrente, seria pouco provável nos encontrar. Quando se aproximaram era visível a tensão e o alívio em suas expressões, e o comentário era: "Fizemos uma bobagem, largamos vocês no meio do mar, mas graças a Deus conseguimos encontrá-los". Meu único comentário foi: "Tudo bem, vamos embora, depois discutimos isso". Sabia que não adiantaria ficar ali batendo boca, no meio do mar. E também que tínhamos que revisar as regras de navegação, de forma mais séria e precisa, para evitar erros futuros.

Com as atribulações da noite, tínhamos progredido muito pouco, e por volta das dez da manhã o vento parou totalmente. As ondas foram diminuindo, até o mar se transformar em um lago espelhado. De vez em quando um sopro de brisa nos empurrava por alguns metros. Depois, novamente o silêncio tomava conta de tudo. O azul brilhante do céu ia esmaecendo, até se mesclar com o mar no horizonte. A transição não tinha uma linha definida, em uma mistura de luzes e reflexos unidos pelo calor do dia. Era final da tarde quando amarramos um barco no outro, formando uma plataforma única. Colocamos o refletor de radar, uma peça de alumínio que nos tornava visíveis na tela de radar de um navio em rota. Depois de comer, abrimos a barraca em cima do trampolim, para isolar os nossos sacos de dormir do mar, e organizamos turnos para descansar.

Estávamos no meio do mar, a umas 50 milhas da costa da República Dominicana. Os barcos derivavam lentamente na direção do Haiti. Era uma noite sem lua, sem nuvens e muito estrelada. A água parecia viscosa como azeite, de tão parada. Poderíamos colocar uma taça de champanha na proa e ela não derramaria uma gota. No meu turno, apesar do cansaço, estava maravilhado. O céu inteiro se refletia no mar, sem divisão, e eu estava em um barco que flutuava no universo, com estrelas acima e abaixo de mim. Aquela imagem ficou impregnada em mim para sempre. Peguei o *walkman* e, como ele tinha rádio, tentei sintonizar alguma coisa. Encontrei uma estação da República Dominicana e fiquei entusiasmado com o anúncio de um baile que se realizaria na noite seguinte. Já nos imaginava chegando diretamente para participar do tal baile, insistentemente promovido pela rádio. No final do meu turno já não estava cansado e, deitado, fiquei magnetizado pelo céu mais grandioso que havia visto até então.

Quando amanheceu, continuávamos sem um sopro de vento. O sol escaldante refletia nas velas brancas, tornando impossível abrir os olhos. Não havia sequer uma sombra no barco. Soltamos as cordas que uniam os barcos e tentamos avançar com uma ou outra brisa que surgia de tempos em tempos. Estava meio ensonado até que um acontecimento me deixou totalmente desperto. Um estrondo no casco sacudiu o barco, fazendo com que Gui e eu saltássemos para o meio do trampolim. Assustados, ficamos olhando para o mar, esperando um novo choque. Naquele azul profundo, víamos os raios de sol entrar na água e descer, em tonalidades marinho e turquesa. Logo avistamos uma sombra escura, passando exatamente embaixo de nós. Era um peixe enorme, de uns 2 metros de comprimento, negro. Nadava rápido, de um lado para outro, e fazia manobras ágeis e imprevisíveis. Disse ao Gui que achava que um tubarão não nadava daquele jeito. Após alguns instantes, vimos a sombra negra parada embaixo do barco, a poucos metros de profundidade. Esperamos algum tempo e nada aconteceu. Então, pegamos máscaras de mergulho e, cuidadosamente inclinados, colocamos a cabeça dentro d'água para olhar. Lá estava ele, um majestoso marlim-azul, inquieto, olhando para o nosso casco e diretamente para nós. Vimos também um assustado peixinho, de uns 30 centímetros, escondido entre a bolina e o casco. O marlim fazia umas investidas para assustar nosso carona, que se escondia como podia, colado à bolina. A cena era inacreditável, com o marlim-azul visivelmente impaciente e o peixinho lutando pela vida. O marlim mergulhava nas profundezas e logo voltava como um torpedo, diretamente na direção do nosso casco, desviando no último instante! O peixinho ali, firme, circulando e se escondendo, em um balé desesperado. Por causa do bico em forma de espada, o marlim não encontrava ângulo para capturar o intimidado peixinho, que ia de um leme para outro, e daí para a bolina. Estávamos apreensivos, temerosos de que numa arremetida estabanada o marlim furasse nosso casco ou danificasse o leme ou a bolina. Afinal, eram 300 quilos de energia investindo contra o casco de fibra de vidro. Por outro lado, estávamos fascinados com a cena. No meio desse jogo de esconde-esconde, que já durava quarenta minutos, surgiu uma brisa, que foi se firmando. Em breve tínhamos um vento de boa força, na direção perfeita para Luperón, um dos destinos que tínhamos marcado no GPS. Abrimos a vela balão e, num mar perfeito, o barco começou a deslizar cada vez mais rápido. Naquela velocidade não vimos mais o marlim, nem o peixinho. Sabíamos que o peixinho não ia conseguir nos acompanhar muito tempo. Mas tive esperanças de que ele nadaria para a liberdade entre os raios de sol naquela imensidão azul.

Pelas duas da tarde começamos a avistar a República Dominicana, algumas montanhas verdes no horizonte, de uma beleza tropical intensa, como a do Brasil. A partir daquela latitude a paisagem do Caribe muda totalmente. As ilhas coralíneas, de relevo baixo, são substituídas por ilhas de maior porte, com montanhas decoradas por exuberantes florestas tropicais. Comemoramos a visão promissora nos dois barcos, loucos para chegar. Ao nos aproximarmos da costa vimos casinhas e construções esparsas, perdidas no meio da vegetação. Luperón fica em uma barra de rio, que forma uma baía bem protegida, com um píer no centro. Havia muitos barcos ancorados, mas nenhum encostado no píer. Contornamos a entrada da baía, cercada por montanhas por todos os lados, e avistamos uma porção de veleiros e uma vila. Eram cinco da tarde, o sol começava a baixar e o vento a se tornar mais fraco. À medida que nos aproximávamos detalhes da vila sobressaíam, humildes. Um barquinho vinha na nossa direção. Notei que era o bote de uma embarcação ancorada e, como não conhecíamos alguém por ali, fiquei curioso. No bote avistamos uma senhora e um enorme cachorro labrador, preto e lustroso. Ela vinha falando coisas ininteligíveis, mas assim que chegou mais perto levantou-se e nos deu as boas-vindas: "*Welcome, the boys from Brazil!*" Já tinha ouvido aquela expressão em algum lugar. Ela encostou no meu barco e disse: "Olá, sou a pessoa que falou com vocês pelo rádio, naquela noite em Mayaguana!", enquanto arremessava duas cervejas geladas, e mais duas para o Marcus e o Robert que tinham se aproximado. "Fomos para Turks e Caicos no dia seguinte e ficamos muito preocupados quando não encontramos vocês lá. Imaginei que o próximo lugar que poderiam vir era para cá. Na verdade, estava esperando por vocês e fiquei muito feliz quando vi as velas no contorno do canal". Mary tinha mais de sessenta anos, mas era muito ágil e cheia de energia. Acompanhou-nos até o píer, onde amarramos os barcos e fizemos os procedimentos de chegada. Usando a mangueira do píer, tomamos o primeiro banho de água doce em 48 horas, e colocamos roupas secas. Uma delícia. Fomos, então, visitar a vila.

As casinhas de madeira tinham chão de terra batida, porcos andavam livremente pelas duas ruas, em meio a crianças jogando bola e cachorros dormindo. As bicicletas ficavam estacionadas em frente às casas. Parecia um típico vilarejo de uma região pobre do interior do Brasil. Pessoas na janela ou sentadas em cadeiras na frente das casas. Rádio despejando som distorcido de música caribenha, em alto volume, numa competição musical com o do vizinho. Aquele cenário me deu certeza de que estávamos mais perto de casa. As Bahamas tinham outra energia, provavelmente por causa da colonização anglo-saxônica. Em Luperón reconheci o colorido latino, aquela explosão de vida, com gente ruidosa na rua. A língua, mais parecida com a nossa, e o comportamento caloroso mal disfarçavam a pobreza, que conhecemos muito bem.

À noite fomos para um restaurante bastante animado e lá encontramos Mary e Henry. Ela nos contou então a história do *"the boys from Brazil"*. Quando chegamos a George Town, capital das ilhas Cayman, umas semanas antes, realizava-se um grande evento de vela, reunindo mais de quatrocentos veleiros de grande porte, da classe Oceano, que incluía uma tradicional regata, cujos participantes tinham um perfil parecido, em geral de mais de cinquenta anos. Lembro que brincamos entre nós, carinhosamente, que parecia uma regata geriátrica. Os tipos eram inconfundivelmente americanos: os mesmos bonés, os mesmos casacos e bermudas West Marine e os inevitáveis calçados *top-siders*. A cidade fervilhava com a presença de mais de 3 mil velejadores.

Quando chegamos ao píer de George Town com os nossos *hobie cats*, juntou uma multidão de curiosos ao nosso redor. Contamos então a eles os nossos planos de viagem para a América do Sul. No dia seguinte, pela manhã, outra multidão em volta dos nossos barcos, querendo falar conosco e tirar fotos. Ficamos surpresos com a recepção nos dois dias que permanecemos em George Town. Mas desconhecíamos um detalhe crucial: Mary nos contou que a nossa história tinha ido parar na rádio local, que narrou em detalhes os nossos planos e nos batizou de *"the boys from Brazil"*. Viramos celebridades entre os competidores daquela regata, que usavam barcos de oceano em percursos que fazíamos em metade de um dia com nossos catamarãs. Até mesmo a própria Mary tinha ido nos conhecer e conversara comigo no píer de George Town. Assim, quando entrei no rádio em Mayaguana, ela já sabia quem éramos e para onde íamos. Àquela altura, nos consideravam velhos conhecidos, e naquela noite contamos casos, dançamos, bebemos e esquecemos de tudo e de todos.

Mary e Henry são dois professores universitários aposentados. Ela tinha 65 anos e ele, 70, e moraram a vida inteira na Califórnia. Um dia, decidiram comprar um barco e ir embora. Agora vivem assim: viajando pelo mundo. Nunca se arriscam em um mar grande e muito menos numa condição desfavorável. Só viajam com tempo bom. Na época dos furacões, tiram o barco da água e voltam para a querida Califórnia. Passado esse período, retomam suas andanças marítimas com o labrador. Ficamos dois dias com eles. Depois, seguimos velejando pela costa da República Dominicana rumo ao sul.

Brasil 1 x França 0 — 19 de outubro de 2007

Em algum lugar do Pacífico sul navegam dois velejadores, um francês e um brasileiro. Horas e horas se passam, os dias ficam para trás, talvez no esquecimento. Falamos, conversamos, e às vezes ficamos quase uma tarde inteira sem dizer nada, só em estado contemplativo, cada um na sua. Aí o Igor fala: "Está friozinho", e eu respondo: "Está mesmo". Pronto. A conversa do dia se encerrou. Ontem à tarde pela primeira vez coloquei bermuda e camiseta; foram apenas três horas, mas a pele agradeceu, pois fiquei de botas, *polartec* e meias grossas por dias a fio, e, pior, dormindo assim. Não vou entrar em detalhes, mas estamos ganhando da França: 1 x 0; já tomei um banho e o Igor, nenhum.

Ontem achei meu livro que estava perdido a bordo, *O longo caminho*, de Bernard Moitessier, que conta a aventura desse quase filósofo velejador, que disputou a primeira volta ao mundo em solitário no final da década de 1960. Bem apropriado para a situação. Recomendo. O Igor trouxe um livro francês cuja tradução do título é "Mas... o que eu estou fazendo aqui?". Bom, a biblioteca do barco tem mais dois livros meus, mas sinceramente espero chegar à ilha de Páscoa bem antes de poder terminá-los. Porém, nunca se sabe.

Hoje amanheceu garoando e frio, a coleção verão foi para o armário, peguei de volta a roupa de *teletubbie*, o macacão amarelo. A previsão diz que vai chover no sábado à noite e no domingo. Oba! Vou ficar na cama vendo TV e lendo! Doce ilusão.

Barco temperamental — 20 de outubro de 2007

Depois de um dia anterior muito calmo, com quase nada de vento, fomos acordados hoje bem cedo com o barco zunindo. Mesmo rizado, ele quer caminhar para a ilha de Páscoa, um lugar muito distante na nossa cabeça. Mandamos todas as velas para cima, nos encapotamos e começamos a trabalhar bem cedo. O céu estava dramático, com o sol aparecendo entre nuvens de diferentes formatos e cores.

Igor liga para a França, para falar com Pierre, e ele nos dá várias explicações para tanta oscilação de tempo no Pacifico, até mesmo na ilha de Páscoa, onde, soubemos pela Maris, choveu durante cinco dias, algo atípico para esta época do ano. Pierre nos dá ainda o prognóstico para os próximos dois dias e indica o caminho mais apropriado para pegar melhores condições de vento. Para variar, vigiamos a caixa do leme dia e noite – ela vai bem, obrigado. Porém, na outra vi uma fissura bastante séria que apareceu de um dia para outro. Diminuímos a vela e demos um jibe, ou seja, trocamos de lado para velejar em um sentido que a force menos. Já temos um plano para ela: retirá-la quando o vento cair, mais tarde, e reforçá-la com cabos. Ela vai ter que aguentar as próximas e últimas 800 milhas.

Para ser sincero, isso está afetando muito o nosso astral. Já tivemos problemas elétricos ontem, que foram resolvidos, e agora essa droga de caixa quebra de novo.

Sonhando com a saladinha 21 de outubro de 2007

Dia de preguiça, sol, vento favorável, mar liso, quase turquesa, um pouco mais escuro. Igor se diverte arrumando o painel solar. De manhã bem cedo, sem vento, vai reparar a caixa do leme. O barco está coberto por uma crosta de puro sal. Tudo está salgado, e até as doces laranjas chilenas já se foram; sobraram apenas seis maçãs. Comida não nos falta, mas confesso que sonho com uma saladinha bem fresca, a "salada do chef" do *Ritz*, em São Paulo.

Ouço música enquanto fico no leme, Eric Clapton toca *While my guitar gently weeps* com solos lindos. O almoço vai ser bacalhau liofilizado com purê de batatas. Que coisa, com tanto peixe debaixo de nós, vamos cair na comida industrializada. O corrico anda pobre.

Parecemos vagabundos do mar, roupas penduradas no varal, aproveitando o dia de sol, já com aquele jeitinho de barraco. As velas estão cheias e o destino, a misteriosa ilha de Páscoa, está agora a menos de 700 milhas, ou seja, a América do Sul, com a sua imponente cordilheira, ficou 1.500 milhas para trás. O *Bye Bye Brasil* está feliz por arrastar sua barriga branca pelas águas geladas do Pacífico sul, que já não estão tão glaciais assim.

Ontem tínhamos céu aberto e víamos nuvens altas nos 360 graus de horizonte. À distância, elas pareciam boiar no mar. Muito céu, muito mar, muitos tons de azul, de branco, de cinza, e, quando o sol baixou, dava a impressão de que estavam fazendo uma grande fogueira do outro lado do mundo.

Não vemos ninguém depois de treze dias no mar. Somente os pássaros, que só aparecem à tarde, vêm, dão uma espiada na geringonça que navega sem parar e vão embora. E eu tento incentivar o Igor a tomar banho: "Hoje é domingo, dia de banho, fica cheiroso, vai que você encontra uma garoupa de Ipanema por aí, deste jeito não vai dar". Mas não tem jeito.

Enquanto isso ouço as músicas que falam de vento, mar e solidão, mas garanto que no meio do nada não me sinto sozinho, sinto solitude. Sei bem quantos amigos tenho, minha maior riqueza nesta vida.

Mau tempo 22 de outubro de 2007

Mais um dia igual aos anteriores, com mar mexido e algumas chuvas em volta do barco. No final da tarde preparamos nosso jantar, e, como sempre, cada um fica em cima da sua asa para se preparar para a noite. Trocar as roupas molhadas, secar o "quarto de dormir", preparar o colete salva-vidas com o cinto de segurança. No horizonte dá para ver uma mancha preta enorme, prenúncio de mau tempo. Preciso ficar de olho.

O mau tempo vem mesmo, e rápido. Não tem escapatória, temos que nos preparar. Que hora para encarar uma nuvem deste tamanho, bem à noite! Já estou com o *dry suit*, Igor também vestiu o seu. Estamos calados vendo o mundo ficar preto. O sol já se foi, mas existe um escuro mais escuro que o escuro da noite. Dá para notar os matizes da escuridão.

Fazemos dois rizos na vela mestra para evitar surpresas; sabe-se lá quanto vento vai chegar. Mal baixamos as velas, o vento começa a aumentar e eu pego o leme. Piloto automático nessas horas é suicídio. Confio mais em mim no leme. Estamos atados, usamos lanternas na cabeça caso precisemos fazer mais manobras. Deixei duas latas de Red Bull na proa, pois sei que quando sinto medo minha boca seca. Além de coragem, vamos precisar de muita atenção.

De repente começa uma forte chuva, acompanhada de muito vento. O vento vem na cara, contra. Mudamos a rota, e já não estamos velejando na direção que queremos, mas tudo bem, o melhor é deixar o barco a favor do vento. O barco surfa as ondas que crescem rapidamente. Tenho a sensação de que todas as minhas células estão a postos. Igor e eu estamos fazendo o que se deve fazer: colocar o barco em uma posição segura em relação ao vento para evitar uma capotada à noite. Isso seria o pior. Não, o pior seria um de nós cair no mar, mas estamos amarrados.

O vento cessa um pouco e notamos que o negrume está passando. Olhamos um pouco mais à frente e vemos outras duas manchas negras na proa: uma na esquerda e outra na direita. No meio me parece que há um caminho mais claro. Decidimos aproar para o caminho do meio, que imagino ser uma passagem entre duas nuvens gigantes carregadas de água. O céu, de novo dramático, nos lembra o Apocalipse.

O plano não está dando certo. As nuvens estão se juntando e estreitando o caminho do meio. O vento parou instantaneamente, e por uns trinta segundos ficamos acalmados, sem qualquer brisa, nada. Já sabemos o que vai acontecer. O vento entra com muita violência e o barco sente bastante, adernando e acelerando mais do que gostaríamos. Vamos para a proa a fim de baixar toda a vela mestra. Solto a adriça da mestra, que baixa rapidamente. Enrolamos as velas que batem com força no trampolim.

O mar e o vento organizaram essa estranha festa e somos os convidados, não temos condições de não aceitar. Por aqui, onde os humanos não habitam, sou obrigado a repetir infinitas vezes para mim o que estou fazendo, pois não é comum um barco destes navegar nestas condições. Por alguns minutos somos obrigados a usar o piloto automático para as manobras, mas logo retomo o leme na mão. Agora só de buja – a vela pequena – na proa, o barco anda a mais de 10 nós nas descidas das ondas. Incrível, mas o mar cresceu muito rápido, chuva e vento para todo lado – um cenário assustador. Minha boca está com gosto amargo, acho que é o medo. Velejamos por algumas horas nessas circunstâncias e percebemos que não são apenas nuvens soltas de chuva. Tem cara de frente fria de verdade – mas Pierre não nos alertou sobre isso...

Amanhece e o vento começa a fraquejar. Estamos exaustos, mas tudo sob controle, domamos o bicho, um cavalo chucro. Olho para o Igor e num aperto de mãos nos felicitamos, a vida vai voltar ao normal. Passamos por mais um teste.

São quatro e meia da manhã. Vamos descansar, mas a adrenalina é tão grande que fico entre o sono e a vigília. Não quero mais surpresas. Tempestades em viagem sempre ocorrem e em 16 de fevereiro de 2003 passei pela mais difícil experiência com mau tempo no mar. Estávamos na Antártica e iríamos velejar por uma região muito desprotegida.

A saída estava preparada para as três e meia da manhã. Porém, como não havia vento, dormimos um pouco mais. A previsão da meteorologia dizia que teríamos ventos de setor norte variando de 4 a 8 nós e possibilidade de calmaria.

Havíamos ficado seis dias na Deception depois da travessia da passagem de Drake para nos recuperar do cansaço, pôr o sono em dia e ganhar um pouco do peso perdido.

Acabamos partindo da ilha às cinco e meia da manhã, com ventos bem fracos, chuva e muita neblina. Cruzamos a pequena abertura para ganhar mar aberto. A costeira da ilha era formada por paredes de pedra e terra de coloração que variava do marrom ao avermelhado e subiam a uma altura de 100 metros. Os cumes pontiagudos, envoltos na neblina, formavam um cenário tenebroso.

Passamos por várias ilhotas com essa mesma configuração e, assim que saímos da proteção da ilha, nos deparamos com os primeiros *icebergs*. Passamos bem próximo de um deles, que dava carona a pinguins e focas-peleteiras. Como a corrente estava forte, não conseguíamos nos afastar da Deception. O *Kotic*, nosso barco de apoio naquela expedição, mergulhou na forte neblina, que aumentava a cada minuto – a visibilidade passou a variar entre 100 e 200 metros. Aos poucos o vento foi dando o ar da graça e o *Satellite* começou a avançar. Cento e cinco milhas nos separavam das ilhas Melchior, e se mantivéssemos a nossa média só alcançaríamos nosso objetivo depois de vinte horas. Já estávamos preparados para dormir mais uma noite no mar, o que não me agradava muito, pois a possibilidade de colidir com um pequeno bloco de gelo desprendido de algum *iceberg* não era desprezível.

Icebergs apareciam no meio da neblina subitamente, imensos e assustadores. Não dava para imaginar navegar à noite por ali, nem se estívessemos com um radar. O vento continuou a aumentar, e o entusiasmo também. Comecei a fazer contas para saber das possibilidades de chegar no mesmo dia. Seria a salvação da lavoura.

Alcançamos o primeiro ponto de referência marcado no GPS: Austin Rocks, uma série de ilhotas e pedras perdidas no meio do mar. Envolto pela neblina e cercado de *icebergs*, era um excelente cenário para ambientar pesadelos. Poucos lugares me deixaram tão impressionado como aquele. As rochas negras, castigadas por um mar mal-humorado, levantavam muita espuma. As nuvens estavam baixas e a neblina, cerrada. Pouco à frente os rochedos esperavam alguém disposto a cruzar seu destino por aquelas paragens. Uma sensação de pessimismo apoderou-se de mim.

O *E-track*, nosso rastreador via satélite, continuava enviando o sinal do *Satellite* para o *Kotic* a cada trinta minutos com a nossa latitude, longitude, velocidade e rumo. Para reforçar o procedimento de segurança, comunicávamo-nos via rádio a cada duas horas para tranquilizar Oleg e a tripulação. Com jacarés intermináveis, nosso catamarã avançava intrepidamente. Como o vento soprava de uma direção favorável, velejávamos com o *spinnaker*, a vela mestra sem rizos e a buja.

A certa altura Duncan anunciou: "Acho que o vento vai cair". O vento pareceu ouvir, se zangou e, ao contrário da previsão de Duncan, começou a aumentar rapidamente, trazendo bastante mar. As descidas de ondas tornaram-se cada vez mais radicais, mas a sintonia entre Duncan e mim fazia a velejada ao mesmo tempo radical e prazerosa. Decidimos velejar rápido, pois sabíamos que chegar com luz seria um presente dos céus. Qualquer erro e o *Satellite* capotaria nas águas geladas da península.

De repente, enormes golfinhos saltavam perto do barco. Era difícil olhar para a frente e conduzir o barco ao mesmo tempo, sem deixar que atravessasse uma onda. E o improvável aconteceu. Acho que foi o maior susto que levei em toda a minha vida de velejador. Uma baleia com o dorso cheio de cracas emergiu bem na frente do *Satellite* enquanto ele acelerava no topo de uma onda. Quando o barco começou a descer o jacaré só deu tempo de virar um pouco o leme e torcer para a baleia submergir novamente. Pensei: os lemes vão bater e destravar. A baleia passou por baixo do barco e surgiu atrás de nós, seguindo seu caminho. Talvez ela não tenha tido tempo de reagir. Não gritei, nem respirei – só observei.

A emoção continuou. Além dos golfinhos, baleias vieram bisbilhotar-nos. Pensei comigo: aquela história só pertenceria a nós dois, pois ninguém jamais compreenderia o que vivemos. Só os anjos, as únicas testemunhas. O vento esperou que nos refizéssimos do susto e começou a aumentar, aumentar, até que ficou impossível usar o *spinnaker*. Baixamos e deixamos apenas a buja na proa. Pouco depois enrolamos a buja e fizemos um rizo na vela principal, a mestra.

O mar estava ficando grande demais, com vagas de 3 a 4 metros, bem cavadas. Para piorar, começou a nevar forte, e o gelo ficava preso nas talas da vela, uma cena incomum para mim. A água estava a zero grau e, como o barco brigava com o mar, o frio era intenso. Nossos trajes eram os melhores que existiam, mas percebemos que estávamos no limite técnico da roupa. A sensação térmica deveria estar em torno dos 20 graus negativos. No topo das ondas o vento ficava mais forte, e lá de cima avistávamos uma confusão de vagas, espumas quebrando e um horizonte de montanhas escuras que se movia. Eram tão grandes as massas de água que algumas vezes eu pensava ver terra no curto horizonte. Não era terra, mas sim a gélida água da Antártica se movendo rapidamente com o vento.

Não demorou muito e fomos obrigados a fazer o terceiro rizo. Navegávamos com pouquíssima vela e o barco continuava a fazer uns 11 nós de velocidade, mas na descida da onda acelerava para 16 nós. O vento soprava mais de 35 nós na rajada e o mar se levantava a 5 metros de altura, com ondas estourando por todos os lados. A ondulação vinha de três direções, e Duncan e eu fazíamos de tudo para manter o barco andando equilibrado, livre de alguma onda transversal, a única que podia nos virar. A cada trinta minutos Duncan consultava no GPS a nossa posição e me passava o novo rumo, corrigindo a rota.

A tensão estava estampada no nosso rosto, quase não falávamos, e eu repetia para mim mesmo a frase de Santiago Isa: "Todo barco que parte tem que chegar". Com certeza aquele era mais um grande teste. O Drake havia testado nossa resistência e agora era a vez de nossa habilidade e frieza serem colocadas à prova. Naquele cenário de ondas imensas, vento forte, neblina, neve, *icebergs*, baleias, água congelante e temperatura de 2 graus a coisa mais improvável de encontrar era um catamarã de 21 pés sem cabine. Mas estávamos lá e tínhamos de vencer aquela tempestade. Por volta das nove da noite o vento começou a dar sinais de que ia amainar e, depois de duas horas, quando já avistávamos Melchior, respiramos aliviados. Queríamos a todo o custo chegar, descansar e nos alimentar, pois não havíamos comido nada além de gel de energia.

O *Kotic* vinha a 5 milhas atrás de nós. A entrada do arquipélago de Melchior estava marcada no nosso GPS, mas, em vez de encontrarmos uma passagem, víamos uma imensa ilha coberta de gelo. Ficamos confusos e novamente checamos no GPS reserva a posição. Chamamos Oleg pelo rádio e explicamos-lhe a nossa dúvida. Ele pediu que o esperássemos. O vento caiu bastante, mas o mar, não, e ficamos ali, sendo jogados para baixo e para cima, quase à deriva. Estávamos a 2 milhas do destino e não sabíamos para onde ir. Quando o *Kotic* nos chamou pelo rádio, o capitão nos explicou que o que estávamos vendo era um gigantesco *iceberg* estacionado na entrada do canal. Como tudo era branco, nos confundimos.

Depois de trinta minutos entramos rebocados em águas protegidas, em meio a montanhas cobertas de gelo e *icebergs* por todos os lados. O *Kotic* ia à frente, bem devagar, abrindo passagem entre o gelo solto com sua proa de aço. De pé e segurando o leme, eu observava em silêncio o *Satellite* com seus cascos vermelhos entrar em um mundo muito estranho para mim, quase proibido. Já estava escurecendo, era quase meia-noite e a luz se ia.

Aquele arquipélago perdido no meio do nada me deu a precisa ideia do que é estar em um lugar selvagem, abandonado, esquecido, distante, mas ao mesmo tempo sublime e imponente. Sempre é bom chegar, mas aquele dia... Parto, porque amo chegar.

Esperança no horizonte — 25 de outubro de 2007

Fiquei duas noites sem dormir tentando driblar a água que não parava de entrar no meu saco de dormir. Os únicos lugares secos são as malas estanques. O resto está cheio de água salgada. Precisamos chegar, já faz dezesseis dias que estamos no mar – mais do que imaginei – e por causa da quebra das duas caixas dos lemes vamos num ritmo mais lento.

Notícia boa. Já há um nome para o dia da chegada: chama-se DEPOIS DE AMANHÃ, e como estamos felizes! Hoje tomamos o café da manhã imaginando que no sábado vamos avistar a ilha de Páscoa na hora do almoço, e já há aposta de quem vai vê-la primeiro. Estamos saudosos da Maris, do Pepê e do

Dudu. No domingo chega a Mariana Becker, que vem cobrir a viagem para o *Esporte espetacular*.

Hoje o mar começou a abaixar e o vento aumenta e diminui à medida que as nuvens de chuva passam sobre nós. Nada mal um pouco de água doce na cara. Ai, meu Deus, como sonho com um banho e uma caminha seca que não balance!

Quase lá 26 de outubro de 2007

Estamos a apenas 160 milhas da chegada, e já não dá para conter a ansiedade. Esta noite dormi apenas três horas, mas estamos ótimos e muito felizes. Devemos chegar depois do almoço do sábado e a nossa querida equipe de documentação e apoio vai nos esperar no mar. Beijo grande, Maris, Pepê e Dudu, que saudades! O dia aqui está maravilhoso, mas na Páscoa chove e no horizonte há muitas nuvens. Não importa, chegaremos de qualquer jeito. Ao menos temos visibilidade total, pois não há nada pior do que navegar às escuras. Digo isso porque no Canadá tive uma experiência muito difícil.

Já está na hora de dormir de novo, vou para a minha toca. Amanhã será um dia cheio de emoções.

Recordo-me do Canadá durante a Rota Boreal, em 2005, quando conversava com os deuses: "Deuses do vento, deuses do mar, deuses do nevoeiro, deuses da chuva!!! Acho que os senhores se reuniram e decidiram ver até onde aguentamos. Um dia há vento fraco; no outro, neblina; no outro, não há vento; no outro, muito vento. Será que não teremos dias normais, com bom tempo, vento favorável e sem chuva e neblina?". Em outras viagens havia dias bons e dias ruins, mas agora a situação está complicada.

Acordei às seis horas com uma forte chuva. Abri a cortina do *motorhome* e da cama vi um mar encarneirado e uma neblina cerrada. Pensei: não podemos ficar mais um dia parados, mas também não devemos sair com mau tempo. Dei mais uma esticada na cama e pouco depois liguei o rádio VHF para ouvir a previsão do tempo da Marinha canadense.

Previam 15 a 20 nós de sudoeste. Ótimo, pensei, pelo menos é favorável. Vamos esperar um pouco para ver se a neblina se dissipa. O tempo melhorou e começamos a nos arrumar. Sob uma chuva gelada, deixamos o charmoso e pequeno porto de Lunenberg. Logo na saída fomos recebidos por uma forte rajada de vento que nos avisou que o dia não ia ser fácil. Fizemos mais um rizo e enrolamos a buja. O *Satellite III* novamente mergulhou no desconhecido.

A visibilidade era de apenas 100 metros. Assim que dobramos o primeiro cabo sentimos a força do mar, que despejava uma ondulação enorme nos rochedos a sotavento da nossa embarcação. Não conseguíamos enxergar as ondas quebrando nos rochedos, só ouvíamos o som grave e estrondoso da água. Pensei: mais um dia de sons enigmáticos. Cada boia tem um som; cada farol, um timbre e uma periodicidade. Como navegávamos em uma área de pesca havia muitos barcos pesqueiros com seus motores nos rondando. Nunca conseguíamos vê-los – pareciam navios fantasmas. Talvez fossem mesmo.

Um dia cruzamos com um barco bem grande de pesca. Estava parado, e os pescadores lançavam armadilhas na água. De repente ele se descortinou. Passamos silenciosamente ao lado dele. Tanto eles como nós ficamos perplexos com o súbito encontro. Só que eles jamais imaginaram ver um catamarã vermelho, minúsculo, sem cabine, com dois sujeitos de amarelo, passar deslizando no meio da neblina, em um mar tão traiçoeiro, e desaparecer sem mais nem menos. O encontro foi tão inesperado que sequer conseguimos acenar, apenas nos olhamos e sumimos, cada um para o seu lado, novamente no manto de neblina. Eram mais ou menos esses os sons que nos cercavam: as ondas trabummmm, as boias aum-mmm, os faróis pieeeee e os navios fommmm. Este último é o mais assustador, pois anda a uma velocidade espantosa. Já estávamos na costa leste do Canadá havia algum tempo e até então não poderia dizer que eu tinha conhecido a costa da Nova Escócia.

Tivemos dias cuja visibilidade não passava de 50 metros, e isso nos fez desenvolver outros sentidos. Como um cego, apuramos o ouvido e o olfato. O cheiro ruim de foca indicava a presença de pedras, pois elas adoram ficar deitadas nos rochedos. Qualquer som nos deixava alertas, tentando identificar seu autor: um motor, uma boia, um farol...

Outro dia fomos surpreendidos por uma ilhota não cartografada e, ao desviar dela, nos enroscamos numa rede de pesca. Livramo-nos dela com uma manobra arriscada perto de um rochedo e seguimos em frente. Mais adiante uma onda quebrou em cima do *Satellite III* e por pouco não viramos. Próximos de Halifax, contornamos o farol e vimos surgirem as balizas de sinalização da entrada do porto – ótimo sinal, nossa navegação estava correta. O Felipe me cantava as coordenadas e nós íamos discutindo as opções de manobras.

Comecei a sentir cheiro forte de diesel, mas como estávamos perto da terra imaginei que proviesse do continente. De repente ouvimos bem atrás de nós e muito próximo um FOMMMMM: um navio no nosso cangote! Gritei: "Manobra, jibe, jibe, temos que mudar de direção e acelerar o barco para pegar velocidade e ter opção caso encontremos o gigante". Mudamos o rumo do barco e aceleramos dentro da neblina. Ficamos à espreita, atentos a qualquer apito ou barulho do motor. Ouvimos outro apito e sentimos um cheiro mais forte de diesel. Ele passava bem próximo, mas por outro ângulo. Estávamos fora da rota. Que alívio!

Trinta minutos depois entramos na baía de Halifax. A névoa desapareceu e surgiu aquele nosso amigo, esperado por um rebocador: um navio vermelho, imenso. Se tivessem nos atropelado, nem iriam ficar sabendo...

Bene, nosso cinegrafista e apoio de terra, nos ligou e deu as coordenadas do Royal Nova Scotia Yacht Squadron, o clube mais tradicional de Halifax. Entrando na parte protegida do acesso ao clube, relaxei. Felipe e eu nos apertamos as mãos, felizes por termos completado uma etapa importante da viagem, Nova York a Halifax.

Chegada à ilha de Páscoa — 27 de outubro de 2007

Não sei por onde começar, mas de uma coisa tenho certeza: nunca mais vou me esquecer do dia 27 de outubro de 2007, um dos dias mais marcantes da minha vida. Acordei um pouco tarde – perdi a hora, pois não dormi direto por causa da ansiedade. Só dei uma cochilada de manhã. Coloco a cabeça para fora e Igor me diz: "Betão, olha em frente". Não acredito! É mesmo a ilha de Páscoa – local com que sonhei por muito tempo, desde que comecei a imaginar esta viagem.

De longe parece que são duas ilhas, mas, à medida que ela cresce diante de nós, vimos surgir seus detalhes. Aproximamo-nos pelo lado desabitado, onde pontilhavam algumas casinhas, e, por ser a porção castigada pelo vento predominante, é bastante árida, de um tom meio avermelhado passando para o verde.

Ligo para a Maris, que nos diz que vai nos esperar do lado oposto, depois da ponta norte. O coração bate forte e os olhos ficam marejados. Um sentimento de plenitude me envolve, algo que já provei em outras chegadas, mas desta vez me toca mais forte. Vejo bem longe um veleiro, digo ao Igor: "Um barco". Igor acha que pode ser o único veleiro que há aqui, de um chileno. Não passam quinze minutos e eles nos chamam pelo rádio. Dizem que vieram nos recepcionar. Cruzam conosco gritando: "*Bienvenidos a la isla de Pascua*".

Mais à frente, um barco parado. "São eles", penso. Ainda não! São pescadores. Seguimos contornando a ilha. Observo tudo: a costa, as grutas, a pequena e fascinante praia de Anakena; sinais de vida: cavalos, casinhas, estradinha... Mais adiante um barco aberto. Nele, Maris e Dudu, acompanhados de Kuchi, morador local, um *rapa nui*. Aproximamo-nos e saudamos nossos amigos, acenando, gritando, enquanto nos acompanham, filmando e fotografando. Maris e Dudu pulam para o nosso barco, comovidos. Abraçamo-nos, emocionados.

Logo depois, a surpresa: todos os remadores da ilha de canoas havaianas nos esperam para nos saudar. Damos um bordo na direção deles e paramos o *Bye Bye Brasil* ao lado das canoas. Tumi, o campeão de competições de canoas, sobe a bordo e nos saúda no idioma *rapa nui*. Parece um grito de guerra, com todos os outros remadores gritando e falando na língua local. Palavras são insuficientes para descrever o que sinto, rodeado de canoas, saudado pelos polinésios. A Polinésia começa aqui na ilha de Páscoa; portanto, chegamos à Polinésia.

Para entrar no pequeno porto, baixamos as velas, rebocados pelo Kuchi. Um canal entre a arrebentação das imensas ondas se abre para a nossa passagem. Amarramos o barco com a ajuda de um grupo de *rapa nuis* que se juntam no mar a outros, fazendo uma caravana local, cheia de figuras muito engraçadas, de rostos bem polinésios, cabelos compridos, cheios de estilo. Descarregamos o barco e seguimos para a casa de Tito, onde Maris, Pepê e Dudu estão hospedados.

Vou tentar descrever o que está acontecendo neste momento aqui na pequena comunidade dos Atan Pakarati, onde moram todos os familiares de Tito: eles preparam um assado de cordeiro, carne, frango e peixes. Forraram uma grande mesa com folhas de bananeira e enfeitaram-na com flores. O mais velho, um senhor calado, mas de sorriso discreto, trouxe um violão e uma jarra de pisco *sour*. O lugar é mágico, no alto da montanha, todo gramado, cercado de casinhas. Daqui podemos ver o imenso mar azul ao fundo. Estão fazendo um discurso em *rapa nui* em homenagem à nossa chegada e me chamam para começar o banquete. Abro o peixe e como as ovas grelhadas, consideradas por eles a maior iguaria, e está mesmo uma delícia. Comemos, conversamos e damos muita risada. Tocam músicas que falam de amor e amizade para nós.

As coisas mais lindas da vida estão ocorrendo hoje em Rapa Nui, coisas que deveriam ser comuns em todos os cantos do planeta. Forasteiros chegam de longe, vêm visitar um povo com seu catamarã, a embarcação que nasceu aqui há muito tempo. Viemos em paz, com o coração leve, e de braços abertos estamos sendo recebidos. Culturas diferentes, hábitos distintos, crenças diversas, mas como seres humanos somos todos iguais, idênticos, sedentos para expressar o nosso amor, o respeito, a admiração pelo outro. Somos movidos pelo vento, mas também pela curiosidade de conhecer outras culturas, outros rostos, cheiros de terras distantes.

Não viemos conquistar nada, não queremos obrigá-los a acreditar no que cremos; pelo contrário, queremos que continuem como são, que sejam autênticos, preservando uma cultura que sobrevive há muito tempo e é reforçada a cada dia pelo orgulho e pela alegria de ser *rapa nui*. Hoje a minha casa é *rapa nui* e sua gente, a minha família. Como dizem os franceses, viva a liberdade, a igualdade e a fraternidade.

Ontem, aqui na casa do Tito, conversava com Igor sobre a viagem, alheio a tudo, enquanto lá fora pessoas andavam de um lado para outro num grande alvoroço. Subitamente a Mariana Becker apareceu na sala e nos convocou para uma entrevista na colina situada na frente da casa: "Venham, meninos, a luz está ótima e vai acabar, o sol já está indo embora".

Saímos correndo do jeito que estávamos e, ao chegar à colina que se eleva diante daquele mar imenso, outra surpresa. Aquela agitação era a preparação de uma cerimônia Umu Tahu, que é a celebração do início de alguma coisa muito especial. Seis guerreiros pintados e vestidos com trajes originais executavam uma dança com expressões faciais eloquentes, gestos vigorosos – quase agressivos – e especialmente orgulhosos de mostrar suas tradições e mantê-las vivas. Ficamos, Igor e eu, extasiados.

Fizeram-nos sentar sobre tecidos ornamentados, em volta de um monte de folhas, e nos presentearam com danças e músicas breves. O guerreiro-chefe Uri nos explicou que aquela cerimônia é para nos desejar boas-vindas e uma viagem segura até o nosso destino, com a proteção de Make, o deus da fertilidade e criador da humanidade.

Todos ficamos de pé ao redor do monte de folhas enquanto Uri fazia uma oração para nós, após a qual sentamos novamente. As folhas foram retiradas cuidadosamente, fazendo surgir pedras em brasa. Novamente com todo o cuidado, do meio das pedras retiraram um galo branco assado com bananas e um tipo de batata meio doce. A mim foi oferecida a parte do galo sobre a qual é melhor calar-se. Tímida e constrangedoramente abocanhei um pedaço e passei o restante para o Igor. Depois, cada integrante da equipe saboreou também seu pedaço e em seguida descemos para a nossa casa, diante da qual estava sendo preparado um *umu* (alimento tradicional *rapa nui*) para vinte pessoas.

Assim caiu a noite na montanha encantada, suavizada por um vento leste de primavera, bem gelado para a época, e iluminada por um céu estrelado. A mesa bem parecia com a da aldeia do Asterix, com muita fartura de carnes e peixes só existentes por aqui. Monokini, tio do Tito, novamente nos brindou com canções que falam de histórias de amor, que os ouvintes traduziam por meio de risos. Como é bom exercer o direito de ser feliz, uma possibilidade infinita que muitas vezes deixamos passar!

Dudu, nosso cinegrafista, voltou para o Brasil e já deixou saudades.

À tarde, na companhia de Tito, que é um dos guias pioneiros de Rapa Nui, fomos à exuberante cratera do vulcão Rano Kau, na parte sul da ilha. Pouco antes de chegarmos caminhando à cratera, ainda sem avistá-la, eles fizeram uma brincadeira comigo e com Igor: vendaram-nos os olhos e fomos levados até a borda; um, dois, três, abrimos os olhos, e não deu para segurar, a força de expressão te leva a falar: "Puta merda..., o que é isso?". Imaginem uma cratera de 1,6 quilômetro de diâmetro, toda verde, com um lago no interior e bem ao lado do mar. Uma das faces da cratera tem a parede mais aberta justamente do lado que fica o mar, e de lá desce uma escarpa de 300 metros até o oceano.

Acho que essa foto não vai se apagar nunca da minha mente. Já viajei bastante, mas o que vi hoje aqui na ilha de Páscoa foi muito forte, algo que a natureza preparou durante milhares de anos. Não bastasse a beleza, Tito nos explicou tudo a respeito da trilha de Orongo, que nos leva ao outro lado do vulcão, a um sítio arqueológico que conta a história de um tempo em que havia uma competição entre chefes de tribos para se determinar quem, durante um ano, governaria a ilha. Cada chefe tinha um representante que, no início da primavera, ia para essa aldeia cerimonial.

Em frente ao mar há três ilhotas, para onde uma espécie de ave, o *stern*, migra para botar os ovos. Os guerreiros tinham que descer aquela escarpa de 300 metros de altura com o auxílio de cordas, nadar 2 quilômetros por um mar cheio de tubarões e esperar dias ou semanas pela chegada dos primeiros pássaros. Aquele que primeiro encontrasse um ovo tinha que levá-lo à aldeia. O vencedor governaria a ilha por um ano e passaria a ser reconhecido como homem-pássaro.

Make Make — 2 de novembro de 2007

Vou contar a história da chegada dos *rapa nui* a esta ilha, segundo o nosso anfitrião, Tito Atan.

Há muito tempo, mais ou menos 1.800 anos, um rei chamado Oto Uta reuniu os seus cinco sábios e ouviu deles que o tempo de as águas subirem estava chegando. Eles aconselharam o rei a encontrar outra terra para o povo viver, pois estavam cansados de sofrer com as intempéries da natureza. Nessa época, viviam em Hiva, um atol da atual Polinésia Francesa, aonde também vamos chegar navegando. Pelo fato de viverem num coral muito próximo ao nível do mar, furacões e *tsunamis* invadiam a terra e destruíam tudo o que encontrassem pela frente, causando a morte de muita gente. Tentaram procurar ilhas mais altas, em vão. Só encontravam ilhas coralíneas e baixas.

Passaram-se os reinados de Tanga Roa, Tiki Hati, e finalmente chegou o cataclismo: Hiva foi arrasada e centenas de pessoas morreram. Foram tempos difíceis para o rei Roroi, e no reinado de seu filho, Tu'u Kuma, tudo se repetiu. O próximo rei foi Ataranga, que, cansado de sofrer com as calamidades, também enviou remadores à procura de terra. Mas também estes nunca voltaram, perdendo-se para sempre no mar.

Reinados depois, no de Hotu, filho bastardo do rei Matu'a, concluiu-se a construção do grande catamarã para a audaciosa viagem. Atendendo a um pedido no leito de morte de seu pai, Hotu prometeu honrar os antepassados e encontrar a terra tão sonhada. Nesse reinado havia um chefe espiritual chamado Haumaka, que teve um sonho: viu seu espírito voar em direção ao sol nascente, explorando o oceano sem fim. Primeiro, encontrou sete ilhas, mas não eram elas, e prosseguiu viagem para o oriente. O espírito reconheceu a ilha dos sonhos assim que ela apareceu. Explorou-a e, para cada acidente geográfico, deu um nome, e escolheu o lugar para o rei chegar. Batizou a nova terra de Te Pito O Te Henua ("O Umbigo do Mundo"). O espírito retornou, voltou ao corpo, Haumaka despertou e lembrou o sonho. Contou ao rei que havia sonhado com a terra prometida e sabia onde ela estava.

O rei enviou os sete melhores navegadores para encontrar a ilha. Não só a encontraram como ali plantaram, pescaram, descobriram que a ilha tinha água, era alta e protegida das tormentas. Voltaram. Logo depois toda a tribo viajou em inúmeras embarcações, junto com o rei Hotu em seu catamarã. Chegaram a Rapa Nui no século V e aqui se estabeleceram. Por muitos anos viveram tempos de prosperidade.

Segundo Tito, os moais são um mistério somente para os ocidentais, pois os *rapa nui* têm sua história contada de pai para filho através de gerações. Os moais apareceram muito tempo depois da chegada desse povo aqui, aproximadamente no ano 900, e eram construídos para homenagear chefes de família mortos. No começo, eram pequenos, mas com o tempo cresceram, chegando a ter 11 metros de altura. O maior moai já construído mede quase 22 metros, porém permanece até hoje conectado à pedra-mãe, na montanha. Muitos meses eram consumidos em sua contrução e muitos anos para transportá-los ao local estabelecido. Sempre foram dispostos de pé e de costas para o mar, o que mostra que eles olham pelos seus entes, protegendo-os.

A era dos moais foi interrompida por uma guerra interna que se iniciou quando a economia entrou em colapso e, ao longo de duzentos anos, a população de 20 mil pessoas caiu para 111 indivíduos.

Ontem visitamos a fábrica de moai (Rano Raraku), do outro lado da ilha, e confesso que fiquei impressionado com a obstinação desse povo, pois transportar aqueles gigantes de pedra por 15 ou 20 quilômetros era uma tarefa não só de engenharia, mas de muita determinação.

Olhando para a história deles, vemos muitas semelhanças com outras que conhecemos, e também com os tempos atuais que presenciamos: um desequilíbrio enorme entre riqueza e pobreza, entre saber e ignorância, entre saúde e enfermidade, entre fartura e indigência.

Fico me perguntando quantas vezes precisamos viver para aprender as mais simples lições de respeito, de compaixão, e onde está a dificuldade de exercer o amor, a nossa maior expressão. Como a humanidade se arrasta no seu aprendizado, como somos lentos, como repetimos os mesmos erros, tanto na vida pessoal como na comunitária.

Não basta que Make Make nos proteja, não viemos para cá para ficar pedindo, já nascemos prontos. Se assim fosse, presumo que a nossa origem seria miserável. Ela não é nada disso. Precisamos, sim, ter coragem de olhar para dentro de nós e buscar a nossa força, encontrar os nossos propósitos pessoais e colocá-los em prática.

Cavalgada de pangaré — 3 de novembro de 2007

Acordo ouvindo a correria da turma. Havíamos marcado uma cavalgada bem cedo e já estamos atrasados, para variar. Chego à cocheira já quase arrependido de ter aceitado o convite. Sinto que o dia vai ser longo. Dão-me um cavalo bem mansinho, tão mansinho que não anda, e os meus pés quase tocam o chão. No ato apelido-o de "Entel 56k", que é a conexão de internet que temos aqui: ora funciona, ora fica lenta e cai. O safado anda num trote bem desengonçado, e só acelera quando o nosso guia, o Piti, dono dos cavalos, o ameaça com uma chibatada. Um minuto depois ele dá uma olhadinha para trás, vê que não tem ninguém... pronto, desacelera e continua seu passo de tartaruga.

Nosso objetivo é subir o monte Terevaka, o ponto mais alto da ilha. Passada uma hora e meia, próximo ao cume, o tempo ameaça fechar. Venta muito e faz frio. A vista lá de cima é arrebatadora. A toda a volta podem-se ver paisagens contrastantes: mar, montanha, planícies, mata, vulcões extintos, a vila e as falésias que ficam debruçadas sobre o mar. O céu tem tons de cinza misturados com azul, nuvens correndo com o vento, e nós, ali, antevendo o momento em que a porca vai torcer o rabo.

Logo começa a cair aquela chuva fina e gelada. Pulamos dos cavalos e nos deitamos no chão, em uma baixada, para tentar nos proteger do vento e da água. Ficamos trinta minutos no chão, bem juntinhos, para manter o calor do corpo. Penso: que roubada, depois de sacudir em cima de um pangaré, chego aqui e tomo uma ducha gelada. Decidimos não esperar passar a chuva e começamos a descer rapidamente para buscar um abrigo melhor. Depois de meia hora a chuva passa e começa a esquentar novamente. Descemos em direção ao litoral, para as grutas.

Esta ilha é mesmo incrível. Depois de tantos lugares lindos que visitamos, ainda somos presenteados com a beleza dessas grutas. Entramos em um buraco onde mal passa o corpo e, depois de rastejar alguns metros, a gruta se alarga, e a luz inunda toda aquela rocha que nos leva para o mar. No momento em que chegamos à beira do penhasco, onde a gruta termina, nos deparamos com o imenso mar azul-esverdeado e com uma ondulação muito forte que vem arrebentar bem embaixo de nós. Ondas perfeitas, tubos transparentes, lindos, porém assustadores. O volume das massas de água quebrando, um estrondo gigantesco que me fez sentir um nada. Daqui pode-se ver que o surfe é um esporte para atletas corajosos e preparados.

O passeio acabou meia hora depois, e agora somos cinco cavaleiros acabados, ou melhor, destruídos.

Ontem e hoje sofremos as consequências da cavalgada. Sinto-me como um senhor de 80 anos, penando para levantar da cama. Mal consigo me abaixar sem sentir dores. Para completar, hoje Maris e eu voltamos de um passeio à praia de Anakena pedalando 18 quilômetros. Ou vai ou racha: atleta de fim de semana é a pior raça.

O tempo e o vento — 5 de novembro de 2007

Alguns fatos se repetem ao longo das viagens. Num primeiro momento podem me deixar irritado, chateado, desanimado, mas logo que a poeira baixa tudo fica claro.

Há alguns dias um dos cabos que amarram o *Bye Bye Brasil* se rompeu e o barco foi parar nas pedras do pequeno porto de Hanga Piko. A popa do barco foi perfurada apenas superficialmente, mas os choques contínuos contra as pedras causaram o desprendimento de fibra da lateral e deixaram umas cicatrizes horríveis no barco. A Marinha chilena nos emprestou a rampa e com o auxílio de um guincho tiramos o catamarã da água.

Ontem encontramos um chileno que trabalha com fibra, o Pancho, que reparou o barco. Hoje, no final do dia, o barco vai ser pintado. Espero que sua elegância volte revigorada.

Na minha primeira viagem, a Entretrópicos, quando velejamos de Miami a Ilhabela, muitos pequenos acidentes interromperam a jornada por alguns dias, forçando-nos a parar ou a buscar um lugar para reparar o barco. Sempre houve imprevistos, que nos proporcionaram conhecer pessoas interessantes, lugares mágicos, e a viagem tomava rumos inimaginados. Conheci gente em muitos recantos onde jamais sonhei parar.

Uma das paradas inesquecíveis ocorreu em Praia Nova, quando descíamos a costa do Ceará, pouco antes do porto de Camocim, o maior centro pesqueiro da região. Estávamos navegando contra o vento, com muita onda. Os barcos sofriam muito, batendo os cascos contra o mar, e suas estruturas ficavam judiadas. Lembro que, um dia, ao sair de manhã de uma praia, perguntei para mim mesmo: "Que será que vai quebrar hoje?", pois todos os dias tinha dissabores.

Por volta das três horas da tarde decidi parar: algo me dizia que as coisas não andavam bem. Não consultei o outro barco, pilotado por Marcus. Vi umas casinhas enterradas nas dunas, arribei o barco em direção à praia, descemos as ondas e "aterrissamos" na areia. Logo fomos rodeados por toda a aldeia de pescadores. Mal comecei a baixar as velas percebi que a travessa que une os dois cascos estava rachada. Mais alguns minutos no mar e o barco implodiria.

Duncan sugeriu que procurássemos um pedaço de pau para colocar por dentro do perfil de alumínio como uma luva, até chegarmos a um lugar dotado de mais infraestrutura. Ironizando, respondi a ele: "Mas, Duncan, aqui nem árvore tem, como vamos encontrar pau?"

No mesmo instante um senhor magro, de chapéu de palha, camisa de manga curta abotoada até o pescoço, se aproximou e disse: "Desculpe, moço, mas lá em casa eu tenho um pedaço de pau que pode caber aí". Perguntei se podia ver a peça e em dois minutos ele foi e voltou com o pedaço de pau.

Ficamos perplexos com a forma e o tamanho da peça. Era quase perfeita, como se tivesse sido feita para ser encaixada no perfil de alumínio. Só faltava um par de horas de trabalho e uma boa plaina.

Sem dizer nada, aquele homem simples, com ar de entendido, começou a estudar o perfil de alumínio e a trabalhar com as ferramentas que havia trazido com ele. Não sabíamos, mas havíamos caído nas graças do pescador mais antigo da vila, um homem que passou a vida em cima de jangada, se orgulhava de nunca ter saído de Praia Nova em setenta anos, nunca ter visto televisão. E, se dependesse dele, queria morrer lá.

Seu Francisco era também excelente carpinteiro. Enquanto o velho pescador trabalhava, desmontávamos a travessa traseira. Como o vento estava muito forte e levantava muita areia que judiava os nossos olhos, transferimos a oficina para a casa dele.

Fomos bem recebidos por sua esposa, que rapidamente nos ofereceu chá. Era sempre assim: ao chegar a lugares simples éramos recebidos com muita generosidade. As pessoas que tinham pouco a nos oferecer materialmente nos abriam as portas da casa e emprestavam as camas, se preciso fosse, para nos ver confortavelmente alojados.

Havia algo interessante naquele casal, que tinha filhos espalhados pelo mundo (somente o caçula morava com eles). Tinham um espírito nobre, postura elegante, e uma sabedoria própria das pessoas simples. A travessa ficou pronta, perfeita, e até hoje, catorze anos depois, ela continua com a madeira de Praia Nova. Dormimos na casa dos nossos salvadores e partimos no dia seguinte para Jericoacoara, com o coração alimentado, depois de uma noite ouvindo muitas histórias.

O que fazer para retribuir tamanho carinho? Um homem como seu Francisco trazia no coração um aprendizado que o mar ensina: apenas ser – ser o que lhe cabia. Foi difícil me despedir deles e das crianças daquele povoado, quase esquecido, que de tempos em tempos é soterrado pelas dunas que avançam empurradas pelo vento. Acho que aquele pedaço de madeira estava nos esperando havia anos.

Muitos desses acontecimentos nos causaram atrasos nas viagens, mas por alguns momentos tive a sensação de que as coisas se sucediam propositadamente para entrarmos no tempo correto da viagem, dentro de um cronograma perfeito. Por vezes precisei navegar algumas milhas a mais somente para cruzar o olhar com alguém.

Agora, aqui neste pedaço de terra no meio do oceano Pacífico, vou ficar atento para os desígnios da vida. Não quero buscar explicações, porque, ao explicar, a gente limita, cria barreiras. Tampouco falo o nome de Deus, pois não gosto de humanizar o que para mim, pessoalmente, é algo muito maior do que possamos imaginar. O que aprendi na vida mora nos oceanos profundos dos sentimentos. De tempos em tempos ele vem à tona e me dá um conforto imensurável, trazendo-me a certeza de que estou fazendo o que devo fazer. Não consigo nomear algo tão sublime, seria muita pretensão minha. Esperamos Pierre nos autorizar a partir de Rapa Nui: na próxima segunda-feira. Serão mais 1.700 milhas até Mangareva, na Polinésia Francesa.

Partida de Rapa Nui — 12 e 13 de novembro de 2007

Estamos quase quatro horas atrás em relação ao Brasil, e a cada dia essa diferença aumenta. De dia somos castigados por um calor infernal, que nos deixa sonolentos. E eu, como sempre, um pouco mareado nos primeiros dias. Mas já passou, estou bem, comendo normalmente.

Os dois primeiros dias de travessia foram de vento calmo, muito sol, noites tranquilas, sem lua, porém não muito escuras, pois o céu estava bem estrelado. O *Bye Bye Brasil* está de barriga molhada, do jeito que gosta, deslizando para um lugar novo, com sede de conhecer novas pessoas. Quem será que nos espera?

Deixamos para trás a nossa família *rapa nui*, que nos recebeu com muito carinho e no dia da saída estavam todos a bordo do barco que nos rebocou porto afora. Como sempre a despedida foi emocionante e me deixou com vontade de voltar a vê-los. Quem sabe quando?

A ilha foi ficando para trás, a cidade, perdendo os contornos das casas, da civilização, e por toda a tarde fiquei olhando na direção da ilha, lembrando tudo o que vivi ali. Foi-se o conforto, ficaram os amigos, e assim que anoiteceu dei uma última olhada e fui dormir.

Agora contamos as milhas que faltam para Mangareva, no arquipélago de Gambier, já na Polinésia Francesa. Hoje faltam, em linha reta, umas 1.250 milhas, que devem significar mais uns dez dias de navegação. Novamente mergulhamos no nosso mundo particular, neste deserto onde de dia faz calor e à noite, um friozinho gostoso. Aqui tenho tempo para refletir sobre muitas coisas. Acho que só mesmo em contato muito próximo com a natureza eu consigo me conectar assim tão facilmente. Essas viagens são como oxigênio. É quando coloco a casa em ordem.

Sem trânsito — 15 e 16 de novembro de 2007

Sonho todas as noites com Mangareva, que dizem ser um paraíso, um canto do mundo quase esquecido, com águas calmas e transparentes. Ainda falta muito, mais ou menos 950 milhas, que podem ser percorridas em sete dias, dependendo do vento.

Hoje de manhã levamos um susto: o dínamo – aparelho que gera energia – parou de funcionar. Igor desmontou-o, não descobriu nada, testou novamente. Agora está funcionando, mas não sabemos o que houve. Sem energia, ficaríamos sem comunicação etc. Dos painéis solares, apenas um deles funciona, mas, como o sol dura pouco, estamos em racionamento. Hoje almoçamos pasta com frutos do mar e, de sobremesa, bananas que ganhamos em Rapa Nui.

À noite tenho lido *Na trilha de Adão*, de Thor Heyerdahl, um livro de memórias muito interessante. Heyerdahl foi um dos maiores exploradores, arqueólogos e antropólogos dos nossos tempos. Em 1947 ele atravessou o Pacífico do Peru à Polinésia Francesa a bordo de uma balsa feita de troncos – batizada de *Kon-Tiki* – para provar que os habitantes da América poderiam ter povoado o Pacífico.

Querida mãe, hoje faz muito calor aqui. Passamos a manhã jogando baldes de água na cabeça para resfriar. Sombra no barco é coisa rara; agora mesmo estou escrevendo com a cabeça dentro da barraca, que está me derretendo.

Hoje vou colocar no papel uma história que teve início há muito tempo e só agora estou começando a entender. Antes de tudo quero te dizer uma coisa, mãe: no mar, nós, velejadores, nos orientamos por estrelas, sol, vento, ondas e faróis e GPS. Na minha vida quem me guia é a minha intuição, mas quero que saiba que você sempre foi um farol para mim, não só pela sua linda luz, mas também como exemplo de conduta, alegria e perseverança.

Mãe, você diz que sou destemido ao me lançar ao mar, mas nada se compara à sua coragem de enfrentar as vicissitudes da vida de cabeça erguida. Hoje, aos 88 anos, você ainda mantém nos olhos o brilho do olhar de uma criança que vê prazer em tudo, sempre disposta a uma viagem, um jogo ou uma caipirinha.

Os dias estão lindos e a chuva passou. Ontem de manhã acordei e vi o sol se levantar atrás de nuvens de chuva, deixando uma cortina alaranjada que contrastava com um cinza-chumbo de outras nuvens. Um espetáculo tão lindo e intenso que me deixou paralisado! Liguei o iPod e ouvi *Just time to see the sun*, do Carlos Santana. Pouco depois uma baleia emergiu bem ao nosso lado, mas desapareceu, deixando Igor e eu com as câmeras nas mãos, desolados. Até hoje não pegamos peixe algum; pelo menos temos as latas de atum.

Vou dormir pensando em você e na nossa família, e fico muito emocionado, lembrando tudo o que passamos juntos. Aqui dentro da pequena barraca-cama vou chacoalhando e me recordando de tudo. As lembranças vêm e vão assim como a água que passa embaixo do barco. Estar aqui no meio do nada me ajuda a conectar com os meus mais profundos sentimentos, e talvez seja isso que tanto me fascina no mar. Poder estar comigo.

Quando era menino minha mãe sempre me falava: "Menino, come, você está muito magro! Se você não comer direito um dia o vento te leva!" Que palavras sábias! Além de muito magro, eu era bastante tímido, meio introspectivo, e a minha brincadeira favorita eram os foguetes, e meu sonho, ser astronauta. Eu os construía em cartolina e me enfiava dentro deles. Lá eu sonhava viajar pelo universo explorando as estrelas. Vivia literalmente no mundo da lua, tanto é que meu professor de matemática, o Carlos, me apelidou de "Astronauta".

Passei a infância em Santos, cidade litorânea paulista, muito tranquila. Vivia na rua jogando bola com meus amigos, e sempre que podia ia para o canal, ao lado da praia, pescar com latas presas em barbantes. Quando tinha nove anos meus pais se mudaram para São Paulo e fomos morar num apartamento no bairro das Perdizes, ao lado da PUC. O condomínio era enorme. Lá viviam centenas de garotos. Como era acanhado e assustado, típico de filho único, no primeiro dia que desci ao *play-ground* para brincar o fiz com um arco e flecha na mão. Hoje é fácil entender a minha atitude: eu estava com medo do desconhecido e queria me proteger. Logo fiz amigos e em pouco tempo consegui meu espaço.

Eu estudava no Colégio São Luís, e era um aluno sofrível, pois tinha preguiça de estudar. Queria mesmo era jogar futebol e andar de bicicleta. Adriana, meu primeiro amor, morava no andar de cima e seu quarto ficava bem em cima do meu. Minha paixão nunca declarada vivia sufocada e todos os dias eu subia para o apartamento dela para ver novela no sofá da sala, junto com os pais e os irmãos dela, que eram também meus amigos. Ficava ali calado, vendo *Beto Rockfeller*, coladinho com ela, mas sem coragem de falar nada. Até hoje me lembro da personagem Titina, que era uma cega que vivia um amor impossível. Acho que me identificava com ela.

Um dia mandei-lhe um bilhete dizendo-lhe que exatamente às 19 horas ela deveria estar no quarto dela. Eu ia bater com uma vassoura no teto três vezes e, se ela respondesse com três batidas, era o sinal de que aceitava namorar comigo. Pontualmente lá estava eu, apreensivo, para enviar meu "código Morse". Bati com a vassoura bem no meio do teto e, para minha surpresa, ela respondeu com três batidas. Moral da história: fiquei um mês sem subir para o apartamento dela para ver a novela, tamanha era a minha timidez.

Um dia meu pai veio ao meu quarto à noite e sentou-se na cama para falar comigo. Tinha doze anos. Contou-me que eu tinha duas irmãs que moravam na Itália e um dia eu iria conhecê-las. Elas se chamavam Barbara e Lilliana.

Não sei por que aquele segredo demorou tanto para ser revelado, pois sempre quis ter irmãos, e aquelas palavras entraram no meu coração de astronauta como um bálsamo. No dia seguinte escrevi a elas uma pequena carta em português e dei ao meu pai.

Certa vez minha babá, a Dinorá, me ajudou a escrever uma carta em que eu pedi à cegonha que me trouxesse um irmão. Antes de dormir deixamos a carta em cima de um móvel da sala de jantar. Era uma espécie de cristaleira dos anos 1950, com pés palito e dois tons de madeira. Fui para a cama com muita esperança de que a cegonha passasse por lá à noite e levasse o pedido. Assim que acordei saí voando da cama para ver se a carta ainda estava lá. Não estava.

Não sei que efeito teve na minha vida ter a esperança de ganhar um irmão, ou uma irmã, mas a revelação que meu pai fez naquela noite trouxe de volta todas as minhas fantasias de criança, e passei a viver com uma ânsia de conhecê-las, de abraçá-las, de ter alguém para dividir minhas dúvidas e aliviar um pouco a minha tendência de ficar mergulhado nos pensamentos, que muitas vezes me engoliam.

Algumas perguntas flutuaram à minha volta por muitos anos: quem foi meu pai? Onde estão as minhas irmãs? O que fazem? Estão felizes? Onde moram? E clamava para a vida: por favor, me dê pistas! Tudo isso porque meu pai partiu desta vida quando eu tinha dezoito anos e levou todas as conexões com a família na Europa. Da sua história pessoal nada conhecia, e não sabia a quem pedir ajuda para buscar o sentido de tudo aquilo. Carregar aquele mistério e a ausência dele foi muito doloroso, pois justamente quando ele se foi eu estava começando a descobri-lo, a olhar para o mundo, tentando sair do foguete.

Meu pai era um homem carismático, inteligente, exigente, aventureiro, poliglota, que sabia viver como ninguém. Tinha hábitos finos, gostava de comer e beber bem, viajava todos os meses para o exterior e sempre trazia novidades. Corrado Pandiani era seu nome, um italiano nascido em Savona, mas criado em Milão. Nessa época - 1976 - eu estava no segundo colegial do Colégio Objetivo. Com a morte dele a redoma de vidro se partiu e meu chão ruiu. Aliás, o meu e o da minha mãe. Morávamos numa casa do bairro de Cidade Jardim. Somente depois de sua morte é que soubemos que a casa não era nossa e que a nossa herança era um monte de dívidas. Perdemos tudo o que pensávamos ter. Fomos obrigados a sair da casa apenas com os pertences pessoais. Tudo foi penhorado. Assim fui apresentado ao mundo. Era melhor não ter saído do foguete!

Passados dois meses, minha mãe e eu estávamos morando na casa dos meus tios Ciro e Nilda. Algum tempo depois tio Ciro comprou um apartamento na rua da Consolação e para lá nos mudamos, a fim de começar vida nova. Tio Ciro havia sido administrador do Santos Futebol Clube da era Pelé, e nessa época eu passava os fins de semana na praia, nas barracas montadas na areia, vendo jogos de tamboréu, almoçando no Parque Balneário e de vez em quando frequentando a Vila Belmiro, o estádio do Santos. Sempre tive muito afeto por ele, e esse gesto de carinho era uma pequena amostra do seu lindo coração.

Meu primo Hamilton passou a custear meus estudos após a morte do meu pai. Um dia, ele me convidou para ir à casa dele para uma conversa. Hamilton é um advogado tributarista muito competente. Disse então com muita seriedade que a partir daquele momento eu seria o homem da família, e ele não sabia o que eu queria ser na vida. Para ser sincero, eu também não tinha a menor ideia disso. Continuando, ele me disse: "Roberto, não me interessa o que você vai fazer. Se quiser ser varredor de rua, tudo bem, mas seja o melhor varredor de rua do mundo". Aquilo teve um impacto enorme dentro de mim. Levei daquela conversa um fundamento importante para a minha vida.

Minha mãe foi muito forte, pois aos 55 anos arregaçou as mangas e voltou a trabalhar. Era professora e a aposentadoria mal dava para pagar as contas. Ela perdeu tudo, mas não a esperança, nem a dignidade. Mesmo com tantas dificuldades, sofreu em silêncio e tentou me preservar. Somente hoje tenho consciência de que foi ela quem carregou o piano.

Sem o apoio da família a vida teria sido muito mais difícil e reconheço que os valores morais da minha mãe, assim como os das minhas tias Ivone, Nilda e Eunice, é que nortearam a minha vida e a dos meus primos. Meu tio José, pai do Hamilton, me sugeriu que eu fosse conversar com um amigo dele, o senhor Veríssimo, dono do supermercado Eldorado. Precisava arranjar um emprego e fui para a minha primeira entrevista bastante inseguro. No escritório do supermercado, fui recebido por um senhor bastante objetivo, que me perguntou o que eu sabia fazer. Respondi-lhe que nunca havia trabalhado, portanto não sabia fazer nada. Só quando dei essa resposta é que eu percebi o quanto é difícil você cair na real. Senti-me muito mal. Continuando, ele me perguntou se havia alguma área de especial interesse no supermercado. Eu lhe disse que eu havia ouvido falar que a área de computação seria uma boa opção, pois esse setor tendia a crescer.

Ele permaneceu calado, anotou o nome dele num cartão e pediu-me que procurasse o departamento de RH. Não entendi nada, senti que a conversa tinha sido cortada. Mas eu não estava em condições de falar, me senti até um pouco humilhado, não pela atitude dele, mas pela minha própria condição.

Durante minha vida empresarial, quando as circunstâncias me colocaram na posição de empregador – muitos anos depois – sempre atendi com muito carinho e respeito qualquer pessoa, pois é muito difícil estar sem emprego. No departamento de RH me pediram vários documentos, e depois de uma semana estava empregado. Na minha carteira estava anotado: auxiliar de estoque.

Quando voltei para casa, minha mãe quis saber de tudo. Ingenuamente respondi a ela que eu ia controlar o estoque no computador, dando entrada e saída das mercadorias. Meu chefe era um português de Angola, mal-humorado e mal-educado, que, ao me receber, mal me olhou na cara. O estoque ocupava o andar superior do prédio, sem janelas, iluminado por aquela luz fria, horrível. O pó e aquelas músicas infernais se espalhavam pelo ambiente o dia todo. Eu voltava para casa com elas espremidas na cabeça.

No primeiro dia o português me mostrou um corredor cheio de caixas com milhões de pratos de plástico. Minha função era abrir as caixas, etiquetar o preço em cada uma das peças e empilhá-las na prateleira. Calculei que se eu fizesse o trabalho rápido, trabalhando as minhas oito horas por dia, demoraria uns quatro dias para terminar.

Todos os dias eu saía do Objetivo, almoçava na minha tia Nilda e depois descia a rua Pamplona até o Eldorado. Entrava duas da tarde e saía às onze e meia da noite. Voltava a pé para casa, na rua da Consolação. Minha relação com o chefe não era das mais cordiais. E ele, de alguma maneira, se sentia ameaçado por mim, pois não desgrudava do meu pé.

Certo dia terminei meu trabalho antes das dez e não havia mais o que fazer. Tinha pouca gente na seção. Ele apareceu, viu que eu havia terminado o trabalho, me mandou varrer o estoque, que não era minha função. Mas, como não queria criar problemas e, de certa forma, me sentia mal porque o emprego foi conseguido graças à intervenção do meu tio, empunhei a vassoura e me esforcei para ser o melhor varredor do mercado, conforme preceituava meu primo Hamilton. O português voltou, postou-se num canto e ficou me encarando. De repente começou a praguejar comigo, desdenhando da minha capacidade e depreciando o meu trabalho e, por fim, deu um chute na caixa de madeira onde eu havia depositado o pó recolhido com tanta diligência. Meus colegas de trabalho ficaram assustados com a minha reação, pois eu era calado e tranquilo: avancei na direção do português, gritei com ele, xinguei-o, quebrei a vassoura, dei um chute nas mercadorias empilhadas ao lado da prateleira e fui embora.

No dia seguinte, claro, fui chamado pelo superintendente da empresa, que me pediu explicações, que, parece, ele não aceitou. Pedi demissão. Não me adaptei no Eldorado. Então, com meus amigos inseparáveis Maurício Medeiros e Luiz Carlos Marinho, o Lucas, começamos a fazer som para festinhas de aniversário, e essa atividade fazia pingar um dinheiro para levar a vida. Assim, durante cinco anos vivi como DJ e fizemos cerca de 120 festas.

No final da década de 1970 entrei em administração de empresas na PUC, um curso bem genérico, pois ainda não sabia o que queria da vida. Minha mãe tornou-se a mulher mais feliz do mundo. Não posso dizer que foram anos infelizes. Fiquei um pouco mais introspectivo, mais questionador, e, no fundo, ainda carregava as mágoas do mundo, e o meu olhar para a vida não era otimista. Tornei-me bastante incrédulo em relação ao ser humano e me distanciei das questões espirituais. O ambiente da universidade ajudou-me a criar uma casca ao meu redor. A PUC havia sido invadida pela polícia um ano antes, em 1977, a mando do então secretário de Segurança Erasmo Dias. O clima era pesado. Havia greves, confrontos e muita tensão no ar. O Brasil estava sob o regime da ditadura e tudo o que se falava no *campus* era contra o sistema. Como se politizar sem radicalizar? Esse foi o meu desafio nos anos que estudei na faculdade.

O dinheiro estava curto e eu andava de ônibus, como a maioria, mas pus na cabeça que queria comprar uma motocicleta, um sonho que acalentava desde a adolescência. Tinha planos de ir para a Patagônia de moto, sonho alimentado pelos relatos do Amyr Klink, que havia recentemente voltado de lá. Conheci o

Amyr por meio da Carla, irmã do Lucas. Naquela época ele não falava em atravessar o oceano Atlântico a remo para ninguém, nem para Alcebíades, seu morcego de estimação que morava no sótão do velho casarão de Paraty. Eu tampouco imaginava o que ia suceder na minha vida.

No dia da morte do meu pai, retirei do seu pulso um Rolex antigo de ouro, um lindo relógio de coleção. Para comprar a minha primeira moto pensei em vendê-lo. Estava apegado ao relógio e não queria me desfazer dele, mas encontrei um amigo, o Tony Lunardelli, que se interessou pela peça, e acabamos fazendo negócio. Pelo menos sabia que o relógio estaria em boas mãos. Comprei minha primeira moto. No final de 1978 viajei de carro, uma velha Belina marrom do Lucas. Junto com o Maurício passamos dois meses acampando pelo litoral do Brasil, até chegar a Ubatuba. No ano seguinte, repetimos a viagem, mas dessa vez em dois carros: o Maurício, o Zé Renato Vessoni, o Cláudio Nunes e eu. Como estávamos duros, "assaltamos" a despensa das nossas casas e levamos uma lataria infindável, além de uma barraca para quatro, com cozinha e tudo.

Fomos num tiro até Fortaleza, depois viemos descendo devagar. A trilha sonora do nosso carro era o disco do Gil *Refavela*, e cantávamos *Samba do avião* o dia todo. Chegamos a Salvador, onde ficamos para pular o Carnaval na praça Castro Alves. Os trios elétricos eram muito diferentes dos de hoje. Dancei e pulei muito ao som do trio de Dodô e Osmar: *Balança o chão da praça ohohoho...* E balançava mesmo.

Depois de dias de Carnaval, estávamos uma tarde os quatro andando pelas barracas que vendiam bebida e comida, quando demos de cara com a Maria Bethânia. O Cláudio era completamente apaixonado por ela, e ficou hipnotizado ao vê-la. Caminhou em direção a ela, que estava conversando tranquilamente numa roda de amigos. Ele entrou no meio da roda, abriu os braços e disse: "Maria Bethânia!" Se não estivesse lá eu nunca teria acreditado. Os dois se abraçaram sem trocar qualquer palavra e deram-se um beijo de cinema na boca, mas um beijo longo, muito longo. Todo mundo ficou paralisado. Depois daquela cena de amor, ele disse a ela: "Valeu, Bethânia", e virou-se para nós: "Vamos embora". Foi uma das cenas mais loucas que vi na vida, e acho que só poderia acontecer na Bahia dos anos 1970.

Como aluno da PUC tinha o privilégio de ter, ao lado, o teatro da universidade recheado de atrações culturais. Realizavam-se *shows* no Tuca, no Tuquinha e nas alamedas internas da faculdade, como o de Jorge Mautner, com direito a palestra e regado a pinga com guaraná. Foram anos de descoberta. Depois das aulas de filosofia, reuníamo-nos nas escadarias e sempre tinha alguém tocando violão. Tempo para cantar e ver *shows* não faltava – havia mais greve do que aula.

Um dia, ao sair da aula, à noite, subo a rampa da escola e quase já na saída vejo um burburinho na porta do Tuca. Curioso, fui ver o que estava acontecendo e descubro que ia ter uma apresentação dos Novos Baianos. Na hora bateu uma nostalgia da viagem de carro para o nordeste e as boas lembranças da Bahia. Decidi ver o *show*, mas já não havia ingressos. Tentei em vão descolar um convite. Já estava quase desistindo quando percebi, estacionado na rua, um caminhão gerador, de onde saíam vários cabos que entravam pelo Tuquinha, o teatro menor. Como já havia trabalhado com som concluí que os cabos iam dar no teatro, provavelmente atrás do palco. Onde passa um cabo passa uma girafa.

Entrei no auditório do teatro onde se realizava uma palestra e me sentei bem no fundo. Procurei os cabos e, para o meu azar, eles passavam por trás da mesa do professor que proferia a palestra e entravam numa sala escura. O teatro estava cheio; a audiência, concentrada na palestra, mas eu precisava entrar naquela sala. Tomei coragem: levantei-me, caminhei em direção ao professor, subi no pequeno estrado onde estava disposta a mesa, passei por trás dele e entrei na sala. E o homem continuou a falar, enquanto me encarava sem entender nada.

Dentro da sala vi que os cabos entravam por um duto de ar instalado quase no teto. Subi numa cadeira e me enfiei na tubulação. Rastejei por um lugar imundo e escuro até chegar a uma antecâmara de cimento. De lá os cabos continuavam para outro duto, pelo qual não conseguia passar. Arrisquei a outra passagem que havia ao lado. Não tinha a menor ideia do seu destino.

À medida que eu avançava o som das vozes do público aumentava. Por fim, cheguei debaixo do auditório e pelos respiros pude ver os pés das pessoas sentadas no teatro. O lugar estava encardido. Àquela altura eu devia estar preto de sujeira, mas estava pouco me importando com aquilo – queria mesmo era ver o *show*.

Continuei me arrastando em direção ao palco, até chegar debaixo do tablado. De repente, pelo alvoroço da plateia, imaginei a banda entrando no palco. Pelas frestas do piso conseguia ver que os músicos estavam em cima de mim. Jamais pensei que iria ficar tão perto da Baby Consuelo, Pepeu Gomes, Paulinho Boca de Cantor e Moraes Moreira. Estava tão próximo, mas também muito longe. Bateu um desespero, pois queria ver o *show*, mas só sentia o pessoal da banda correndo de um lado para outro, pisando forte nas tábuas do palco e despejando quilos de pó na minha cabeça.

Continuei me enfiando por aquela catacumba até chegar ao final do palco, onde vislumbrei uma espécie de alçapão. Abri a tampa e saí atrás do palco e das pessoas da equipe de produção que assistiam à apresentação. Saí correndo dali, passei pela lateral do palco já no embalo da música e pulei para a platéia, na turma do gargarejo.

Que emoção inesquecível! Era como se tivesse voltado para a praça Castro Alves. Cantando e pulando, me sentia recompensado pelos apuros por que tinha passado. A partir daquele dia não haveria a expressão "pagar ingresso para ver *shows* do Tuca".

No mês seguinte vejo no cartaz do teatro a próxima atração: ela, a minha deusa, vinha cantar para mim no Tuca. A musa de todas as musas, Gal Costa, no espetáculo *Gal Tropical*, que eu já havia visto no Teatro Ipanema, no Rio, uns meses antes. Depois dessa apresentação me apaixonei pela Gal e nunca mais me esqueci dela vestida de vermelho, com uma rosa no cabelo, cantando *Índia*.

Com o *know-how* adquirido na primeira incursão ao Tuca, fui para a segunda mais bem preparado: munido de uma lanterna, vestido de roupa escura para ninguém pensar que eu havia voltado de alguma guerra. Cheguei todo animado à rua Monte Alegre e lá tomei o segundo banho do dia, dessa vez de água fria: o auditório do Tuquinha estava fechado. Pensei na hora: acabou tudo, acabou meu caminho secreto. Até então eu não havia contado para ninguém o "caminho do Tuca", pois sabia que a história se espalharia como fogo, e eu não queria perder a minha rota. Mas o que fazer agora?

Refeito do susto, fiz outra inspeção do prédio e encontrei do lado oposto uma janela bem alta, pequena, escura e sem vidro. A entrada ficava do lado da rampa de acesso, um local bem visível. Esperei o segurança da universidade passar, corri e, dando um salto, agarrei-me na janela, me suspendi e pulei para dentro... de um banheiro trancado! Que merda! Ao pé da letra!

Novamente refeito da desagradável surpresa, olho para cima e vejo um alçapão. Penso: é por aí mesmo. Entro num duto e começa a segunda exploração pelo submundo do Tuca. Passei por vários dutos e câmaras de cimento até chegar a uma espécie de chaminé bem alta com degraus de ferro chumbados na parede. Escalei a chaminé e saí na seção de iluminação do teatro. Inacreditável! Lá de cima podiam-se ver o camarim dos músicos, que estavam aquecendo os instrumentos, e o da Gal.

Era um lugar privilegiado, mas não o ideal para ver o *show*. Dali se estendia uma passarela estreita em direção ao forro do teatro e desaparecia nas trevas. Comecei a caminhar em direção ao forro e confesso que gelei, pois estava me agarrando nas vigas suspensas a uma altura de 12 metros. Cruzei o teto do teatro por cima do forro e cheguei à sala de projeção. Daí entrei no saguão do segundo andar e fui direto para o banheiro me lavar. O coração estava a mil, era pura adrenalina: um misto de transgressão e orgulho do sucesso da empreitada. Essa rota era bem mais complexa e exigia cerca de vinte minutos para concluí-la. Assisti à estréia sentado no chão, bem na frente, e nos três meses que o espetáculo ficou em São Paulo voltei pelo menos umas quinze vezes, e levei uns vinte amigos comigo, um de cada vez, sob a condição de guardar o segredo a sete chaves.

Algumas vezes fui ao teatro sozinho e dependurado na iluminação via a Gal aquecer a voz, sonhando conhecê-la pessoalmente um dia. Ela, sim, nem sonhava que tinha um admirador secreto, quase um fantasma da ópera.

No segundo ano da faculdade fiz um estágio na Pirelli. Meu primo Hamilton havia novamente entrado em cena e agora tinha que ser para valer, pois não podia ficar parado. Como diz meu amigo Sidão: "Pato que não se mexe, leva chumbo" .

Passados seis meses do estágio, fiquei imaginando como seria trabalhar trancado em um escritório nos próximos trinta e cinco anos, sentado à mesa todas as tardes, olhando pela janela as pessoas caminharem livremente na rua. Procurei meu chefe para sondar meu futuro na empresa. Ele me disse exatamente o que eu temia: "Olha, Roberto, aqui no departamento, o funcionário que entrou por último é o Carlos. Ele trabalha aqui há oito anos". Aquelas palavras me fizeram mergulhar na crise novamente.

Uma lembrança muito forte do meu pai vinha à minha cabeça: alguém livre, que viajava o mundo à procura de tecnologias novas para trazer ao Brasil. Ele era engenheiro químico e logo que chegou ao Brasil foi trabalhar na refinaria de petróleo de Cubatão. Isso na década de 1950. Em Santos ele conheceu minha mãe, Ivonette Dias, natural de Passos, cidade localizada no sul de Minas Gerais, que havia se mudado para Santos para trabalhar como professora e alcançar uma autonomia financeira para poder viajar e curtir a vida. Ela não sonhava casar, como a maioria das mulheres daquela época. Queria mesmo era ser independente para viajar.

Mas a vida é sempre mais forte, e o nosso destino sempre nos reserva surpresas. Assim, eles se conheceram, se apaixonaram e em 1956 casaram-se. Nasci em Santos em 1957, de frente para o mar.

Nesta vida somos pródigos em construir crenças, e para mim o meu pai era o ser mais livre deste planeta, que tudo podia e vivia numa outra esfera. Assim, cresci com essa fantasia. E para mim, achava eu, estava reservado algo muito melhor, ou seja, não era a Pirelli.

Um dos meus melhores amigos, o Cláudio, aquele que beijou na boca a Bethânia, me procurou para contar que havia arranjado um emprego maravilhoso, que pagava muito bem, mais ou menos umas seis vezes o que eu ganhava na Pirelli. Ele era *host* de um bar recém-aberto em São Paulo que estava arrebentando, o Clyde´s, um *american bar* em que o atendimento era feito apenas por estudantes, e a clientela, bonita e descolada. Marquei uma entrevista com o dono, Jimmy Lee. Ele me perguntou se eu estava disposto a largar o estágio. Respondi que sim, sem pestanejar. No dia seguinte recebi um telefonema da gerente comunicando-me que eu fora aceito e deveria começar imediatamente. Como não sabia fazer nada, restou-me ser ajudante de garçom, ou seja, não atendia o público, só limpava as mesas.

Uma semana depois Jimmy me disse que eu iria ser transferido para o bar, pois minha altura não era compatível com o salão. Achei ótimo, mas não sabia sequer fazer uma caipirinha. Não era chegado a bebidas, então não tinha muita intimidade com elas. Para não correr riscos ele me colocou para tirar chope. Agora eu era chopeiro, e não estagiário da área de exportação da Pirelli.

Minha mãe caiu de cama quando lhe disse que havia me demitido da Pirelli, mas não tive coragem de dar essa notícia ao meu primo. Logo na segunda semana como chopeiro, aquele atributo que me havia retirado do salão me denunciou implacavelmente: Hamilton entrou no restaurante acompanhado de várias pessoas para almoçar e imediatamente me achou atrás do balcão, de avental e todo engravatado. Ele então apertou o passo, distanciou-se um pouco do grupo e me perguntou, com olhar sério: "Roberto, o que você está fazendo aí dentro?" Expliquei-lhe rapidamente a minha metamorfose profissional. Com um olhar reprovador ele me intimou: "Depois nós conversamos".

Iniciava-se a década de 1980 e São Paulo estava destinado a ser um dos maiores centros de entretenimento noturno do mundo. Fiquei no Clyde´s quase um ano. Depois de trabalhar como *barman*, passei por treinamentos e cheguei à vice-gerência do restaurante, que vivia lotado. Até chamei alguns amigos para trabalhar no restaurante, e um deles, o José Renato Vessoni, viria ser meu sócio alguns anos mais tarde.

No balcão do bar conheci o diretor do Maksoud Plaza, Michel Asmussen. Sujeito sério, sempre tomava um uísque no bar antes de se dirigir ao restaurante para jantar sozinho. Eu o achava meio estranho. Notei que durante sua estada na casa ele ficava me observando. Certo dia me fez perguntas a respeito da minha vida profissional e no final me deu seu cartão de visitas convidando-me para conversar.

Fui ao hotel conversar com ele e recebi um convite para fazer um estágio no hotel para trabalhar na área de alimentos e bebidas. Na época, o Maksoud era o hotel mais famoso e chique de São Paulo. Aceitei e, na primeira semana, me escalaram para cuidar do bar que dava suporte ao jantar do *show* do Frank Sinatra. Trabalhei tanto que nem cheguei a ver a cara do Frank: só ouvia o som das músicas, que se misturavam à barulheira da cozinha.

Depois, ainda dentro do hotel, passei para o Trianon Piano Bar, um reduto dos executivos. Era auxiliar do famoso Pinheiro, na época, um dos melhores *barmen* do país. O sujeito era um foguete, e me ensinou tudo o que aprendi nessa carreira que começou como uma brincadeira e se tornava séria. Aonde ia chegar, não podia imaginar. A princípio, achei que ia fazer carreira na área hoteleira.

Quando chegava um figurão, Pinheiro me dizia baixinho: "Chegou um príncipe, Beto, fica olhando". Os príncipes eram os clientes *habitués* que gastavam bem e davam boas gorjetas. Pinheiro sabia agradar como ninguém. Dispensava aos grã-finos um tratamento especial, que depois de alguns copos revertia em gorda gorjeta.

Do piano bar me transferiram para o 150 Night Club, um bar com música ao vivo e decoração meio anos 1950. Não gostei muito do novo ambiente, mas era estágio! Trabalhando com o Pinheiro eu ganhava um dinheiro extra, proveniente das gorjetas, que incrementavam o salário no final do mês. Mas o que mais me atazanava era o uniforme do 150: *blazer* amarelo-canário, que me fazia parecer um autêntico periquito gigante. Alguns amigos meus foram lá só para me ver e gozar com a minha cara.

Rodei o hotel todo: trabalhei no *room service*, no bar da piscina e nos bares que serviam aos restaurantes. Depois de seis meses, o Michel, que havia me contratado, saiu da empresa e eu sobrei. O novo diretor não tinha planos para mim, e eu também já não estava achando a menor graça em trabalhar de *barman*, ainda mais fantasiado de periquito. No Clyde´s eu me divertia; no Maksoud fiquei esquecido. Nunca me adaptei a empresas muito grandes; nelas as relações são mais burocráticas, frias e muitas vezes a gente nem conhece o dono delas. Além disso, via muita coisa errada e havia uma máfia de *maîtres* e garçons que me fazia sentir uma girafa fora da savana.

Um dia, Mark James, grande amigo da faculdade, me ligou e contou: "Beto, descobri um boteco na Oscar Freire muito maluco, você tem que conhecer". Fomos no mesmo dia, fim de tarde de uma segunda-feira, conhecer o tal lugar. Sentamo-nos ao balcão de um boteco pequeno e simples, mas senti algo ao mesmo tempo especial naquele lugar, cuja cara não combinava com os donos e muito menos com os clientes.

O Sanduíche, nome do bar, era um lugar ímpar e inigualável. Para mim, foi o lugar mais genial que São Paulo já teve. Lá se comia um sanduíche de pastrame com gorgonzola e se tomava um uísque 12 anos ou um de presunto cru com chutney, acompanhado de champanhe.

Foi frequentando o Sanduíche que em outubro de 1981 conheci o Arthur e a Maria Helena, pessoas maravilhosas que fizeram a diferença na minha vida. Tivemos uma empatia imediata, e me encantei com o jeito único e poético deles de olhar o mundo. Muito sensíveis, formavam uma dupla especial. Arthur era intuitivo e tinha um faro para negócios como poucas vezes vi. Maria Helena era uma cozinheira de mão-cheia, pois vivera muitos anos em Londres, onde aprendera segredos da gastronomia. Na época estavam totalmente envolvidos na reforma do Ritz da alameda Franca, que acabou virando um ícone da cidade. Fui contratado para ajudá-los no Sanduíche.

Difícil imaginar que um lugar tão despretensioso e simples fosse fazer tanto sucesso. Uma coisa sempre me intrigou: todos os dias, às seis da tarde pontualmente, saíam sessenta empadinhas de frango, que acabavam em cinco minutos. Eu me perguntava: por que não faziam mais? O Arthur respondeu: "É estratégia.

Tem que deixar o pessoal com um gosto de 'quero mais' ". Assim, antes de sair, as empadinhas já estavam vendidas, e eu anotando reserva delas.

O Sanduíche tinha clientes célebres, *habitués* das mesinhas da calçada: publicitários, jornalistas, fotógrafos, músicos, modelos, artistas e executivos, espremidos entre os copos de drinques e petiscos. A televisão ficava ligada, mas só era alvo de atenção na hora do *Jornal Nacional*, quando o burburinho cessava e as antenas se ligavam nas últimas notícias sobre a guerra das Malvinas.

Depois que o Ritz foi inaugurado passei a trabalhar nas duas casas. Da hora do almoço até as dez da noite ficava no Sanduíche; depois ia para o Ritz, onde ficava até fechar.

Tempo bom aquele! Às dez da noite eu subia a Augusta a pé, tranquilamente, com o dinheiro do faturamento dentro de um saco de pão. Entregava-o ao Arthur, que nem conferia. Aliás, nem caixa registradora ele tinha, só uma gaveta. A confiança em mim era total. Eram tempos mais românticos.

Devo ao Arthur e ao Ritz quase tudo o que aprendi da noite, pois sabíamos administrar o excesso, que é tão difícil quanto o oposto. Aquele paraíso de hambúrgueres vivia lotado até a tampa todos os dias.

Foi lá que expandi meus relacionamentos, porque o *barman* fica ao mesmo tempo no bar e no palco, e nesse espaço a timidez teve que dar lugar a algo que ficou abafado dentro de mim desde a morte do meu pai e estava para explodir. A vida voltava a ter cores, os dias cinzentos estavam chegando ao fim e a alegria das noites do Ritz me mostrava que mesmo trabalhando muito eu podia ser feliz, namorar, me relacionar não só com as pessoas, mas comigo também. A porta do quarto escuro se abriu, as trevas começavam a se dissipar. Era hora de sair do foguete de novo.

Minha vida estava mais estabilizada. Estudava, ganhava meu dinheirinho e já podia pensar em começar a realizar um velho sonho: comprar um pequeno veleiro. Em novembro de 1982, junto com Maurício, meu companheiro de escola e sócio na locação de som para festas, comprei o primeiro barco, o *Krakatoa*, um catamarã de 16 pés. Estava dando o primeiro passo para uma grande mudança que iria ocorrer na minha vida alguns anos mais tarde.

Eu não sabia velejar, mas a vontade era tanta que fui sozinho para Ilhabela rebocando o nosso catamarã para colocá-lo na água. Montei o barco na praia do Sino e numa manhã de dezembro de 1982 me lancei para a minha primeira aventura: sair da praia do Sino, dar uma pequena velejada no canal de São Sebastião e voltar. Consegui! A felicidade foi tanta que me pareceu que um vácuo que havia dentro de mim foi preenchido. João foi meu primeiro professor de vela, mas quem me colocou em cima de um barco pela primeira vez foi o Lucas, que tinha um *hobie cat* 14 em Ubatuba. Nas férias eu andava com ele. Observá-lo manejar as velas ajudou-me muito.

No final do ano fomos velejar no farol de Santa Marta, na cidade de Laguna, em Santa Catarina, um dos locais mais perigosos para navegação. Foi muito atrevimento, pois minha experiência no mar consistia apenas em uma semana de Ilhabela. Logo no primeiro dia saímos para o mar aberto, mas o tempo mudou e nos impediu de voltar para a mesma praia. Entramos então pela praia da vila, muito procurada por surfistas, ou seja, ondas enormes arrebentando na praia era o que não faltava. Entramos assim mesmo e quando passamos da linha de arrebentação fomos pegos por uma onda imensa que nos jogou para cima e virou o barco. Acabamos na areia com o barco todo avariado. Depois de vinte dias no farol voltamos para Ubatuba.

No dia seguinte saí com o Maurício para dar uma velejada e fomos parar em Ilhabela. Não havíamos levado dinheiro, água, nem camisetas. Já era tarde para voltar a Ubatuba. O problema das camisetas foi resolvido, pois achamos duas na praia onde deixamos o barco. A comida foi providenciada em frente ao Hotel Itapemar ao encontrar uma amiga, que nos convidou para um churrasco na casa dela no final do dia. E, quando nos preparávamos para dormir enrolados na vela em cima do barco, encontrei o Maurício Toldi, um velho amigo que nos ofereceu um teto para passar a noite. No dia seguinte partimos às sete da manhã, remando até a saída do canal, pois não havia vento. Só chegamos a Ubatuba ao anoitecer, pois o vento não colaborou e ficamos boiando e torrando ao sol o dia todo. Uma grande roubada.

Já na primeira semana como *barman* do Ritz estava eu afogado no meio de mil pedidos, fazendo caipirinhas, coquetéis e atendendo aqueles clientes que sentam na frente do balcão e querem mais atenção. De repente vi entrar o Otávio Horta, sobrinho do Arthur, que veio direto na minha direção. Ele me chamou e disse baixinho: "Tenho um lança-perfume maravilhoso aqui comigo, você não tá a fim de experimentar?"

Respondi: "Você está louco, não cheiro nada e, se beber uma dose de qualquer coisa, fico muito louco". Só faltava essa: o restaurante lotado, cheio de gente na minha frente, e eu cheirando um lança. Eu, que mal conseguia me manter em pé depois de uma simples caipirinha. Mas o Otávio foi insistente, e eu, fraco: sucumbi à curiosidade. Agachei-me atrás do balcão e disparei o lança num pano de prato, levei-o à boca e o aspirei profundamente.

Quando me levantei minha vista escureceu e tudo começou a girar. Veio aquele zumbido e fui me sentindo longe, cada vez mais longe e longe. Fiquei encostado na parede, de olhos fechados. Quando comecei a enxergar novamente, olhei para a boqueta da cozinha e pensei: "Vou passar por ali". Saí do balcão e fui até a porta de entrada. Tomei distância e fiquei como um touro nas arenas, com os olhos fixos no alvo – nesse caso, a boqueta. De repente saí numa disparada louca pelo meio do salão, subi os seis degraus que davam para o piso superior do restaurante e no embalo dei um peixinho em direção à boqueta, passei voando por ela e aterrissei na copa, com os meus 2 metros de altura, em cima de um armário de copos. Fiquei lá esborrachado, com um som de destruição na cabeça e cercado por cacos de vidro por todos os lados.

Tamanho estrondo deve ter assustado o Arthur, que entrou esbaforido na copa para saber a razão daquela hecatombe. Contei-lhe toda a história e pensei: estou no olho da rua. Mas a reação do Artur foi a mais engraçada que vi na vida – ele simplesmente disse: "Que loucura, Betão! Já pro bar!" Desci correndo para o salão, passando entre as mesas cheias de gente, que me olhava em silêncio, sem entender nada.

Já no bar, o Otávio, com um sorriso discreto, me disse: "Betão, você é muito louco!" Eu retruquei: "Não te disse que sou fraco? Não posso tomar nada!"

No Ritz, além de *barman*, passei a ser gerente e depois de algum tempo também acumulei a tarefa de programar a música do restaurante. Naquela época eu gravava as fitas cassete em casa com uma seleção eclética, que ia do *jazz* à MPB. Quando eu estava animado o som era pra cima, feliz e dançante, mas se estivesse mais introspectivo a música me acompanhava.

Um dia chegaram quatro amigos. Eles sentaram no balcão do bar e pediram cinco porradinhas, um drinque que derruba qualquer um. É uma mistura de qualquer bebida, por exemplo, vodca, soda limonada em um copo, sem gelo. Dá uma porradinha debaixo do copo e a soda faz um efeito sonrisal. Pronto! Vira de uma vez e espera o resultado, que vem bem rápido.

Eu perguntei a eles: "Quem é o quinto cliente?"

Eles me responderam: "Você! Viemos aqui para te dar um porre".

Caí na gargalhada e, mesmo sabendo que a coisa ia acabar mal, aceitei o desafio. Tomamos em quarenta minutos cinco porradinhas diferentes, misturando vodca, uísque, rum, tequila e gim. Não preciso nem contar o que aconteceu. Não passei voando por boqueta nenhuma, mas me deu uma vontade de fazer o Ritz virar um inferninho. Duas amigas minhas que estavam no balcão assistindo ao desafio entraram para ajudar a fazer as bebidas, pois eu já não estava em plenas condições físicas.

Decidi fazer uma farta distribuição de doses de tequila pura para os clientes, uma oferta da casa para ver todo mundo feliz. Saíram várias bandejas de tequilas, e os clientes foram entrando no clima da festa. Apaguei as luzes, só deixando acesos os lustres para dar um clima de bordel. Aumentei o som e a galera começou a dançar em cima das cadeiras e dos sofás.

Um dos meus amigos me cochichou: "Duvido você subir no balcão e dublar a Gal". Ele sabia da minha paixão pela Gal, aquilo foi um golpe baixo. Não tive o menor constrangimento: desliguei o som, subi no balcão e anunciei o *show*. Coloquei a fita da Gal e dei o *play*. Comecei a cantar *Meu nome é Gal*. A galera veio abaixo. No meio da minha *performance* em cima do balcão quem eu vejo entrar no Ritz? O Arthur. Pensei de novo: agora não escapo, estou na rua. Ele entrou pela porta giratória vermelha, olhou, continuou a rodar a porta e saiu sem dizer uma palavra. Escapei de novo. Só foi difícil levantar no dia seguinte.

Todas as noites, ao sair do Ritz, eu fazia um ritual: colocava o fone de ouvido, ligava o *walkman* e dirigia minha moto bem devagar pela avenida Paulista. Era a maneira de me desligar, sonhar e curtir a cidade que dormia. Hoje São Paulo já não dorme.

Passados três anos de muitas noites de trabalho, algumas difíceis, outras divertidas, o Ritz sofreu um assalto e sobrou para mim abrir o caixa sob a mira de um revólver. Dois meses depois, os mesmos bandidos voltaram e, quando os vi empurrando para dentro alguns clientes, reconheci o chefe da gangue. No momento em que ele me olhou e notou que eu o havia reconhecido temi pelo pior. Abaixei-me atrás do balcão e saí correndo pela escada lateral que dava para a cozinha. Ao me ver fugindo, ele deu um tiro. Assustado, eu só pensava: sebo nas canelas e não olhe para trás. Passei voando, dessa vez pela cozinha e colidi com o Benê, o chefe da cozinha, que caiu de bunda no chão com várias panelas na mão. Assustado, ele passou a me seguir. Subi para o terraço e dali para o telhado. Nem sequer olhava para trás, mas ouvia alguém me seguindo. Eu estava tão assustado que achei que fosse o bandido, mas era o Benê.

Pelos telhados dos sobrados alcancei a rua Augusta, onde desci por uma sacada e cheguei à calçada. E continuei a correr. Só parei na alameda Santos, três quadras acima. Avisei um carro da policia, que rapidamente voltou ao Ritz. Prenderam os cinco bandidos menos aquele indivíduo que atirou em mim, justamente o que havia me reconhecido.

Já não me sentia seguro trabalhando num bar que tinha uma vitrine lateral que dava para a rua. Eu adorava o que fazia e não queria sair de lá, mas fiquei muito assustado e decidi aceitar um convite do Alexandre Negrão, um amigo, para abrir um bar nos Jardins. Sempre que ia ao Ritz ele me convidava para fazer algo juntos.

Começamos a procurar um local nos Jardins, que na época era muito caro, pois havia as luvas do ponto. Um dia, andando na alameda Tietê, que fica duas quadras acima da Oscar Freire, vi uma casa em reforma e na porta uma senhora que me pareceu ser a proprietária. E era, dona Filomena, uma mulher de personalidade forte e uma pedreira nas negociações. Ela me mostrou a casa, que era sua antiga residência. Quando desci ao porão tive uma sensação muito forte. Enxerguei o bar cheio de gente. Não tinha qualquer dúvida: era ali que iríamos levantar o Singapore Sling.

Depois de uma longa batalha com a dona Filomena, fechamos o negócio e começamos a reforma, financiada por algumas economias e dinheiro emprestado da tia do Alex. Dois meses de reforma e acabaram-se os recursos. Convidei então o Zé Renato, que era o arquiteto e conduzia a reforma, a entrar na empreitada.

Inauguramos o Singapore Sling em março de 1985, um bar muito charmoso no porão de uma casa que sequer tinha placa na rua. Com boa comida, música ao vivo e gente bonita, o bar estourou e depois de quatro meses não tínhamos mais dívidas: era o lugar mais badalado da cidade, juntamente com o Rose Bom Bom, do amigo Angelo Leuzzi.

Minha dedicação ao novo negócio era total, e eu só pensava em duas coisas nessa época: trabalhar e velejar. Organizava-me para trabalhar todos os fins de semana em que não havia competições e nos outros dias trabalhava sem folga. No Singapore conheci a Renata Jubran, uma namorada que teve um papel muito importante na minha vida. Ela foi como um anjo que me trouxe a primeira brisa de uma mudança importante. Depois de dois anos nosso namoro não andava bem e eu ia completar 31 anos. Ganhei de presente dela um mapa astral de um astrólogo carioca muito conhecido que de vez em quando atendia em São Paulo. Fui fazer meu mapa com o Bola, mas não tinha ideia do que ia encontrar, pois andei muitos anos com o coração fechado para qualquer assunto que dissesse respeito aos sentimentos.

Saí de lá como se estivesse de ressaca. O homem me contou coisas que só alguém que me conhecesse muito bem poderia dizer. No primeiro momento achei que a Renata havia conversado com ele, mas logo percebi que existia um outro mundo ao qual eu havia dado as costas e que algo me chamava. O próprio Bola me disse que eu ia mergulhar numa busca espiritual muito profunda e não haveria volta.

Pouco depois, Renata e eu fizemos um curso de astrologia com a psicóloga Ruth Calil. Eu queria entender um pouco de tudo aquilo que haviam me dito. No final da segunda aula entrou na sala o filho da Ruth, Moreno, que era treinador de cavalos da Hípica Paulista. Sem qualquer cerimônia e sem me conhecer, ele me disse que eu estava com a energia baixa e muito triste. Como ele poderia afirmar isso se não havíamos trocado mais que duas palavras? Mas ele estava certo: a Renata e eu havíamos rompido e estávamos os dois tristes. Moreno não parou por aí; continuou a falar uma porção de coisas a meu respeito.

Sua mãe intercedeu e se desculpou, explicando que desde que nasceu ele via o mundo invisível. Não era uma escolha. Para ele isso era um encargo. Fiquei meio incrédulo, mas num tom de brincadeira perguntei-lhe se estava vendo algum fantasma na sala.

Ele me rebateu de cara: "Fantasma? Não sei, mas espíritos eu vejo muitos e atrás de você tem sete". Fiquei gelado e meio sem graça com a brincadeira. Ele continuou: "As sete entidades que estão com você te acompanham e algumas estão com você para te proteger; outras para aprender". Ruth se desculpou novamente comigo. Eu lhe disse que não se preocupasse e que ele podia falar. Mas Moreno ficou em silêncio por um instante, olhando para mim, e por fim disse: "Tem alguém com muita luz atrás de você e não sei se tenho permissão para falar dele para você. Espera. Beto, você perdeu seu pai, mas ele está aqui agora, bem atrás de você".

Moreno descreveu meu pai, e disse que nossa vida se cruzou em vários capítulos e por algumas vezes vivemos no mar, em algum navio. Ele me perguntou se eu gostava de mar. Respondi-lhe que era velejador. Foi muito difícil, tentei resistir, mas não me contive e chorei. Meu coração estava provando de algo de que já não me lembrava, uma sensação de conforto, ao ouvir palavras tão reveladoras. Ele contou muitas coisas a respeito da morte do meu pai e do desconforto que ele sentia ao nos deixar numa situação tão difícil, mas ele estava presente em muitos momentos da minha vida e ainda tinha uma missão.

Esse foi um dia importante na minha vida, as palavras do Bola se encaixavam em tudo aquilo que estava acontecendo.

Fazia um ano que o Radar Tan Tan, uma casa de *show* encravada num armazém da Barra Funda, zona oeste de São Paulo, aberta pelo Arthur e um grupo de sócios, havia fechado. Nessa época, eclodia no Brasil uma efervescência musical. Muitas bandas de garagem pipocavam por todos os lados e não havia lugar para elas mostrarem seus sons em São Paulo. Tivemos a ideia então de abrir uma casa menor e mais central.

Em novembro de 1987 inauguramos o Aeroanta, um galpão no largo da Batata, em Pinheiros, também na zona oeste da cidade. Uma casa de *shows* com pista de dança e restaurante que funcionava seis vezes por semana, com gente saindo pelo ladrão. Nesse empreendimento juntaram-se a nós Sérgio Zerbini, um antigo amigo de ginásio que achou o ponto, e o Alfredo Pimenta, que fez o projeto de arquitetura com o Zé Renato. Mais de mil espetáculos, entre 1987 e 1993, deram oportunidade a muitas bandas se apresentarem.

Marisa Monte, Ed Motta, Cazuza, Barão Vermelho, Lobão, Biquini Cavadão, Daniela Mercury, Ratos do Porão, Léo Jaime, Inocentes, Ultraje a Rigor, Ira!, Plebe Rude, RPM, Kid Vinil, Mulheres Negras, Luni, Titãs, Engenheiros do Hawaii, Cássia Eller, Cidade Negra, Manu Chao e Capital Inicial foram alguns dos nomes que fizeram história no Aero.

Muitos artistas consagrados também tocaram no Aeroanta. Em 1990, Rita Lee queria alugar o galpão por dois dias, na parte da tarde, para ensaiar, pois ela havia sido convidada para tocar no Festival de Montreux. Como ela não tocava em público fazia cerca de dez anos, pensamos em convidá-la. Seria uma injustiça a

Rita tocar no Aero para ninguém. Fizemos uma oferta irrecusável: 100% da bilheteria para ela e o movimento do bar para nós. Ela aceitou. E isso caiu na boca da imprensa e daí para a boca do povo. Era a semana inteira de gente telefonando para pedir ingressos. Até aquela lindinha da escola que nunca olhou para sua cara e você não vê há mais de vinte anos.

Colocamos à venda quinhentos ingressos e deixamos outros quinhentos para vender no dia. O largo da Batata estava tomado, a fila dava volta ao quarteirão, e quem já tinha ingresso chegou cedo, ou seja, às dez e meia já tinham entrado na casa mais de quinhentas pessoas.

Estávamos tensos e ansiosos. De repente, *pluft*, acaba a luz. Achei que fosse um problema do Aero, mas ao sair para a rua vejo Pinheiros às escuras. Meu Deus, isso nunca aconteceu e vai acabar a luz logo hoje, no dia da estreia da Rita Lee! As pessoas perguntavam: "Vocês não têm gerador?" "O *show* vai ser cancelado?" O pior: parou o ar, os caixas, a máquina de chope... tudo, e lá dentro só as luzes de emergência davam aquele ar de fim de festa.

Fiquei olhando aquela imensa fila, atônito, pensando no que fazer. Fui despertado pela pergunta de uma moça: "Você não é um dos sócios da casa?" "Sim", respondi. Ela continuou: "Sabe, eu trabalho na Eletropaulo e quem sabe se eu ligar pra lá não posso descobrir o que aconteceu".

Não botei muita fé nela, mas aceitei a sugestão e a levei para o escritório. Ela ligou e falou com alguém de plantão: "Olha, estou em uma casa de *shows* aqui em Pinheiros e acabou a luz aqui no bairro. Vocês já sabem o que aconteceu?"

Do outro lado da linha responderam que um caminhão bateu em um poste na avenida Eusébio Matoso, uma movimentada avenida que separa Pinheiros dos Jardins, derrubou um transformador e a previsão para o restabelecimento da energia era por volta das seis da manhã do dia seguinte. Quando ela me repetiu isso, gelei, mas ela continuou: "Por favor, transfere a ligação para quem está de plantão aí na chefia".

Ouvi, estupefato: "Sabe, fulano, eu sou a fulana de tal, estou aqui no Aeroanta para ver um *show* da Rita Lee e acabou a luz por causa de um acidente na Eusébio Matoso, e quero te pedir um favor. Vamos fazer a energia chegar aqui por um outro caminho: apaga Alto de Pinheiros e acende Pinheiros para mim, por favor". Dez minutos depois *pluft* de novo: acendeu o bairro.

Eu sei que o *show* não pode parar, mas como pude ter tanta sorte de encontrar aquela moça na porta justamente naquele dia!

Assim como eu, alguns dos meus sócios moravam na Vila Madalena, e em 1989 não havia nenhum bar descolado, nada. Para não dizer que não havia nada, tinha lá o Bartolo, um lugar discreto, reduto da antiga boemia da vila.

Dois amigos nos ofereceram uma esquina simpática, ocupada por uma antiga padaria. Alex Negrão sempre foi um visionário e ele dizia para nós: "A vila vai estourar, vai ser o próximo Jardins". Assim nasceu o Olívia, o primeiro bar diferenciado da região. Depois dele veio uma leva de bares que se multiplicaram como vírus de computador, e a vila é hoje um dos polos da vida noturna de São Paulo.

Nessa época meus namoros não duravam mais de três meses, não estava preparado para ter algo sério, mas me apaixonei por uma mulher encantadora, de quem havia tempos eu tentava me aproximar. Comecei a namorar a Vânia e depois de dois meses fui participar de um campeonato de vela nos Estados Unidos. Quando voltei ela disse que não estava a fim de ficar comigo e pediu um tempo. Fiquei triste, claro, e no dia seguinte, ao entrar num restaurante, a vi com outro namorado. Isso certamente já ocorreu a muitas pessoas. Quem não viveu uma desilusão amorosa, uma frustração? Quem não se sentiu rejeitado? Mas meu coração ficou destroçado, algo mais profundo foi tocado. Acho que tinha a ver com abandono, e eu perdi o pé do mundo. Foram muitas noites de insônia, dor de estômago e uma angústia aguda.

Já fazia um ano que eu frequentava um grupo de vivências que se reunia às quartas-feiras à noite. O grupo era coordenado por Seiji Yokoyama, um terapeuta que com muita precisão e clareza nos dava ferramentas para lidar com as emoções e buscar algo bem simples: ser. Pedi ajuda a ele e marquei uma sessão individual. Precisava falar e saber o porquê daquele impacto tão profundo e o que me prendia num rodamoinho emocional. Com um olhar compreensivo e amoroso, Seiji pegou a minha mão e me perguntou o que estava acontecendo comigo. Deitado no tatame, contei-lhe a minha mágoa e a angústia que me afligia, pois havia quatro meses não conseguia fazer nada. Seiji, com um sorriso muito amoroso, me disse: "Beto, eu sei que você, quando olha para as estrelas, sente saudades. Sente saudades de onde você veio, não é? Mas não esqueça que todos nós temos um propósito nesta vida, e você não é diferente. Não queira voltar, pois você veio para cá para trazer um pouco daquela luz".

Enquanto ele falava eu me emocionava e voltava para o meu foguete, para a minha infância, meus medos, inseguranças, e vi quão forte era o sentimento de abandono que eu trazia no coração. O choro me deixou aliviado e percebi que não deveria carregar mágoas das pessoas. Não era o que a Vânia tinha me feito que me deixara daquele jeito, mas o que despertava dentro de mim passar por uma experiência como aquela, de me sentir rejeitado. Não era a Vânia, e sim o que ela representava. Ela, na verdade, tinha me ajudado, mas é difícil olhar as coisas por essa perspectiva.

Já fazia algum tempo que eu notava haver algo em mim que não estava legal. A vida na noite me levou para uma rotina e uma qualidade de vida que não compatibilizavam com o que eu queria para mim. Mas o que fazer?, eu me perguntava. Um dia, andando no Shopping Iguatemi, encontrei Marcus Sulzbacher, um antigo amigo da vela. Falamos de barcos, viagens, projetos, e ele comentou que um outro amigo, que estava morando em Miami, o Fernando Almeida, pensava em fazer uma viagem de *hobie cat 21* pelo Caribe, até Belize, na América Central, local repleto de ilhas pouco exploradas, turisticamente falando. Imediatamente me convidei e disse ao Marcus que faria a viagem também, mas com uma condição: vir até a Ilhabela. Acho que ele me achou maluco, pois ninguém costuma tomar uma decisão daquelas depois de uma conversa casual.

A partir desse dia só respirei vela, e a vida começou a fazer sentido para mim, pois tudo por que eu havia passado parecia ter-me levado àquela condição e todos os acontecimentos desfavoráveis, no primeiro momento, pareciam já não ter aquele peso. Havia um ano eu não competia, faltava algo forte que me levasse de volta ao mar. Foram dez anos velejando em competições, mais de quinhentas regatas e outras centenas de dias de treinamento. Tive vontade de mudar novamente. Agora o desafio não era chegar na frente, mas simplesmente chegar.

No ano seguinte, 1994, velejamos as 7.500 milhas que separam Miami e Ilhabela, onde chegamos no dia 10 de dezembro. A viagem foi um sucesso, apesar dos acidentes e percalços, mas, em termos comerciais, um fiasco: cheguei a São Paulo sem um tostão no bolso.

Não me arrependi, pelo contrário, estava nas nuvens, feliz. Era isso que eu queria fazer da vida: viajar pelo mundo no meu pequeno catamarã sem cabine. De volta a São Paulo, não sabia por onde recomeçar a vida na cidade. Tentamos publicar um livro de fotografias e editar um vídeo da viagem, mas não tivemos êxito. 1995 foi um ano difícil para a economia brasileira. Pensei na próxima viagem, mas faltou fôlego.

Mas nem tudo estava tão ruim assim. A Richard´s, uma marca de roupas, ofereceu-se para organizar uma exposição de fotos no Shopping Iguatemi. Não foi a salvação da lavoura, mas deu um pequeno fôlego financeiro.

Na noite de abertura da exposição estávamos eu, Marcus e todos os amigos que participaram da viagem. Um homem com sotaque italiano me chama e se apresenta: "Meu nome é Andrea Ruggero e trabalho no consulado da Itália aqui em São Paulo. Como vi que seu sobrenome é italiano, gostaria de saber se você é cidadão italiano".

Respondi-lhe que não, meu pai, sim, era italiano, ao que ele me fez outra pergunta: "E por que você nunca pediu sua cidadania?" Disse-lhe que achava o procedimento complicado, pois o consulado tinha fama de ser muito burocrático e só uma coisa me motivaria a dar entrada no processo de cidadania: encontrar minhas irmãs.

Para minha surpresa ele se prontificou a me ajudar e disse que um velejador como eu tinha que ser italiano também. Trocamos telefones e alguns dias depois nos encontramos. Dei-lhe todos os documentos e informações que eu tinha do meu pai. Novamente acendeu uma luz no meu coração e tive esperanças de que dessa vez iria encontrar minhas irmãs ou, pelo menos, um outro Pandiani na vida, pois até aquele momento só tinha conhecido um Pandiani – meu pai.

Passado um ano e meio, recebo um telefonema do Andrea, que disse ter nas mãos a minha cidadania italiana e queria me encontrar para me contar as novidades. Marcamos um almoço no Mr. Fish, um restaurante de frutos do mar dos Jardins em que eu tinha entrado como sócio-gerente alguns meses antes.

Levei minha mãe para almoçar com Andrea e ele gentilmente nos levou um champanhe, a minha nova nacionalidade e notícias sobre meu pai. Ele contou que na Itália os registros são muito precisos, mas nada fora encontrado sobre a Barbara e a Lilliana.

Provavelmente elas devem ter-se casado e mudado de sobrenome ou podem ter nascido em outro país. Prometeu-me continuar a busca. O simples fato de ter a nacionalidade italiana me deu novo alento e me senti mais próximo do meu pai.

Outra coisa admirável que se deu no Mr. Fish foi o encontro com a Bebel Tagliaro, que viria a ser minha mulher algum tempo depois. A vida louca em São Paulo continuou, e eu, na noite. Um ano depois inauguramos o Clube B.A.S.E., uma casa noturna que São Paulo jamais havia visto, o primeiro clube a tocar música eletrônica com os mesmos padrões europeus.

Nesse mesmo ano mudei para um pequeno dúplex no bairro do Itaim e na primeira semana na casa nova tive um sonho tão claro, tão cristalino e cheio de detalhes, que acordei impressionado. Sonhei que partia de Puerto Montt, no Chile, velejando no meu catamarã pelos canais chilenos. Passava pelo cabo Horn e chegava finalmente a Ilhabela, depois de muito tempo. O sonho veio numa hora em que a minha energia estava toda voltada ao trabalho da noite, mas foi mágica a sensação de me ver velejando novamente, mesmo em sonho. Acendeu-se a vontade de me reencontrar com o mar.

No dia seguinte, ao voltar para casa, à noite, vejo o nome do prédio da minha nova residência: Edifício Puerto Montt. Coincidência impressionante. Considerei aquele um sinal positivo para a realização da viagem. Não bastasse isso, na semana seguinte recebo um telefonema do Pedrão, um amigo da vela e comandante de um catamarã de 55 pés que pertencia ao Décio Clemente, um amigo em comum. Ele me diz: "Betão, estamos em Puerto Montt com o barco e vamos descer os canais chilenos até Punta Arenas. Tem um lugar e você é nosso convidado". Fiquei mudo, arrepiado. Já não era questão de eu querer ou não fazer a viagem – eu tinha de fazê-la.

Contei a ele tudo o que havia acontecido, agradeci o convite e expliquei que era impossível naquele momento. Pedi-lhe então que levantasse todas as informações e me trouxesse as cartas náuticas e os guias. O roteiro e o novo projeto tornaram-se meu maior objetivo na vida, mas tinha que esperar pelo melhor momento para partir.

No final de 1998 inauguramos o Lounge, um bar sofisticado no Itaim, que tinha como sócios quase a mesma turma. Um dia acordo com um telefonema da Renata Jubran, minha ex-namorada, agora fotógrafa do jornal *O Estado de S. Paulo*. Ela disse que num evento realizado no restaurante Gero conheceu uma pessoa chamada Fellipo Pandiani, italiano e namorado de uma brasileira chamada Paula. Novamente a Renata me trouxe uma brisa na vida. Uns anos antes ela me deu um mapa astral e depois me indicou o Seiji.

Ela conversou com Fellipo e disse-lhe que conhecia um Pandiani aqui no Brasil que estava à procura da família dele na Itália. Ele desconhecia a existência de alguém da sua família aqui. De qualquer maneira, ele pediu a Renata que desse o telefone dele para mim. Assim que a Renata desligou liguei para Paula. Ela me disse que Fellipo estava muito curioso e passou-lhe o telefone rapidamente. Fiquei surpreso ao notar que ele falava bem o português. Ele era de Milão, mas viveu na Espanha e agora morava em Londres. Disse-me que a família estava espalhada entre Milão e Turim.

Eu lhe disse que a minha família também era das mesmas cidades e citei o nome do meu pai, Corrado Pandiani. Ele não conhecia ninguém com esse nome. Bom, pensei: ele tem 31 anos, então não poderia ter conhecido meu pai. Perguntei das minhas irmãs, citando o nome delas, mas, infelizmente, também não as conhecia. Na verdade, eu não tinha muita coisa para falar da minha família, a não ser que meu pai fora velejador. Fellipo também velejava, assim como seu pai, que já havia falecido.

Ao falar com ele no telefone minha vontade de encontrar alguma pista do passado era tão grande que acionei todos os meus recursos e em algum lugar da minha memória achei algo de que já nem lembrava: “Fellipo, meu pai me disse uma vez, quando eu era bem pequeno, que tinha um primo, ou tio, sei lá, que tinha uma fábrica de sapatos na Itália”.

Fellipo me responde imediatamente: “Meu pai era dono de uma fábrica de sapatos”. Gelei! Mas a dúvida permaneceu e ele disse que só havia um jeito de saber: “Vou ligar para Luciano Pandiani, meu tio de 70 anos que mora em Turim. Ele conhece bem a história da família. Depois te ligo”. Foram minutos longos de espera. Quando o telefone tocou Fellipo gritou: “Primooooo”, e com muito humor me contou a conversa com Luciano. De fato, era a mesma fábrica de sapatos, e essa lembrança mágica, quase esquecida, que veio para nos aproximar, disparou uma série de acontecimentos que pareciam impossíveis de suceder.

Essas coisas são mesmo incríveis. Essa informação já estava na minha memória, fui buscá-la no fundo de alguma gavetinha perdida no passado. O Luciano de que Fellipo acabara de falar é meu primo-irmão. O pai dele era irmão do meu pai e chamava-se Enrico, e o pai do Fellipo era meu primo também. Senti uma alegria indescritível ao saber que pela primeira vez na vida encontrava alguém da família e que essa aproximação poderia trazer para mim a história do meu pai e as minhas irmãs. Difícil viver sem referências!

A afinidade com Fellipo foi instantânea e marcamos para o mesmo dia um jantar no Lounge, juntamente com a Bebel e a Paula. Além do mais, estava curioso de ver a fisionomia dele, ávido por histórias da família. Mandei um *e-mail* para o Luciano perguntando se sabia onde eu poderia encontrar a Barbara e a Lilliana. Ele ficou de me escrever uma carta com notícias, fotos e uma árvore genealógica da família Pandiani. Reservei uma mesa no Lounge. Ficamos, eu e Bebel, de olhos pregados na porta e vimos entrar uma figura familiar, parecida com o meu pai, os mesmos olhos verdes. Fiquei arrepiado com tanta semelhança. Abraçamo-nos como irmãos que não se viam fazia muito tempo. Fiquei muito emocionado, mas me contive – eu não sabia o que falar.

Mais relaxado e depois de uma hora de conversa, vi o quanto tínhamos em comum, além da vela. Fellipo tem um ótimo humor, é bom contador de histórias, gosta de viver com intensidade e sempre está disposto a mudar de vida se acredita em um sonho. Ele me adiantou que Luciano pouco sabia das minhas irmãs, mas ia buscar alguma informação sobre elas.

Passamos horas conversando e bebendo vinho, e tudo o que Fellipo me contava sobre seus irmãos, seu pai e sua vida caía como um alimento para mim. Como a vela sempre teve um lugar especial dentro de nós, combinamos velejar no fim de semana para celebrar aquele encontro fantástico com que a vida nos presenteou. Numa mesa vizinha estavam João Lara Mesquita e Fernão Mesquita, amigos e jornalistas. Como todo bom jornalista, eles ficaram sabendo do meu encontro e da minha busca. Fernão me propôs uma entrevista para o *Jornal da Tarde*. Achei divertido e topei. Só não imaginava que a matéria seria de página inteira no caderno de domingo com este título: "Beto Pandiani, um homem à procura de suas origens". Sem desconfiar de nada, a vida me deu a oportunidade de lançar uma isca ao vento, e esses acontecimentos também só foram compreendidos anos mais tarde.

Fellipo ficou no Brasil mais duas semanas e ao embarcar de volta para Londres, no começo de fevereiro, prometeu-me tentar encontrar informações sobre as "meninas".

Num domingo ensolarado de março de 1999, Bebel e eu estávamos saindo de casa para caminhar num parque. À porta ouvimos o telefone tocar. Bebel voltou e atendeu: "Beto, tem uma Isabela no telefone, tem um sotaque italiano, quer falar com você". Atendi o telefone tentando imaginar quem poderia ser aquela pessoa e procurei lembrar os nomes que o meu primo havia citado. Só poderia ser alguém encontrado por Fellipo ou Luciano.

Ouvi uma voz em inglês com um sotaque italiano: "Roberto, sou sua sobrinha, Isabella".

"Isabella! Filha da Barbara ou da Lilliana?"

Para minha completa surpresa ela disse: "Não, sou filha da Graziella, sua outra irmã".

"Como? Quem é Graziella?"

Como sempre na minha vida as coisas se sucederam de forma misteriosa e ao mesmo tempo perfeitamente em sincronia com o tempo, dando-me a oportunidade de enxergar muito além dos fatos, aprendendo a aceitar e ter paciência, pois os acontecimentos me mostraram que é preciso ser observador e não resistir a eles.

Uns dias antes desse telefonema fiquei cismado com a certidão de casamento do meu pai. Ao reler os documentos que foram levantados pelo consulado italiano, vi que meu pai havia sido casado com uma italiana na Itália. Ela se chamava Elsa Pierina Katerina Victoria Severina, mas a história de que eu me recordava, contada por ele mesmo quando eu era pequeno, dizia que sua ex-mulher se chamava Etti, e era turca, e o casamento havia sido na Turquia. Mas muito tempo havia se passado e minha memória poderia estar me traindo.

Rapidamente fiz todas as conexões possíveis e achei ser possível meu pai terse casado com outra mulher antes de se unir a Etti. Nesse caso eu seria filho do seu terceiro casamento.

Minha sobrinha Isabella continuou: "Roberto, estou ao lado da sua irmã, ela está muito emocionada em te encontrar. Nós procuramos por você há muitos anos".

Eu não conseguia entender como aquelas conexões estavam se fechando. Assim, antes de deixar as emoções falarem e dando atenção à minha curiosidade, perguntei: "Isabella, como vocês me encontraram? Foi o Fellipo Pandiani quem te deu meu telefone?"

Ela respondeu: "Quem é Fellipo?"

Desconcertado, respondi: "Um primo que conheci há dois meses. Então, foi Luciano Pandiani?", insisti.

Isabella passou a falar com a minha irmã, traduzindo a nossa conversa para o italiano. Essas pausas me deixavam cada vez mais impaciente, curioso e ao mesmo tempo anestesiado. Bebel, ao meu lado, não entendia nada, me olhava com cara de interrogação.

Isabella me disse então que Graziella não via Luciano fazia muito tempo e não recebiam notícias do Corrado havia mais de trinta anos. Imaginavam que ele já não deveria estar vivo. Disse-lhes que ele havia morrido em 1976 e que eu nada sabia da existência delas.

Enfim, quando as comoções se recompuseram, perguntei: "Isabella, por favor, me explica como vocês me encontraram, pois fiquei toda a vida sem saber nada sobre a família e de repente aparece Fellipo em São Paulo e agora você me telefona..."

Alguns dias atrás ela tinha colocado meu nome no Yahoo Brasil e apareceu uma matéria num jornal com o título: "Beto Pandiani, um homem à procura de suas origens".

Comecei a chorar, a garganta secou, e eu não conseguia falar: um mundo de sentimentos guardados aflorou, e, mesmo sem saber que tinha ainda outra irmã, aquele encontro me pegou em cheio. Por algum tempo foi difícil dizer coisa com coisa. Eram tantos fatos que vinham à cabeça que não conseguia exprimir o que queria dizer. Na verdade, queria abraçá-las e chorar o tempo necessário para que toda a tristeza e angústia guardada fosse embora.

Ficamos conversando mais de quarenta minutos. Contei a Isabella sobre o encontro com Fellipo, a conversa com Luciano e algumas coisas da vida de Corrado. Que sensação diferente conversar com uma moça de 38 anos que era minha sobrinha! E naquele ano minha irmã Graziella estava completando 63 anos. Depois Isabella me disse que tinha uma irmã que vivia em Nova York, a Raffaella, minha outra sobrinha. Assim como eu, elas tinham ouvido falar da Barbara e da Lilliana, mas também não tinham notícias e provavelmente nada sabiam a respeito delas.

Anotei os telefones e *e-mails* e prometi ligar. Eu precisava deixar toda aquela informação entrar em mim e permitir que todos os sentimentos guardados fossem vivenciados. Necessitava ficar em silêncio. Despedimo-nos. Minha irmã ressaltou em italiano quão importante era para ela aquele encontro. Passadas duas horas, toca o telefone de novo: era Raffaella.

Bastante emocionada, também falou sobre o buraco na vida delas causada pela ausência do Corrado, sobre a esperança que minha irmã alimentou de poder conhecer o pai que partiu quando ela tinha 5 anos e nunca mais o viu, e desde então só se comunicava com ele por meio de cartas, que um dia também pararam de chegar. Não podia imaginar Graziella esperando encontrar o pai um dia, um dia que nunca chegava. Que será que se passava na mente daquela criança? Quanta dor ela deve ter sentido!

Essa história doeu fundo. Senti que ir à Itália para conhecê-la era muito importante, pois o coração dela estava muito ferido. Disse a Raffa que gostaria de ir a Nova York e encontrá-la também.

Ouvindo aquelas vozes pelo telefone, eu tentava imaginar as minhas sobrinhas, a minha irmã. Será que éramos parecidos? Iríamos nos dar bem? Teríamos os mesmos valores? E muitas perguntas vieram depois que passou aquela emoção arrebatadora. Agora, raciocinando com mais clareza, decidi que tinha que me organizar para ir vê-las o mais breve possível.

Alguns dias depois chegou a carta de Luciano Pandiani, meu primo, acompanhada de algumas fotos. Luciano conta resumidamente a história da família: nosso avô, Giovanni Pandiani, nasceu em Manchester, na Inglaterra, em 1865, filho de um italiano com uma inglesa de Manchester também. Tiveram quatro filhos: Enrico, Franco, Irma e Corrado, meu pai, o caçula, que nasceu em 1913. Ele foi o único que nasceu na Itália, em Savona, uma pequena cidade portuária na Riviera di Ponente. Os outros irmãos nasceram em Dublin, na Irlanda.

A respeito das minhas irmãs, disse apenas que um parente da mulher dele encontrou em Cannes, na França, a Barbara e a Lilliana. Elas viviam com a mãe, Etti, em um hotel caríssimo, junto com o padrasto, um americano muito rico e poderoso. Infelizmente, essas pessoas que haviam tido algum contato com elas já haviam falecido.

A sensação após ler a carta era a de que alguém não queria que eu encontrasse a Barbara e a Liliana, pois, mesmo depois de todos esses acontecimentos mágicos, não havia notícias delas. Elas continuavam distantes, mas sabia que estavam vivas até pelo menos dez anos antes. E Luciano não menciona Graziella, mesmo sabendo da existência dela. Nunca entendi direito isso.

Na mesma semana chegou a carta da Graziella, com fotos dela, da Raffa e da Isabella, e também do meu pai bem jovem em uma estação de esqui, no seu laboratório e velejando. Eu nunca tinha visto meu pai jovem, tampouco o imaginei velejando. Havia uma foto em preto-e-branco dele numa regata de barcos de oceano. Li e reli várias vezes e passei horas olhando para aquelas imagens tão significativas.

A carta da minha irmã dizia:

Querido Roberto,

Algumas vezes muitas coisas podem mudar na nossa vida e nossos sonhos podem virar verdade.

Meus pais se casaram em 19 de fevereiro de 1938 em Torino e eu nasci dia 2 de novembro do mesmo ano. Eles se mudaram para Milão em 1939. Por volta de 1941 nós fomos viver em Como, porque o papai competia velejando pelo Iate Clube de Menaggio.

Ele deixou a Itália durante a guerra com documentos falsos, porque ele teria que se juntar aos fascistas e nazistas. Por esta razão ele foi considerado desertor e proibido de retornar.

Eu acho que ele foi para a Romênia, onde conheceu a mãe de Barbara e

Lilliana, e depois se mudou para o Rio de Janeiro, de onde me enviou a primeira carta em 1947. Depois disso não tive mais notícias até 1950, quando ele me escreveu de São Paulo e em seguida de Santos a partir de 1955. Nas suas cartas ele me dizia que se mudaria para algum lugar no interior do Brasil.

Uma vez ele pensou em voltar para a Itália, de fato ele me mandou uma carta de referência assinada pela Refinaria de Petróleo de Cubatão, mas por causa da sua deserção isso se tornou impossível.

Na Itália ele tinha a patente de várias invenções, mas provavelmente vendeu tudo porque ele teve que gastar muito dinheiro para manter um padrão que ele sempre teve. Ele também tinha licença para piloto civil.

Você tem que considerar que quando ele nos deixou eu era uma criança, eu só tenho algumas pequenas lembranças. Eu me lembro do que a minha mãe me contou; de qualquer modo eu guardei todas as cartas que ele me enviou do Brasil.

Ele me pediu para encontrá-lo aí, mas minha mãe não permitiu e eu era muito pequena para me opor a ela.

De repente as cartas pararam de chegar, mesmo as de Cubatão, mas eu enviei uma carta perguntando dele e eles me responderam que ele não trabalhava mais lá.

Eu sonhei por toda a minha vida encontrar o meu pai novamente, eu senti muito a sua falta, senti muitas saudades, e desejei ir ao Brasil, mas nunca encontrei coragem.

Eu cresci sendo criada pelos meus avós paternos. O vovô é muito parecido com você, ele era engenheiro civil e a vovó pertencia a uma nobre família.

Eles eram pessoas maravilhosas e eu os amei muito.

O papai tinha uma irmã, a Irma, e dois irmãos, Enrico e Giorgio. Todos estão mortos, e o nosso pai era o mais jovem. Eu mantive contato com eles, mas eles também não sabiam nada do paradeiro dele.

Como a minha filha disse a você, a minha vida em Milão é muito ocupada.

Eu me casei jovem, com 21 anos. Minhas filhas nasceram em 1961 e 1965. Isabella vive em Milão, ela trabalha em uma companhia química, é casada e tem uma filha, a Elsa, e um filho, o Guido. Seu marido chama-se Cesare e é designer gráfico.

Raffaella deixou a Itália no final de 1993. Ela foi modelo por uns anos e ao encontrar uma amiga em NY por lá ficou.

Meu marido era um joalheiro, agora está aposentado, mas eu continuo trabalhando com outros dois joalheiros, e espero em um breve período de tempo me dedicar à terapia de florais Bach e cristais também.

Eu tenho muita coisa para te dizer e me sinto muito ansiosa. Eu espero de verdade que você venha para a Itália em junho; então poderemos falar bastante. Eu quero que você encontre a minha família.

Espero vê-lo em breve.

Com amor,

Graziella.

Nunca meu pai me estimulou a ser velejador. Não sei por quê. Mas por conta própria me tornei um e, olhando para trás, acho que fui para o mar em busca dele. Demorou, mas comecei a encontrá-lo. Outro fato curioso é que ele sempre sonhou ter um restaurante: tive vários. Essa sobreposição de sonhos e desejos me fez sentir muito próximo dele.

As cartas de Luciano e de Graziella denotam uma estranha coincidência: ambas foram escritas no mesmo dia – 4 de abril de 1999 –, uma em Milão e a outra em Moncalieri, distantes cerca de 140 quilômetros uma da outra, e como mencionei, eles não se falavam havia muitos anos.

O universo conspira a nosso favor quando estamos alinhados com um objetivo. No mês seguinte um amigo velejador, Dan van der Klugt, me convidou para velejar no campeonato mundial de *hobie cat Tiger 18* no lago di Garda, no norte da Itália. Aceitei e para essa empreitada convidei meu amigo João Simonsen, enquanto o Dan chamou o Gui von Schmidt. Bebel e eu estudamos italiano durante um mês para não chegar lá tão crus.

Começo de junho, *bye, bye*, Brasil. Pegamos um avião da Alitalia uma semana antes dos nossos amigos velejadores e voamos rumo a Milão. Na mala levava meus trajes náuticos, mas no coração eu estava levando muitos anos de espera, muitas perguntas. Levava também muito carinho para minha irmã. O avião chegou pontualmente a Milão às seis horas da manhã. Era a minha primeira viagem para a Itália, e justo para resgatar muita coisa do meu passado naquelas terras. Saímos pelo portão de desembarque e logo vi Graziella e Isabella paralisadas. Não hesitei: larguei o carrinho e fui correndo abraçá-las. Ficamos abraçados, muito emocionados. Eu não sabia se falava ou simplesmente ficava ali calado, sentindo a presença delas, sentindo o que se passava comigo. Aquele foi um dia de lembrar muitas coisas. Não era um dia qualquer – era o dia que eu sempre havia sonhado.

Quem estava ali? O menino carente, inseguro e medroso ou o homem que enfrentou seus medos, acreditou na sua intuição e fez um voo cego pela vida, lançando-se de cabeça nos seus sonhos? Não sei. Acho que carrego ainda a minha infância bem lá no fundo.

Apresentei Bebel, que toda sorridente e bem-humorada arriscou o italiano que começava a aprender com a avó dela. Bebel sempre foi mestra em arranjar o que falar nos momentos em que eu fico sem saber o que dizer. Minha irmã sugeriu tomarmos café num lugar perto da casa dela, onde a Raffa iria nos encontrar.

Enfrentamos o congestionamento matutino de Milão, que veio em boa hora, pois tivemos um tempo para nos adaptarmos e conversarmos sobre a rotina da vida delas na Itália, sobre o trabalho, filhos, as coisas do dia a dia. Ao chegar ao café reconheço imediatamente Raffa, uma loira bem exótica e bonita de 1,80 metro de altura. Assim como Isabella, minha irmã tem 1,70 metro de altura, os mesmos olhos verdes do papai, mas é Raffa a mais parecida comigo.

Ao entrarmos no café somos apresentados a uma amiga da minha irmã, que toma o café da manhã conosco. Logo em seguida fomos para a casa da Graziella, um simpático apartamento. Na entrada vejo o nome dela gravado na campainha, aquele nome que tanto significado trazia para mim sempre esteve ali, à minha espera. Ao entrar naquela casa, do outro lado do mundo, vejo fotos do meu pai velejando, com sua esposa, viajando. Encontro um pouco do meu mundo, do mundo do meu pai e do pai dela. Estava entrando na vida dela também.

Difícil descrever meus sentimentos daquela hora, mas eram sensações boas. Um ar familiar pairava no ar, e aquela mulher que eu nunca havia visto estava misteriosamente muito próxima. Os dias em Milão foram de muito passeio, almoços e jantares recheados de conversa e revelações, pois Graziella sabia a primeira parte da história e eu, a última. Os anos em que ele viveu fugido da guerra e com a Etti, sua segunda mulher, não nos pertenciam ainda. Quiçá um dia!

Meu pai sempre foi um homem de bom gosto, e ao ouvir as histórias dele contadas pela Grazi concluía-se que as pessoas o admiravam e ficavam fascinadas por ele. Ele foi amigo do rei Humberto, que foi deposto por Mussolini, e no começo da Segunda Guerra Mundial, quando começou a escassear comida na Itália, ele recorria às boas relações que tinha com o Vaticano para manter o estilo de vida que fazia questão de aparentar.

Uma noite fomos jantar na casa da Isabella e do Cesare, seu marido. Ao entrar no apartamento, Cesare me pega pelo braço e me puxa para a outra sala a fim de me mostrar uma sequência de fotos feitas em 1928 do meu pai velejando no lago de Como em um *Star* de madeira, um barco muito clássico. Não chorei. Senti um aperto no coração, mas me segurei. Aquelas fotos tinham muito significado para mim e me transportaram para Chicago de 1989.

Nesse ano, junto com a Uli, ganhei o Campeonato Norte-Americano de *Hobie Cat 16*. Fomos os primeiros brasileiros a ganhar um título internacional dessa classe e também os primeiros estrangeiros a ganhar um torneio nacional nos Estados Unidos. Quando terminaram as regatas do último dia, todos os barcos voltaram para a praia, e como os cinco primeiros barcos estavam embolados na pontuação, ninguém sabia quem tinha sido campeão. Começaram a fazer as contas, e tanto eu como Uli não imaginávamos que estaríamos entre os dois primeiros. Alguns minutos depois Jeff Alter me perguntou os resultados do dia. Passei-os a ele. Ele olhou para um lado, para o outro, e perguntou: "Tem certeza, Roberto?" "Claro", respondi, e ele estendeu a mão e disse: "Parabéns, vocês são os novos campeões norte-americanos".

Na hora que ele me deu a notícia, eu estava desmontando o barco na areia, como todos os velejadores. Meus joelhos dobraram, me abaixei, e chorei muito. Foi uma reação incontrolável, e, como nunca havia sentido a presença do meu pai ao meu lado, tinha certeza naquele momento de que aquele prêmio era a ponte entre nós. Como num filme, me recordei rapidamente das regatas e percebi que velejei aquele campeonato com muita segurança, intuição e inspiração.

A segunda maior surpresa do campeonato chegou à noite, quando o organizador do evento, Paul Ulibari, nos chamou para receber o prêmio das mãos de Hobie Alter, o criador do *hobie cat*. *Cat* é abreviação de catamarã, daí o nome. Paul, que já me conhecia de outros campeonatos, disse em seu discurso que o que mais o impressionou não foi a conquista do campeonato, e sim como conquistamos o coração dos americanos.

Na semana seguinte chegou a turma que iria velejar o mundial no lago di Garda. Minha irmã e minhas sobrinhas também foram para Garda para passarmos aquela semana juntos – o tempo era precioso. Como nunca havia velejado o *hobie cat Tiger*, João e eu fomos treinar e testar o barco no único dia que não era muito apropriado, pois o vento estava em torno de 35 nós, aproximadamente 65 quilômetros. Resumo da ópera: capotamos e, ao virar, abri um rasgo na perna ao bater na bolina. Desviramos o barco naquela água gelada e com a perna sangrando muito chegamos ao clube depois de uma hora. *Finito*: o campeonato acabou para mim antes de começar. Levei cinco pontos na canela e em vez de velejar fui fazer turismo.

Em Garda recebi a visita do meu primo Luciano, um homem muito importante e ocupado. Ele dirigiu quatro horas, almoçou comigo e voltou para Turim. Muito carinhoso, convidou-me para ir à Grécia na semana seguinte para velejar durante uns dez dias num veleiro oceânico. Não pude aceitar, porque precisava voltar ao Brasil.

No dia da partida, a caminho do aeroporto, minha irmã me diz: "Roberto, vou te entregar uma carta, mas eu quero que só a abra no avião". Concordei, mas achei estranho, e muito curioso. Como toda despedida, aquela também foi triste, mas, na verdade, foi um até breve, e não um adeus.

No avião, Bebel e eu, mortos de curiosidade, abrimos a carta, que estava escrita em italiano. Graças a ela, entendi o surpreendente conteúdo. Na verdade, havia uma carta maior e uma menor. Na maior a minha irmã dizia do contentamento de nos encontrarmos, que a nossa comunhão havia sido instantânea e que nunca mais iríamos ficar longe um do outro. Disse-me também que aquela amiga apresentada no café, no primeiro dia em Milão, era sensitiva. Ela havia psicografado uma mensagem de uma entidade espiritual chamada Matteo, que aparecia para ela na forma de criança. Fiquei arrepiado. Custava-nos acreditar no que líamos.

A carta do Matteo para mim:

> *Deves dizer a ele que os anjos no céu o têm protegido muitas vezes. Pergunte a ele e ele te dirá por quê. Invisíveis são as mãos dos anjos, mas é sempre protegido.*
>
> *Ele passou por momentos muito difíceis pela depressão, mas chegou a hora finalmente, e esta novidade tão bela o encontrará com um sorriso.*

Nesta primeira parte Matteo fala com a mulher, cujo nome não recordo, amiga da minha irmã.

Continuando, Matteo fala diretamente para mim.

> *Matteo te diz que no céu sempre te preparam surpresas, preparando-as também para o momento correto, e o tempo certo para gozá-lo até o fim. Deves festejar esse encontro. Nós estaremos entre vocês, como em um círculo, e verás que não foi tanto esperar todos esses anos para encontrar a imagem do teu pai.*
>
> *No momento que seus olhos se cruzarem e quando vocês se abraçarem, uma campainha no céu soará e uma luz branca cobrirá essa entidade* [papai], *que finalmente terá terminado a sua jornada no reino terreno.*

Fechei os olhos e um filme passou pela minha mente. Tive a sensação de que tudo o que aconteceu na minha vida ocorreu exatamente como deveria ocorrer, e que as decisões que tomei para mudar o rumo do barco nos momentos decisivos foram decisões iluminadas, a quatro mãos, se é que posso usar esse termo.

Acredito que a mágica na minha vida só sucedeu porque só pode experimentá-la quem acredita na magia. Essa foi a comunhão que senti com a Graziella, que, assim como eu, procurou entender o papai, e juntos o perdoamos, bem assim as mágoas de nos sentirmos abandonados, e a dor da separação foi curada pelo maravilhoso encontro e pelo esclarecimento de que nunca estivemos separados.

Senti-me leve e concluí que somente quem viaja leve pode ir longe. Viaje leve e viaje longe: esse conceito é valido para tudo – corpo, mente e espírito.

O encontro com Grazi foi intenso, mas tanto para ela como para mim ainda faltavam algumas peças do quebra-cabeça da nossa vida. Agora, com uma aliada na Itália, era questão de tempo descobrir aquelas peças, mas ela me alertou que esse encontro tinha também um tempo certo para ocorrer, e isso não estava em nossas mãos.

Voltei para São Paulo feliz e muito motivado para levantar os recursos para fazer a segunda expedição, a Rota Austral.

Juntamente com o Gui von Schmidt, meu companheiro de viagem, tentamos, sem sucesso, fechar nossos patrocínios até setembro de 1999. Adiamos então a viagem por um ano. Como não podíamos ficar parados, decidimos participar da Regata dos 500 anos, que partia de Lisboa e refazia a viagem de Pedro Álvares Cabral em 1500, passando pela ilha da Madeira, Cabo Verde e finalmente Salvador. Depois, na etapa brasileira, velejaríamos de *hobie cat 18* as 800 milhas que separam Salvador do Rio de Janeiro.

Na travessia do Atlântico propriamente dita, velejamos no *Hozhone*, um barco de 50 pés dos nossos amigos Ari e Marcelo. O comandante da viagem foi Thierry Stump. Para mim, a viagem foi muito cansativa e monótona, não passei bem depois de Cabo Verde e quando cheguei a Salvador prometi a mim mesmo nunca mais velejar em um barco cabinado.

No dia 3 de novembro de 2000 partimos de Puerto Montt, no Chile, e por 170 dias velejamos em dois catamarãs de 21 pés por toda a Patagônia chilena, entre canais. Dobramos o cabo Horn e subimos a costa argentina, enfrentando os fortíssimos ventos do deserto da Patagônia. Num sábado ensolarado, 21 de abril de 2001, chegamos ao Rio de Janeiro, dia da abertura do *Boat Show*.

Foi uma viagem dura, sob frio e vento inclementes. O sucesso dela deve-se a dois companheiros muito especiais: Santiago Isa e Felipe Tommazzi, argentinos da Patagônia.

No terceiro dia do *Boat Show* encontro Amyr Klink, amigo de longa data. Em tom jocoso ele me diz: "Betão, parabéns, confesso que não acreditava que vocês pudessem ser capazes de chegar. Vocês escalaram o Everest de sandálias havaianas. Acho que era mais fácil ir para a Antártica". Eu, também num tom joco-sério, respondi: "Olha, não é má ideia". Rimos, mas ficou a sensação de que aquela era mesmo uma boa ideia.

Voltei novamente a São Paulo e, como não posso viver sem uma viagem pela frente, comecei a pensar na possibilidade de cometer tamanha loucura, porque essa viagem seria completamente diferente das outras. A passagem de Drake não é só um mar gelado; é constantemente açoitado por tempestades vindas da Antártica, que trazem um mar muito grande e desencontrado. E a travessia é de 500 milhas longe de qualquer lugar abrigado e de um eventual resgate. Parece até que esse lugar é longe do mundo.

Tomei a decisão de fazê-la somente numa embarcação, em vez de dois catamarãs, como foram as viagens anteriores, pois naquelas águas precisaríamos de um barco de apoio.

Logo na primeira semana de 2002 volto à minha rotina. Estava cheio de energia para a viagem programada para o começo do ano seguinte. Tinha doze meses para preparar tudo e novamente sentia a pressão de providenciar os parceiros em tão pouco tempo. A sensação que se tem é que há uma onda enorme vindo atrás da gente e é preciso remar desesperadamente para não ser engolido por ela.

Dia 8 de janeiro de manhã sentei-me à minha mesa, olhei para o meu *notebook*, o telefone, os papéis e pensei: por onde começo?, quando toca o telefone e uma voz de mulher com sotaque italiano pergunta: "Roberto?"

Respondi: "Sim".

Ela retrucou: "Quem fala é Barbara, sua irmã".

"Barbara", gritei, "minha imã!"

Não podia acreditar. Como era possível ela me ligar em casa? Rapidamente pergunto a ela como havia conseguido o meu telefone: "Pela Graziella?"

Ela me responde: "Quem é Graziella?"

Tudo de novo! Não era possível!

Tentei novamente: "Então foi Fellipo?"

Ela disse que não e me explicou que estava no escritório dela e teve a ideia de colocar meu nome no Yahoo Brasil e apareceu aquela mesma reportagem do *Jornal da Tarde*: "Beto Pandiani , um homem à procura de suas origens".

Fiquei mudo. Não podia crer que a história improvável tivesse se repetido. Parecia uma história combinada para brincar comigo. Dizem que um raio não cai duas vezes no mesmo lugar, mas esse caiu. Emocionadíssimo, disse a Barbara que falar com ela era um sonho muito antigo e havia anos eu a procurava, assim como a Lilli. Ela me disse que desde que deixou de receber notícias do pai passou a imaginar que ele havia falecido. Confirmei a morte do papai e em seguida contei a história da Graziella. Ela não sabia da existência da Graziella, mas me confessou que desconfiava dela, e ficou imensamente feliz pela possibilidade de conhecê-la.

Passei-lhe o telefone da Grazi, que mora a duas horas da casa dela. Tão próximas e tão distantes durante tanto tempo! Quando a vida decide manter duas pessoas afastadas, fica impossível lutar contra isso. Durante os mais de trinta minutos de conversa, contei toda a história a ela, do meu encontro com Fellipo e com a outra irmã. Barbara, por seu lado, disse que havia conseguido o meu telefone fazia dois dias e estava tomando coragem para ligar, e Lilliana, muito sensível, não dormia desde então.

Contou também que trabalha em San Remo, onde tem uma distribuidora de flores para toda a Europa. Liliana é médica de um laboratório de análises clínicas numa pequena cidade chamada Beaulieu-sur-Mer, distante 5 quilômetros de Nice. Barbara é casada com Mariano e tem uma filha, Claudia, que é casada com Fabio, e tem dois filhos. Nossa! Mais uma sobrinha! E sou tio-avô pela quarta vez! Tantas coisas tínhamos para falar! Tantas dúvidas! Mas o quebra-cabeça estava começando a tomar forma. Elas tinham as peças centrais. Finalmente, a curiosidade falou mais alto e perguntei a ela onde tinha nascido, pois não havia encontrado nenhum registro delas na Itália.

Ela me disse: "Rio de Janeiro".

"O quê???????????"

Que história, pensei. Isso pode dar uma boa novela.

Continuei: "E a Lilliana?"

"Em uma cidade do interior do estado do Rio, Pati dos Alferes."

As surpresas não paravam de jorrar, e eu precisava de tempo para encaixar todos os acontecimentos. A emoção me invadia mais uma vez e vinha para me dar provas de que o céu estava conspirando a favor, nos dando a oportunidade de nos encontrar finalmente.

O dia chegou, e o tear da vida se encarregou de tecer todos os mais surpreendentes encontros, acontecimentos improváveis, e o que nós chamamos de "coincidência" passou a ter outro significado para mim. Combinamos nos escrever por *e-mail*, anotei todos os telefones e pedi-lhe que dissesse a Lilliana que me ligasse: eu precisava ouvir a voz dela também. Barbara é bem-humorada e uma mulher de caráter forte, uma pessoa marcante.

Três dias depois recebo o telefonema da Lilliana, que falava inglês com um forte acento francês; uma voz quase embriagada pela emoção mesclava um tom melancólico e feliz ao mesmo tempo. Ela me disse que tinha nas mãos a carta que eu havia escrito quando era pequeno e sonhou com esse dia por anos e anos.

Conversamos por mais de uma hora, eu falando da vida aqui no Brasil com o papai, meu trabalho, a vela, e ela, a respeito da sua profissão, namoros, passado e o sonho do nosso encontro. Ela me contou também que a Barbara, a Grazi e ela haviam se encontrado um dia antes em San Remo e comemoraram festivamente a ocasião e a Grazi lhe contou bastante coisa sobre mim. Muito decidida, me disse que pensava vir ao Brasil dali a duas semanas. Não aguentava mais. Achei ótimo e planejei passear uns dias em Angra dos Reis e Rio de Janeiro com ela e Bebel.

Minha caixa de *e-mail* vivia cheia de mensagens das minhas irmãs, sobrinhas, primo, com fotos, cartas. Por fim, combinamos nos encontrar em San Remo, em junho, na casa da Barbara. Pela primeira vez iríamos reunir a família toda: os quatro irmãos, os sobrinhos e os esposos e esposas.

Duas semanas depois fui esperar minha irmã no aeroporto de Guarulhos. Assim que nos encontramos, abracei-a com toda a força de um amor fraterno. Vi os traços meus e de papai no rosto dela: era mesmo a filha do Corrado. Novamente tinha muitas coisas para falar e nenhuma palavra para exprimi-las.

Fomos para minha casa, onde deixamos as malas, e seguimos para almoçar com minha mãe. Depois de um curto período parecíamos uma família que se reencontrava depois de uma longa viagem. No dia seguinte visitamos o túmulo do nosso pai e viajamos para Angra dos Reis. Ficamos cinco dias na ilha do Tamanduá, de Charles Bosworth, um amigo que trocou São Paulo pela ilha, onde administra uma pequena pousada.

Num lindo dia de sol de verão nos sentamos na beira do mar e conversamos longamente para unir as três histórias. Só faltava ela contar a parte que eu não conhecia.

O período que papai esteve na Romênia é desconhecido, ninguém sabe, e acho que não haverá mais surpresas. Ele chegou à Turquia, mais precisamente a Istambul, em 1944, e durante uma festa da embaixada da Itália conheceu Etti, uma linda jovem de 19 anos, filha de um advogado rico e influente. O pai da Etti não aprovou o casamento, pois ela havia sido criada num ambiente muito protegido, não conhecia a vida, era muito inexperiente. Mesmo assim casaram-se e passaram a viver de embaixada em embaixada, até o final da guerra.

Em 1945 chegaram ao Brasil e foram morar no Rio de Janeiro, onde pouco depois nasceu Barbara. Etti abriu uma agência de turismo bem-sucedida, mas com uma filha pequena e um marido pouco presente ela passou a ter uma vida infeliz. Segundo Lilliana, Corrado tinha um elevado cargo na Itália como engenheiro; então, aqui no Brasil, ele não se sujeitava a fazer coisas que não estivessem à sua altura, e por isso passou muito tempo às custas do dinheiro do sogro.

Como as coisas não andavam bem no Rio e Corrado gostava da vida social, eles se mudaram para Pati dos Alferes, distante 120 quilômetros da capital, onde compraram uma pequena fazenda e passaram a criar galinhas. Não conseguia imaginar meu pai criando galinhas, mas foi lá que Liliana nasceu de um parto prematuro de sete meses. A vida com Corrado não era nada daquilo que Etti tinha sonhado; assim, desajustados à vida no campo, mudaram-se para São Paulo e depararam com uma enorme colônia de italianos fugidos da guerra. A vida continuou penosa em São Paulo. O pai da Etti, vendo a filha tão infeliz, engendrou um plano para que ela fugisse do Brasil com as duas meninas. Enviou-lhe três passaportes americanos falsos e um dia elas embarcaram num navio cargueiro para a Europa, uma viagem horrível que duraria 45 dias. As meninas ficaram marcadas para sempre por essa brusca mudança. Para elas, a vida iria recomeçar em San Remo, e meu pai, sem saber o que aconteceu, ficou sem a família pela segunda vez.

Alguns anos depois Etti conheceu um homem muito rico e casou-se. Segundo minha irmã, sua infância havia sido muito difícil e solitária. Quando completou 19 anos, Barbara decidiu se casar, e o padrasto dela tentou encontrar Corrado para avisá-lo de que a filha se casaria.

Corrado recebeu a notícia, mas não podia retornar à Itália, pois era considerado desertor. Escreveu-lhes uma carta para marcar um encontro na Suíça. Ao voltar para casa, depois da aula, Lilliana encontrou a carta de Corrado às filhas e à ex-mulher enviada do Brasil. Elas se encontraram separadamente com o pai. Lilliana conviveu com ele durante quatro dias num pequeno vilarejo da Suíça, falando sobre a vida, as atividades do dia-a-dia, mas não tocaram no passado. Segundo Lilliana, Corrado falava muito de mim: que eu não era muito bom aluno, que gostava de esportes, e que seu maior sonho era ter todos os filhos morando com ele no Brasil. Foi a última vez que se viram, não por alguma desavença, mas porque a vida os havia separado, embora tenham continuado a se corresponder por cartas. Um dia Lilliana escreveu-lhe e não recebeu resposta; escreveu outra, e nada. Imaginou que o destinatário pudesse ter-se mudado, mas, passados anos, pensou o pior. A única certeza que restava era de que ela tinha um irmão em algum lugar de São Paulo.

Então a intuição lhe recomendou escrever uma carta para o cartório de Savona para verificar se eles tinham uma certidão de óbito de Corrado, meu pai. Não encontrou a certidão de óbito, mas a de casamento, ocorrido muitos anos antes, em que se dizia que ele fora casado com uma tal Elsa em Turim. Ela perguntou a sua mãe se ela sabia desse casamento. A mãe lhe disse que não tinha a mínima ideia sobre isso. Anos depois Barbara telefonou a Lilliana: "Você não tem ideia do que vou te falar. Encontrei o Roberto!"

Barbara contou-lhe que me encontrou pela internet num artigo de jornal de página inteira, que eu era velejador e deveria ser muito conhecido no Brasil. Lilliana abriu seu computador imediatamente e viu a matéria do jornal com a foto do pai dela, nosso avô e eu. Tantos anos de busca e eu ali, na tela do computador dela.

No dia seguinte Barbara ligou de novo para Lilliana e contou-lhe que acabara de falar comigo.

Lilliana me disse que inicialmente não teve coragem de me ligar, mas, quando se encontrou com Graziella na casa da Barbara, sentaram-se no jardim e juntas começaram a ver as fotos do papai. Naquele instante um sentimento de solitude tomou conta delas, o que fez sentir que eram parte da mesma família desde sempre.

Lilliana decidiu vir ao Brasil imediatamente. Depois de esperar mais de trinta anos para me encontrar, não estava disposta a aguardar mais quatro meses - quem sabe o que poderia acontecer nesse tempo. Estava feliz e serena agora, pois havia encontrado um irmão sensível, humano e afetuoso, do jeito que ela sempre tinha sonhado.

À tarde, depois de horas de conversas e olhares, ela me disse: "Roberto, agora está começando a segunda parte da nossa história. O que o futuro nos reserva não sabemos, mas a partir de agora nunca mais vamos nos separar." E ficamos sentados em silêncio, vendo o sol ir embora.

Dias depois, ao levá-la ao aeroporto, Lilliana me disse que deixara uma carta no meu quarto. Despedimo-nos e combinamos nos encontrar em junho na casa da Barbara. Voltei correndo para casa, curioso para ler a carta.

Meu queridíssimo irmão,

Quando você ler esta carta eu provavelmente estarei no avião de volta à Europa, depois dessa viagem ao Brasil, às minhas origens, às profundezas da minha primeira infância e chegando a você, que é o ponto cardeal na minha vida.

Ontem você me fez uma pergunta tão simples: Por que você não me encontrou antes? Achas que a minha vida foi fácil? Este brusco rompimento com o meu pai também foi muito difícil. Eu era criança, mas só eu sei como foi difícil e solitária a minha vida naquele tempo. O pai, esta pessoa ausente, um nome, não um pai físico, um olhar, uma palavra, só um nome, filha de...

Minha mãe manteve silêncio sobre estes anos, certamente muito difíceis, mas nós éramos a prova de que ele existiu. Será que é realmente possível virar uma página na nossa vida? Impossível. Somos a soma de tudo o que vivemos.

Com você não pude brincar, nunca te consolei quando estavas triste, com você nunca briguei, nunca dormi junto com você na cama brincando de lutar com travesseiros, nem sequer contando histórias. Quando descobri a sua existência você já era um rapazinho, e eu, uma mocinha.

Os anos que nos separam são poucos, mas se tornaram muitos, tantos...

Este irmãozinho que eu imaginei e sempre pensava nele, sonhava com ele e o amava em silêncio, sabendo somente que em algum lugar ele existia, vivia, era feliz, triste, vivia simplesmente sua vida, mas eu não conhecia.

Assim ele cresceu em mim e na minha imaginação, e não é fácil dar vida a uma ideia exatamente porque a ideia era perfeita; um belo dia essa ideia se torna realidade e eu te encontro.

Agora já é um homem com toda uma vida atrás de você, uma vida de amizades, amores, sucessos, desilusões e sofrimentos. Assim, olhando para você, eu imagino a sua vida.

Você me contou muitas coisas e eu te escutei. Oxalá pudesse voltar o tempo e te ver por alguns minutos menino. Queria ver o nosso pai falar com você, brincar, te levar pela mão como aquela única foto que tenho de você pequeno, sobre a qual tantas fantasias criei.

Mas tudo isso é impossível, e talvez, como disse o Matteo, tem um tempo para tudo, e nosso tempo é agora.

Neste momento, na minha frente, tem um panorama de sonho, uma música maravilhosa e a certeza de viver um momento único, insubstituível, graças a você.

Dizem que quando conhecemos uma coisa é impossível não conhecê-la melhor. Hoje e para sempre você está no meu coração, e eu encontrei uma parte tão importante do meu ser, uma parte que eu mantinha calada.

Irmão querido, nunca mais nada será igual na minha vida, impossível cancelar a sua voz, teus olhos, tua existência, e isso me dá uma enorme felicidade, uma felicidade imensa.

Algumas horas já passaram do começo da minha carta. Neste tempo que passei com você pude ver quanta paz, quanta luz e quanto amor tem em você.

Roberto querido: poderia te escrever ainda por horas, mas o essencial é o que você já sabe, e o importante é o que representamos um para o outro, e esse milagre é uma família, a família que nós escolhemos, a deixamos entrar em nós e se enraizar em um tempo muito curto, encantado.

Nós nos apropriamos do presente, do passado, e o futuro nos pertence.

Leva este amor todo com você, irmão querido.

Lilli.

Foi a carta mais linda, mais profunda e mais tocante que li na vida. E a li e reli muitas vezes. Minhas emoções, remexidas nos últimos tempos, foram me levando a águas muito profundas, forçando-me a refletir a respeito de tudo o que senti e não deixei aflorar, coisas que ficaram guardadas, ressentimentos, inseguranças criadas pelo medo de perder mais do que eu já havia perdido. Agora eu tinha a chance de olhar para tudo isso de frente. Adentrei em um caminho de esclarecimento; pude ver que não havia perdido coisa alguma, mas, ao contrário, a vida me oferecia uma oportunidade única de crescimento.

Alguns anos antes, me vi numa encruzilhada e tive que fazer uma opção. Não escolhi propriamente um caminho já aberto, não conseguia me ver seguindo veredas sugeridas por outras pessoas. Escolhi o meu caminho.

Não sei de onde veio a coragem, mas senti que se não seguisse meu coração me perderia. Assim, a vida estava me testando e, sem olhar para trás, fui em busca das experiências que me aguardavam. Quatro meses depois embarquei para Nice para finalmente encontrar as minhas três irmãs. Pela primeira vez os quatro sentariam à mesma mesa. Aquele encontro tinha um significado muito especial para cada um de nós, um encontro esculpido pelo tempo, desejado por todos, que demorou quase uma vida para se apresentar.

Do aeroporto de Nice, Lilliana me levou para seu apartamento, em Beaulieu, e dali fomos para a casa de Barbara e Mariano, em San Remo. No segundo encontro com Lilli já nos sentíamos muito próximos e desfrutávamos de alguma intimidade. Chegamos à casa da Barbara à tarde. San Remo é uma linda cidadezinha à beira do Mediterrâneo, incrustada numa montanha, com centenas de ruas estreitas e sinuosas e um belo e charmoso cais de pequenos pesqueiros.

Lilli ia me indicando o caminho, enquanto a todo momento Barbara, ansiosa, nos ligava para saber onde estávamos. Paramos à porta de uma bela casa arborizada e florida. Nem precisei buzinar – lá estava ela abrindo o portão. Entramos na garagem, desci do carro e fui direto abraçar a minha querida irmã – finalmente estávamos todos juntos.

Logo em seguida chegou meu cunhado Mariano, junto com a minha sobrinha Claudia e seu marido Fabio. Todos muito alegres e extremamente simpáticos. Rostos diferentes, tons de peles distintos, alturas e tipos que pareciam não pertencer à mesma família. As diferenças mostravam o caminho percorrido por Corrado, deixando algo em comum, não nos nossos traços, mas no nosso coração, na nossa alma.

Pouco mais tarde chegaram de Milão: Graziella, Isabella, Raffaella e Finius, seu marido, um advogado nascido em Nova York. Estávamos então reunidos para o fim de semana prolongado que planejamos passar juntos na casa de Barbara.

No dia seguinte, logo cedo, as mulheres se enfiaram na cozinha para preparar o almoço. Cada uma delas trouxe ou fez um prato e prepararam uma mesa repleta de iguarias deliciosas e coloridas. Aquele não era um dia comum – era o dia aguardado por todos havia anos. A alegria não só estava no nosso rosto como, também, no ar, e aquela casa na montanha de San Remo estava iluminada.

Pensei em tudo o que aconteceu conosco durante esses anos, por onde cada um de nós andou, o que cada um viveu e sentiu. Para aquele almoço se realizar, muitas coisas ocorreram com uma precisão que eu chamaria de angelical, pois quem poderia arquitetar um plano tão mirabolante como aquele, em que fomos personagens de um filme que não sabíamos o final, aliás, nunca saberemos, por mais que queiramos controlar a vida?

Cada um de nós contou um pouco da sua existência, um pedaço da história, a vida com Corrado em lugar e época diferentes. Cada um de nós criou uma imagem dele, sentiu a ausência do pai, mas todos nós concordávamos que, apesar de todas as suas dificuldades e omissões, foi uma pessoa muito especial. O tempo das mágoas se dissipou. Minhas irmãs o perdoaram, o que me deixou aliviado e trouxe a certeza de que elas traziam a indulgência dentro do coração. Senti-me ainda mais próximo delas – senti que tínhamos a mesma essência.

Às vezes é difícil para mim falar ou escrever sobre tudo o que sucedeu conosco, mas, depois de reunir todos os caquinhos, concluo que essa história tinha mesmo de ocorrer, sem vítimas ou algozes. Impregnei-me do sentimento de pureza para combater as crenças que poluíam minha mente e deixar a vida me mostrar o que era mais importante.

Quando a redoma de vidro se quebrou na juventude, a vida se mostrou muito dura, tive muitas escolhas por fazer e não imaginava que tantas coisas lindas pudessem estar à minha espera. O caminho nem sempre foi suave, mas valeu a pena, sempre vale. O importante foi sempre seguir o coração, não importava aonde ele me levasse, pois esse controle está fora de nosso alcance. Agora tenho certeza de que vivemos um voo quase cego, movidos pelos nossos sonhos e guiados pela intuição.

Os anos se passaram e, em 2003, depois da viagem à Antártica, organizei no Shopping Iguatemi a exposição de fotos feitas pelo Júlio Fiadi. Na noite de abertura, como sempre, estavam lá muitos amigos, entre os quais o Tony Lunardelli, ao qual havia vendido o relógio do meu pai. Fazia muito tempo que eu não o via. Abraçamo-nos e Tony colocou algo no meu bolso, um pequeno saco de feltro. Dentro estava o relógio do meu pai, mais brilhante e reluzente. Enquanto eu o acariciava e admirava, enternecido, Tony me disse: “Esse relógio nunca me pertenceu, ele é seu. Por favor, fique com ele”.

Senti algo tão mágico naquele momento que só consegui dar um abraço no meu amigo. Aquela generosidade me deixou atônito, rendeu muitos choros, e até hoje, quando me relembro, fico com os olhos marejados.

A história da busca e do encontro com meu pai tem certamente um significado especial para mim, mas acredito que o tenha para muitos. Os caminhos da vida são surpreendentes, nos fazem perdidos à espera de respostas que demoram a chegar. Somente o tempo pode revelar-nos alguns mistérios, e cabe a nós não nos perdermos no caminho.

O fato de o relógio voltar às minhas mãos significou o fim de um ciclo, pois tudo o que eu estava buscando encontrei de alguma forma. O relógio, que é um instrumento de aferição do tempo, marcou o fim de um e o começo de outro.

Como dizia minha mãe, o vento me levou mesmo, e para lugares tão longínquos a que jamais imaginava chegar. Mas o vento me trouxe muitas coisas também: compreensão da vida, amores, mas da mesma forma os levou. Trouxe paixão, mas também a dor da perda. Trouxe o medo, mas igualmente a coragem.

Olhando para trás, tenho a sensação de que tudo se passou em um segundo, e talvez esse venha a ser o registro que fique na minha alma. Só quero viver o que me cabe e agora posso continuar a minha caminhada. Finalmente tenho meu pai dentro do coração.

Rotina — 20 e 21 de novembro de 2007

No *Bye Bye Brasil* as coisas esquentaram. Mogli e a Girafa estão sendo torrados pelo sol.

Sol a pino, pouca sombra e banhos de balde. Acordamos com o sol. Acordamos é modo de dizer, pois temos tido sonos de vigília durante todas as noites, que têm estado lindas e com temperaturas amenas. O mar, também liso, mas o vento... Bem, este sumiu por quase dois dias. Soprou pouco e nos atrasou o mesmo pouco, mas quem disse que estamos com pressa?

Passamos uma hora por dia dessalinizando água, o que significa bombear 2.400 vezes uma alavanca para obter 6 litros de água. Cozinhamos, escrevemos no *notebook* à prova d´água da Semp Toshiba com o barco corcoveando, o que me faz digitar uma letra duas vezes – impossível acertar a tecla.

Arrumamos o barco o dia todo e, é claro, velejamos. Igor faz a navegação. A tática decidimos juntos, de acordo com as informações do Pierre. Nessa segunda etapa estamos melhor física e emocionalmente. Não emagreci os 5 quilos que perdi na primeira parte, até a ilha de Páscoa. Faltam 500 milhas. Estamos indo. Devagar, vamos indo. Se tudo correr bem, chegamos a Mangareva entre sábado e domingo.

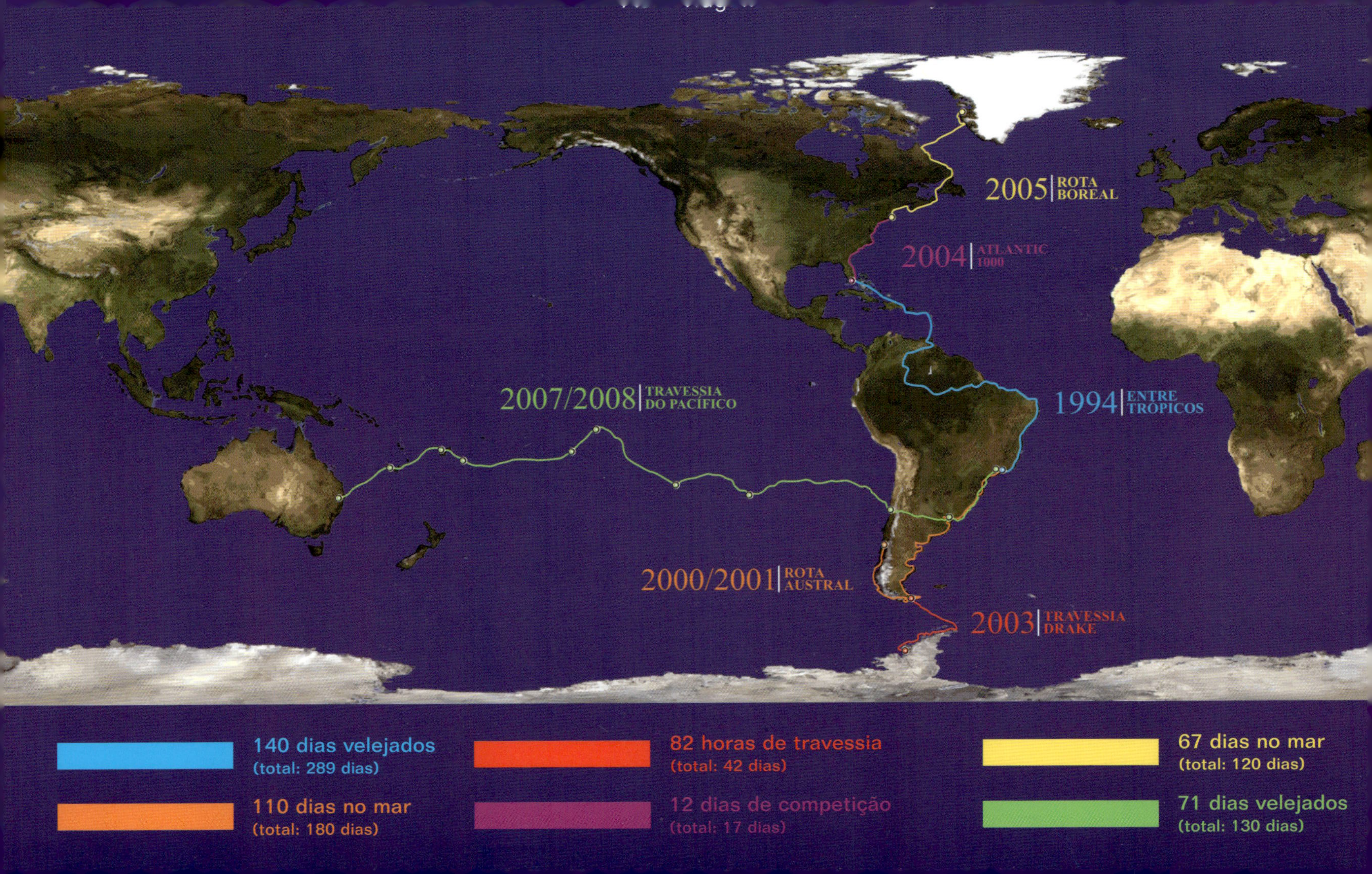

2005 | ROTA BOREAL
2004 | ATLANTIC 1000
1994 | ENTRE TRÓPICOS
2007/2008 | TRAVESSIA DO PACÍFICO
2000/2001 | ROTA AUSTRAL
2003 | TRAVESSIA DRAKE
140 dias velejados (total: 289 dias)
110 dias no mar (total: 180 dias)
82 horas de travessia (total: 42 dias)
12 dias de competição (total: 17 dias)
67 dias no mar (total: 120 dias)
71 dias velejados (total: 130 dias)

foto: Roberto Linsker/Terra Virgem

Navegando no Canal do Casiquiare • *Entretrópicos*

O *La Samba* em frente ao Glaciar Itália • *Rota Austral*

foto: Gui von Schmidt

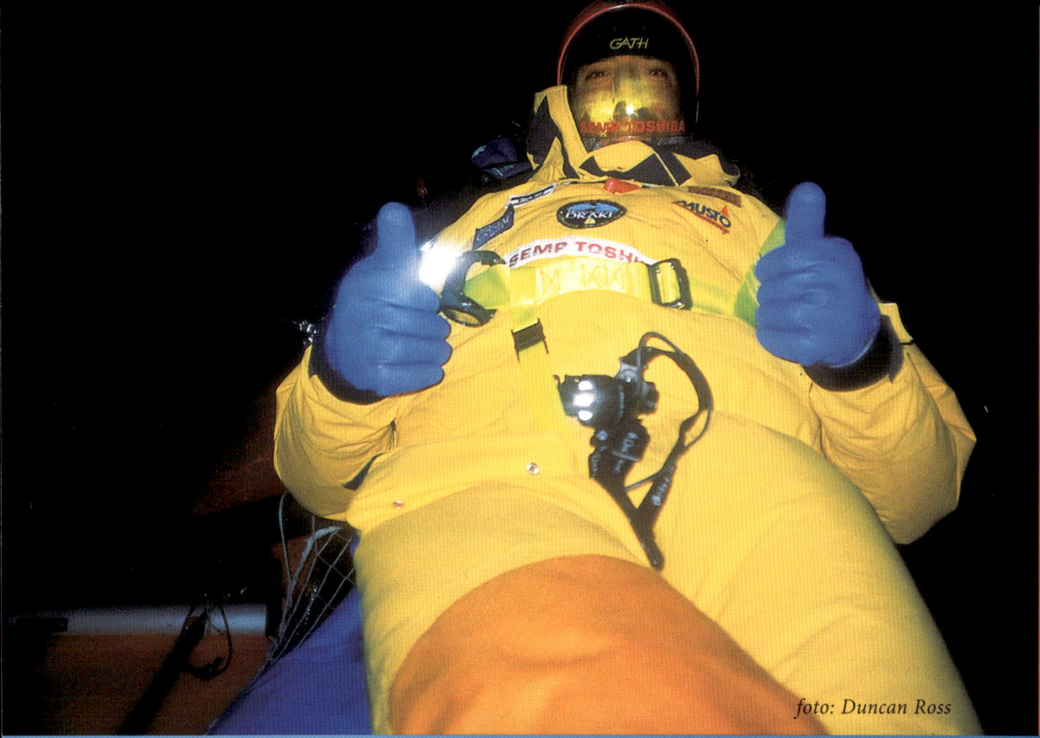

foto: *Duncan Ross*

Beto rumo à Antártica • *Travessia do Drake*

foto: *Maristela Colucci*

Atravessando os Andes com o *BBB* a reboque • *Travessia do Pacífico*

foto: Maristela Colucci

O *Satellite III* voa nas águas geladas da Groenlândia • *Rota Boreal*

Recepcionados pelo povo local em Rapa Nui • *Travessia do Pacífico*

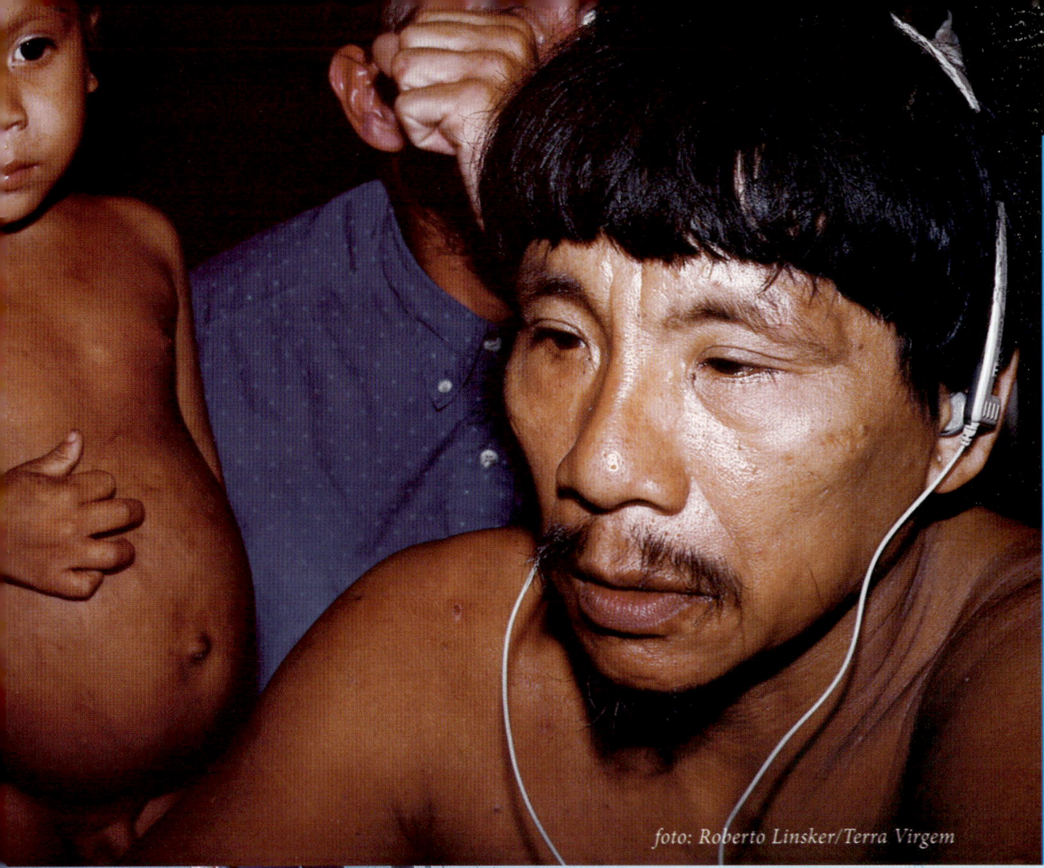

foto: Roberto Linsker/Terra Virgem

Na Amazônia, interação através da música • *Entretrópicos*

foto: Thomas Scheidt

O *Satellite II* na largada da regata • *Atlantic 1000*

foto: Gui von Schmidt

O encontro da água de degelo de glaciar com a do mar • *Rota Austral*

foto: Gui von Schmidt

Beto toca o *Atlas* pelo Mar do Caribe • *Entretrópicos*

foto: Beto Pandiani

Igor e o único peixe fisgado no Pacífico • *Travessia do Pacífico*

foto: Julio Fiadi

O *Satellite* descansa após enfrentar o Drake • *Travessia do Drake*

foto: Arquivo pessoal

Parada para reparos na Praia Nova, no Ceará • *Entretrópicos*

Muita neblina na Terra Nova, no Canadá • *Rota Boreal*

foto: Maristela Colucci

foto: Maristela Colucci

Igor e Beto na Polinésia Francesa • *Travessia do Pacífico*

foto: Gui von Schmidt

Um dia de mar grande na costa da Patagônia argentina • *Rota Austral*

foto: Maristela Colucci

Beto no vulcão Yasur, na ilha de Tanna • *Travessia do Pacífico*

Chegando a Belém, no Pará • *Entretrópicos*

foto: André Andrade

foto: Roberto Linsker/Terra Virgem

Barraca-casa no barco *Foca* • *Entretrópicos*

foto: Maristela Colucci

Dançarinas polinésias recepcionam o *BBB* no Taiti • *Travessia do Pacífico*

Igor prepara seu almoço liofilizado • *Travessia do Pacífico*

Beto e Igor no vulcão Rano Kau, em Rapa Nui • *Travessia do Pacífico*

foto: Maristela Colli

foto: Julio Fiadi

Trekking na Antártica • *Travessia do Drake*

foto: Maristela Colucci

Felipe e Beto no Mar do Labrador, rumo à Groenlândia • *Rota Boreal*

Beto observa a chegada do temporal • *Travessia do Pacífico*

Levando gasolina extra pelos rios da Amazônia • *Entretrópicos*

foto: Igor Bely

O Bye Bye *Brasil* visto do alto do mastro • *Travessia do Pacífico*

foto: Julio Fiadi

Duncan e Beto velejando na Antártica • *Travessia do Drake*

Os parceiros de viagem

Pepê e Dudu

Beto, Oleg e Duncan

Marcus

Dega

Beto e Igor

Felipe e Beto

Beto, Linsker e Duncan

Igor, Makoto e Julio

Zé Eduardo

Bene e Beto

Thomas, Beto, Patrícia, Boccia e Duncan

Beto, Felipe, Santiago e Gui

Beto, Maris e Igor

Nando

Fabio e Sophie

Últimas milhas 22 e 23 de novembro de 2007

Depois de uma calmaria, sempre vem o vento. E veio mesmo. Já estava na hora. Neste exato momento estamos a pouco menos de 300 milhas de Mangareva, e a previsão nos disse que vai ventar bastante no domingo de manhã, exatamente o horário que planejávamos chegar. Estamos acelerando tudo para tentar chegar sábado ainda com luz. Se não der, rizamos bem as velas e entramos domingo debaixo de uma boa lestada. O bom, pelo menos, é que o vento vem de trás, de popa, e as ondulações do mar também. A Maris já está em Mangareva preparando a nossa chegada com as pessoas da prefeitura e da polícia federal. Só precisamos fazer uma média de 9 nós, o que não é tão fácil, pois nunca conseguimos ir diretamente ao rumo. Há o ziguezague habitual, mas empenho não falta, nem concentração. Não estamos cansados. Esta manhã encontramos uns dez peixes-voadores no barco, todos pequenos. Coitados, foram voar à noite e se esborracharam no *Bye Bye Brasil*. Pescar que é bom, nada: o peixe vem, morde a isca artificial e vai embora.

Enquanto isso vamos de peixe liofilizado. Antes de dormir comi um ensopado de peixe, que ironia! Falando em comida, me lembro de um banquete realizado na Entretrópicos, em 1994.

Estávamos Marcus, Gui, Robert e eu na República Dominicana, numa praia próxima ao cabo de Samaná, à espera do momento certo para partir e atravessar a turbulenta passagem de Mona, cuja travessia é mais difícil no sentido República Dominicana – Porto Rico, pois o vento é contrário na maior parte do tempo. As *pilot charts* dizem que o vento leste sopra em 27 dias do mês, exatamente na nossa cara. Como tínhamos 120 milhas pela frente, era melhor esperar uma situação favorável, senão elas virariam 165 milhas por causa dos bordos que seríamos obrigados a dar. Além de tudo, com ventos contrários, a viagem demora três vezes mais.

O grupo estava dividido quanto à esperança de termos uma condição favorável. Então Robert teve a ideia de telefonar no dia seguinte bem cedo ao aeroporto para sabermos a previsão de tempo. Na manhã seguinte, ainda à mesa do café, Robert, que voltava do telefone público, gritou que o vento havia rondado de leste para noroeste. Todos começamos a arrumar as coisas rapidamente, compramos algumas frutas, preparamos os sanduíches e pulamos nos barcos, felizes por deixar a ilha Hispaniola para trás.

Apesar de linda e exuberante, a ilha nos causou algum aborrecimento com sua burocracia, que nos fez perder dois dias, até mesmo nos obrigando a viajar até a cidade de Santa Bárbara de Samaná, para dar entrada e saída dos passaportes. Há uma lei na República Dominicana que exige que qualquer embarcação, mesmo de lazer, que sair de uma praia só pode atracar em um porto que tenha capitania dos portos, mas como nesse país só existem duas capitanias, uma em cada lado da ilha, é proibido velejar pela costa. O nosso caso chegou até o alto comando da Marinha, que, no final das contas, nos liberou.

Velejamos um dia e uma noite sem parar, aproveitando o vento favorável. Nunca foi tão prazeroso velejar à noite, ou melhor, navegar, pois a luz de Porto Rico se refletia no céu e, para nós, só restava seguir na direção do pequeno clarão que se formava no horizonte. No barco do Marcus as coisas não estavam tão fáceis, pois ele teve que velejar toda a noite sem descanso, já que Robert começou a marear assim que escureceu. Depois do acidente nos corais de Turks and Caicos velejávamos com mais cautela. A cada trinta minutos nos comunicávamos pelo rádio VHF para saber das condições físicas de cada tripulante, e, para um barco não se perder do outro, mantínhamos a mesma velocidade, velejando bem colados. Mesmo na escuridão podia-se perceber um vulto branco deslizando ao lado. Colamos adesivos reflexivos nas velas, que brilhavam a qualquer réstia de luz.

À medida que nos aproximávamos da terra, uma forte neblina se formava, o que nos fez navegar às cegas numa rota pela qual passava a maior parte das embarcações do Caribe. Nosso refletor de radar estava preso no estaiamento lateral, ou seja, teoricamente estávamos visíveis aos radares alheios. Não demorou muito ouvimos um som ensurdecedor de buzina. Era o que temíamos: encontrar um navio bem próximo de Porto Rico, em meio a um tráfego intenso e àquela densa neblina noturna. A sensação era de pânico, pois era muito difícil localizar a direção daquele som grave e poderoso. A segunda buzinada soou mais perto. Logo em seguida o navio passou tão perto de nós que pudemos ver as luzes da popa do navio bem alto. Ele deve ter passado a cerca de 150 metros.

Às dez horas da manhã de um sábado ensolarado chegamos a Porto Rico. Aportamos numa praia chamada Aquadilla, um simpático trecho de areias brancas e águas claras. Levamos bastante tempo para arrastar os barcos para a areia. Exaustos pela duração e tensão da travessia, não nos demos conta de que Aquadilla era uma praia de turismo. Como era fim de semana, em pouco tempo encheu de gente e logo havia uma multidão em volta dos barcos. Queriam saber de onde tínhamos vindo, quais eram nossos planos etc. Aquele movimento nos impediu de montar as barracas para dormir. O sol de 40 graus nos aconselhava a sair da praia, mas temíamos abandonar ali os barcos cheios de equipamento. Ao longo do dia nos revezamos para comer alguma coisa e descansar na sombra. No final da tarde, com a praia deserta, montamos as barracas e desmaiamos de sono.

Por volta da meia-noite fomos acordados por gritos do Robert, que estava numa barraca com Marcus: "Ladrão, ladrão, ladrão!" Gui e eu, que estávamos em outra barraca, saímos correndo no escuro, ainda meio sonolentos, e encontramos o Robert assustado: "Tinha um ladrão em cima de mim, tentando roubar minha carteira. O cara abriu a barraca, entrou e quando acordei saiu correndo".

Voltamos para a barraca para verificar as coisas. Descobrimos que o ladrão tinha levado nossas malas. Estávamos tão cansados que não percebemos o larápio abrir a lateral da barraca, que era montada em cima do trampolim do barco, e tirar as malas das gaiutas. Elas continham apenas roupas, como a jaqueta de mar do Gui, que é uma peça essencial no dia a dia de navegação. Saímos da barraca e nos dividimos para procurar alguma pista do ladrão. Obviamente, não encontramos nada. Esgotados, voltamos para dormir um pouco mais.

Na manhã seguinte decidimos ir embora de Aquadilla. A previsão do tempo era bastante desfavorável, com fortes ventos contrários e uma ondulação bem grande proveniente de uma tempestade no Atlântico norte. Mas nossa vontade de partir era muito grande. Saímos para o lado norte da ilha, desprotegido, e pegamos um tempo horroroso. A direção do vento, combinada com o mar agitado, impedia qualquer progresso, além da corrente contra, que estava fortíssima. Foi interessante ver um navio cargueiro passar perto de nós, pendulando de um lado para outro, enterrando a sua enorme proa nas ondas e levantando muita espuma. Aquele era um aviso de que o "mar não estava pra peixe".

À medida que avançávamos lentamente contra a natureza percebi que as ondas arrebentavam nas praias com muita violência, e pensei ser prudente não continuar a viagem, pois cedo ou tarde teríamos que encostar em algum lugar para dormir e aí, sim, estaríamos encrencados. Varar a arrebentação é sempre um momento delicado, e eu não estava disposto a assumir esse risco. Consultei Marcus e Gui, que prontamente concordaram em dar meia-volta e retornar a Aquadilla.

Depois de cinco horas havíamos avançado apenas 10 milhas. Aquadilla, agora apelidada de "armadilha", estava já na nossa frente depois de apenas quarenta minutos. Ao chegar, enfrentamos novamente toda aquela tarefa de subir os barcos, armar barracas etc. No final da tarde uns pescadores vieram conversar conosco. Tinham sabido do roubo, e contamos-lhes o incidente com detalhes. Ouviram atentamente, sem fazer qualquer comentário. Quando foram embora já estava escuro. Para nossa surpresa, eles voltaram algum tempo depois com presentes: uma pilha de roupas, deles mesmos. Algumas camisas eram até novas. Sentimo-nos constrangidos em receber aqueles presentes, que tinham por trás um sentimento de reprovação do acontecimento da noite anterior. Olhei para os pescadores e vi-lhes no rosto uma expressão de vergonha. Entendi que devíamos aceitar, principalmente nós que somos brasileiros, infelizmente acostumados com a violência. Quantas vezes não nos envergonhamos também com o que acontece no nosso país? Quando partiram, Aquadilla já não nos parecia tão ruim.

À noite, organizamos turnos para vigiar os barcos, que havíamos deixado embaixo de um poste de luz. Senti-me um pateta vagando de madrugada naquela praia deserta em volta dos barcos. Saímos cedo na manhã seguinte, dessa vez velejando para o sul da ilha, mais protegido do *swell* e dos ventos. Encontramos pela frente vento contra, e forte. Deixar Aquadilla estava mesmo muito difícil! De posse de informações dos nativos da ilha mudamos de estratégia e passamos a velejar à noite, pois o vento soprava com boa intensidade e vinha de terra, propiciando boa direção. Foram duas noites até chegar a Ponce, uma importante cidade costeira do lado sul da ilha. Infelizmente, lá não havia polícia federal ou aduana. Para dar entrada no país teríamos de ir até San Juan, capital de Porto Rico, do lado norte. Deixamos os barcos no iate clube de Ponce e alugamos um carro para ir a San Juan, de onde Robert voltaria para Nassau, para retomar seus compromissos, encerrando sua participação na Entretrópicos. Num projeto com duração de dez meses, mudávamos a tripulação à medida que avançávamos nos sucessivos trechos, mas no final da viagem ficou comprovado que esse nosso método não foi eficiente. Na polícia federal apresentamos nossos passaportes e os documentos do barco. Todos tínhamos visto válido para os Estados Unidos, com exceção de Robert, cujo passaporte alemão dispensava visto. Pelo menos, era o que achávamos. Mas, quando se entra em território americano por mar, o visto é sempre obrigatório. Ao ver o passaporte de Robert, o agente da imigração disse que transportar um imigrante ilegal para o país constitui infração à lei. A pena era multa de três mil dólares e processo. Incrédulo, Robert iniciou uma inflamada discussão com o agente. Antes que a situação degringolasse, pedi a ele que saísse da sala. Tentei então explicar as circunstâncias da nossa viagem para o agente. A nosso favor, lembrei que tínhamos ido até a polícia federal espontaneamente, o que deixava claro que o problema do visto era desinformação, e não má-fé. Depois do arroubo de Robert o agente não estava muito disposto a amenizar as coisas. Fiquei duas horas conversando com ele e consegui reduzir a multa para cem dólares. Robert voltou para Nassau com uma anotação no passaporte, informando que ele havia recebido ajuda humanitária e tinha 24 horas para sair de Porto Rico.

Três meses depois seríamos surpreendidos com um processo, contra mim e contra Marcus, movido pela imigração americana. Uma carta recebida em São Paulo alertava para a necessidade de apresentarmos nossa defesa. Tivemos que contratar um advogado nos Estados Unidos, pois havia o risco de nunca mais termos permissão para entrar no país se fôssemos condenados, o que, felizmente, não ocorreu.

Com a saída de Robert, ficamos com três tripulantes. Meu amigo Henrique Figueroa, que mora em Porto Rico e é um grande velejador, entusiasta do mundo das regatas, nos indicou Carlos, um jovem porto-riquenho. Após uma rápida entrevista, contratamos o rapaz para seguir viagem até a Venezuela.

Saímos de Porto Rico rumo a Saint Thomas, nas ilhas Virgens, de onde seguimos para Saint-Barthélemy, nas Antilhas Francesas. Saint-Barthélemy é um lugar charmoso, e o píer é tão disputado que pode custar 2.000 dólares por dia para um barco grande nas férias de fim de ano. Apesar do preço, o lugar é concorrido, com um grande número de barcos de luxo com bandeira dos Estados Unidos, Europa e Oriente Médio.

Quando chegamos com nossos pequenos catamarãs, esperávamos uma recepção modesta. Mas ocorreu o contrário. Os franceses são velejadores fanáticos por catamarãs e adoram aventuras náuticas. Ficaram entusiasmados com nosso projeto. A capitania nos convidou para ficar no píer principal, sem qualquer custo. Assim, eles poderiam vigiar nossos barcos. Adicionalmente, teríamos todos os benefícios, como banheiro com água quente, energia elétrica etc. Acabamos ficando doze dias no meio da badalação. Toda noite éramos convidados por algum barco para jantar a bordo e em seguida íamos a uma pequena boate continuar a noitada. Fizemos bons amigos por lá.

Em Saint-Barthélemy, Marcus teve que voltar para o Brasil. Novamente com três na equipe, procuramos um velejador para ir até a Venezuela e assim fechar o trecho do Caribe. Lá iríamos reencontrar Marcus. Estimamos que a viagem de Saint-Barthélemy à Venezuela duraria quinze dias e assim colocamos um aviso no iate clube buscando alguém disposto a velejar conosco. Conhecemos vários velejadores de *beach cats* da ilha, mas ninguém parecia disposto a encarar as mais de 450 milhas até a América do Sul. Uma manhã, um jovem francês que trabalhava como tripulante num dos veleiros de luxo, nos falou de um sul-africano meio doido que estava morando em Saint-Martin, uma das ilhas das Pequenas Antilhas. Disse que o tal sujeito era especialista em *hobie cat* e estava fazendo uns bicos na praia, vendendo protetor solar e alugando cadeiras, e ele topava ir para a Venezuela conosco. Achei o perfil interessante e pedi ao pessoal da vela fazer chegar-lhe o convite para um bate-papo comigo. Nas ilhas do Caribe as mensagens andam rápido. No dia seguinte chegou Duncan, velejando de Saint-Martin num catamarã de 18 pés. Começamos a conversar e ele disse que me conhecia de algum lugar, sensação que também eu tinha. Depois de algum tempo descobrimos que tínhamos disputado o campeonato americano de *hobie cat* em 1988, no Texas, eu representando o Brasil, e ele, a África do Sul. Durante o campeonato nos cumprimentamos várias vezes, mas não chegamos a conversar. Assim Duncan Ross entrou na nossa história. Ele veio para meu barco, e o Gui foi para o outro, com o Carlos. Com a tripulação completa, estávamos prontos para deixar Saint-Barthélemy.

Saímos em direção ao sul das Antilhas. Estávamos no início de maio. A estação dos furacões começaria no final de junho. Nessa época, pretendia já ter chegado à Venezuela, com razoável folga. Íamos baixando nossa latitude, rumo ao Equador. No primeiro dia pernoitamos na ilha de Nevis, uma ex-colônia inglesa situada no paralelo 17N. Depois, na ilha de Guadalupe, também possessão francesa. Dali prosseguimos para Les Saintes e, finalmente, para Martinica, numa velejada noturna. Chegamos a Martinica ainda à noite, mas, exaustos, preferimos amarrar os barcos numa poita em vez de encostar em alguma praia. À noite é sempre perigosa a aproximação de praias, pois é difícil divisar pedras. Pouco depois do nascer do sol acordamos atordoados com os gritos de um francês, que, sem a menor cerimônica, cortou nosso cabo – nós estávamos usando a poita dele. Depois de apenas duas horas de sono restava-nos continuar velejando até uma marina ou praia abrigada. Quando estávamos a menos de 100 metros da praia, ao fazer uma manobra para mudar de direção, ouvi um som estranho vindo da parte de trás do barco: o travessão traseiro tinha se partido. (Um catamarã é construído com dois cascos finos e compridos, unidos por dois travessões.) Tivemos sorte. Havíamos feito uma travessia oceânica de mais de 70 milhas em mar aberto na noite anterior, navegando com uma ondulação razoável. Se o problema tivesse ocorrido em alto-mar, e à noite, iria ocasionar sérias complicações. Mas, por causa de uma coisa chamada milagre, o travessão quebrou bem na chegada, já próximo da praia. Nem parei o barco, simplesmente continuei no mesmo bordo até o casco encalhar na areia. Desci com cuidado para não separar os cascos e puxamos o barco para a praia.

Planejamos passar uma semana na Martinica, descansando e buscando reparo para o travessão quebrado. Liguei para Marcus, que já estava no Brasil. Ele havia contratado um cinegrafista, o Paulo Viana, para fazer imagens da expedição. Paulo voaria para Miami e depois para a ilha de Santa Lúcia, que é um país, onde nos encontraria. Iria navegar conosco durante duas semanas. No telefonema, pedi a Marcus que verificasse a possibilidade de o cinegrafista trazer um travessão novo. Na volta, andando pela praia, encontrei um grupo de franceses. Perguntei-lhes se, em suas velejadas pelas ilhas, não teriam visto um catamarã brasileiro de 55 pés chamado *Vitória Felipe*. Os donos do barco, Felipe Furquim e Décio Clemente, eram velhos amigos. O *skipper* – a pessoa que toma conta do barco – era o Pedrão, também grande amigo. Alguns meses antes, ainda no Brasil, quando descrevi para o Felipe o roteiro da Entretrópicos, ele me contou que pretendia velejar pelo Caribe mais ou menos na mesma época. Mas sabíamos que seria difícil, se não impossível, combinar um encontro. Para minha surpresa, os franceses disseram que o *Vitória Felipe* estava na marina do iate clube, que ficava na praia vizinha. O francês passou um rádio para o iate clube a fim de falar com o Pedrão. Ele ficou surpreso com a nossa súbita aparição e veio imediatamente com o bote do *Vitória* para nos rebocar até o clube.

Dois dias depois, num estaleiro, improvisou-se um remendo no travessão, com um pedaço de madeira. Com essa solução, saímos velejando junto com o *Vitória Felipe* para Santa Lúcia, onde iríamos encontrar o Felipe e o cinegrafista Paulo. Em Santa Lúcia, após um dia de espera, fui buscar o Paulo no aeroporto. Ele se apresentou e me contou que seu apelido era Pilha. Baixinho, de menos de 1,60 metro, ele se mostrou um companheiro extraordinário. Carinhosamente o chamávamos de Doubleway, em referência àquela pilha pequenina, mas cheia de energia. Na volta do aeroporto expliquei ao Pilha: "O barco é bem pequeno, essa mala gigante que você trouxe, vamos ter que mandá-la de volta para Miami. Não tem como carregar uma mala dessas no barco".

Ele me olhou, desconfiado, e me pediu que deixasse ver o barco. Apontei os barcos que estavam na areia. Na mesma linha de visada estava o *Vitória Felipe*, ancorado a uns 50 metros da praia. Ele nem notou os catamarãs. Olhou para mim, desapontado, e perguntou: "Pô, Betão, essa mala não cabe naquele barco?"

Expliquei: "De jeito nenhum, Pilha. Os nossos barcos são aqueles pequenos ali na areia, não o grandão que está ancorado lá fora".

Pilha levou um susto. Não estava acreditando: "Vou viajar nesses barcos?"

Confirmei, dando-me conta de que Marcus tinha economizado nos detalhes quando lhe explicou o projeto.

Então me ocorreu perguntar: "Pilha, você já velejou?"

"Não, não tenho a menor ideia de como é."

Concluí que, se ele não tinha ideia do que era velejar, tampouco saberia avaliar os riscos que teria pela frente. Não teria expectativas, nem medo. Apesar dos óbvios riscos envolvidos, resolvi incorporar Pilha à equipe, até porque não tínhamos opção. Havia gostado de seu jeito simples e honesto. Algo me dizia que não teríamos problema algum. Disse ao Pilha que formávamos uma equipe de vela muito experiente e que navegando conosco ele poderia ficar tranquilo. Ele concordou com um sorriso, e nunca mais se falou no assunto. Pilha se revelou umas das pessoas mais interessantes que conheci em minhas viagens: inteligente, simples e esforçado. Nunca reclamou de nada. Excelente profissional, com um grande senso de humor, ele viajou no meu barco e ia fazendo as imagens numa experiência para nós até então inédita na Entretrópicos. Aprendeu a velejar e, ao final do período conosco, trabalhava como qualquer outro tripulante.

Assim, ao sair de Santa Lúcia, em meados de maio, éramos cinco: Duncan, Pilha e eu, no meu barco; Gui e Carlos, no outro catamarã. Com o Felipe Furquim no *Vitória*, saímos juntos de Santa Lúcia para a ilha de Bequia, que em outros tempos teve um centro de estaleiros muito concorrido e se tornou célebre por abrigar uma estação baleeira. Lá, o Felipe propôs seguirmos para as Granadinas, "a região mais linda das Antilhas, um lugar a que costumo ir sempre". Felipe sempre teve um gosto refinado. Sugeriu irmos para Petit Saint Vincent, mostrando no mapa uma pequena ilha na direção sul. Deixamos Bequia pela manhã, num dia de sol maravilhoso e por um mar turquesa de águas transparentes, com um vento de 20 a 25 nós em uma direção favorável. Velejada perfeita. Pilha ia no *Vitória Felipe* para registrar algumas imagens externas dos barcos. Como nossos catamarãs eram mais rápidos que o veleiro, fomos nos distanciando e chegamos bem antes a Petit Saint Vincent. O que o Felipe se esquecera de mencionar é que a ilha toda é um *resort*. Não é um lugar a que se chega, desembarca na praia e vai ficando. Ao nos aproximarmos da ilha, nos deparamos com um cenário de sonho: graciosos bangalôs fincados em praias de areias brancas, cadeiras e guarda-sóis preguiçosamente abandonados à luz dourada do final da tarde. Dirigimo-nos para um canto da praia e puxamos os barcos para a areia. Disse ao Duncan que iríamos montar acampamento ali mesmo, pois tínhamos chegado ao paraíso. Duncan me olhou e, no seu melhor tom irônico sul-africano, fez um aceno para eu olhar para trás: "É melhor pedir permissão para o sujeito aí", disse ele. Virei-me e vi um negro jovem, alto e forte, a bordo de um carrinho elétrico, desses usados em campos de golfe, vindo em nossa direção. O cara parecia o Ben Johnson.

Falando inglês (Petit Saint Vincent é uma possessão britânica), ele disse que não poderíamos ficar ali porque estávamos em um *resort* privado, numa praia particular. Disse-lhe que estávamos muito cansados e não tínhamos condições de deixar o local naquele horário, mas nos comprometíamos a sair bem cedo no dia seguinte.

A resposta veio sem rodeios: "Não posso conceder essa autorização. O senhor terá que falar com o gerente. Por favor, me acompanhe".

Subimos no carrinho de golfe – Gui e eu – para tentar um acordo com o pessoal da gerência. Formávamos uma dupla pouco elegante quando entramos na sala do gerente: roupa de borracha respingando água, pele salgada, rosto queimado e cabelo desgrenhado, de quem acabou de enfrentar uma tempestade. Naquelas circunstâncias, achei que nossa aparência não fosse algo relevante. Na nossa frente aprumava-se um senhor inglês de cabelos brancos, pele morena, olhos azuis atentos e camisa florida. Com um olhar ao mesmo tempo amável e direto, ele disse:

"Boa tarde, senhores, me chamo John Mallow. Em que posso ajudá-los?"

Numa cena cômica, contamos resumidamente que estávamos vindo de *hobie cat* de Miami, tínhamos já percorrido uma distância considerável e íamos para a

América do Sul, Brasil. Gui iniciou um pedido de desculpas, explicando-lhe que não sabíamos que a ilha era exclusiva, estávamos muito cansados etc... Ele não deixou concluir: "Vocês chegaram até aqui de *hobie cat*, vindos de Miami?", perguntou, incrédulo. "Preciso ver os barcos!", continuou ele, enquanto pegava o chapéu e nos apontava a porta, por onde podíamos ver o carrinho esperando no gramado.

Voltamos para a praia no tal carrinho. Logo percebi que ia rolar uma "bocada", pois o entusiasmo do senhor John era patente.

Com um olhar indefinido, ficou observando os dois catamarãs por longo tempo.

Então, voltando-se para mim, disse: "Adoro esse barco. Corri muitas regatas de catamarã em minha juventude na Inglaterra. Mas isso foi há muito tempo".

Virando-se novamente para os *hobies*, quis saber do que precisávamos. Aproveitando a oportunidade, disse-lhe que queríamos permissão para passar a noite. Acrescentei que montaríamos as barracas num canto da praia que não chamasse a atenção. Não precisávamos de mais nada, pois tínhamos nossas próprias provisões. Prometi que partiríamos bem cedo na manhã seguinte.

Ele nos deu a permissão e gentilmente nos perguntou novamente se precisávamos de algo. Pedimos então água doce para um banho, para os barcos e para cozinhar. Curioso, ele nos perguntou a respeito de nossa comida e do cardápio. Disse-lhe que o jantar era comida liofilizada e era bastante prático prepará-la: bastava ferver a água e despejá-la dentro da embalagem do alimento liofilizado. Tínhamos desde *beef bourguinon* até arroz com bacalhau.

Depois do banho, caprichamos na roupa – aliás, só tínhamos um jogo de bermudas, camisa polo e sapatos Topsider – e fomos tomar um refrigerante na área social do clube.

Felizes por mais uma etapa vencida, sentados em um belo *deck* da varanda toda florida, com uma vista maravilhosa para a baía de águas turquesa, vimos o *Vitória Felipe* chegar vagarosamente e ancorar bem em frente ao píer.

Na época, a vida de Petit Saint Vincent girava em torno do *resort*, que tinha somente bangalôs, dispostos longe um do outro, para garantir privacidade. O serviço era individual e havia mais atendentes do que hóspedes. A diária por pessoa custava em torno de 700 dólares. Para pedir alguma coisa, levantava-se uma bandeira no bangalô, de acordo com o código do hotel. Os hóspedes não eram incomodados ou interrompidos de nenhuma forma. Entre as várias atividades oferecidas havia equitação, vela, mergulho, tênis etc. O bar-restaurante, montado na piscina à beira da praia, era uma atração à parte e incluía uma área exclusiva para sócios.

Logo, Felipe, Pedrão e o Pedro Sedó, convidado do Felipe, se juntaram a nós no bar. Felipe e Pedro estavam esmeradamente vestidos, bem apropriados para a ocasião. Pediram um coquetel da casa, daqueles com guarda-chuvinha. Felipe comentou que costumava frequentar o *resort* e começou a discorrer sobre a mordomia local. Reclamei do fato de ele não ter nos avisado de que era um lugar privado e narrei-lhe o nosso constrangimento no desembarque. Ele riu e disse: "Também, Betão, acho que nunca alguém chegou aqui de *hobie cat*! Aqui só vem barco grande, este é um lugar superexclusivo".

Felipe foi interrompido pelo funcionário que havia nos recebido na praia, agora trajando um impecável *smoking* preto. Ele parou o carrinho elétrico ao lado da nossa mesa e disse, dirigindo-se a mim: "Mr. Pandiani, Mr. John espera os senhores para jantar. Estamos oferecendo um jantar na praia para os sócios do *resort*, e temos uma mesa para os senhores".

Levantei-me rindo e pedi licença ao Felipe: "Desculpe, temos de ir. Vamos, rapazes, não vamos deixar Mr. John esperando..."

Felipe ficou boquiaberto. Saímos sob os olhares pasmos dele e dos Pedros, que ergueram um brinde em nossa homenagem.

Enfiamo-nos os cinco no carrinho e fomos com o prestativo amigo para a praia. O carrinho parou numa clareira gramada, à borda de uma praia que parecia ter a areia escovada. O local era demarcado por um semicírculo de coqueiros iluminados. Bem no centro uma banda caribenha de dez músicos tocava violões e percussão. Quando nos viram, abriram um sorriso de orelha a orelha – parece que os *outsiders* se identificam. Todos os convidados estavam vestidos formalmente: os homens, de *blazer*, e as mulheres, de vestido longo. Era uma noite de temperatura amena. Mr. John se apressou em nos receber e nos conduziu a uma mesa reservada bem próxima da dele. Notamos que todas as pessoas nos olhavam, éramos naquele momento o centro das atenções. Percebendo nossa timidez, Mr. John disse: "Os senhores são meus convidados. Contei aos nossos hóspedes sobre os senhores. Podem beber o que quiserem: temos champanhe, uísque, vinho... Sintam-se em casa. Quando quiserem, podem servir-se".

A comida foi oferecida num bufê de uns 8 metros de comprimento que terminava numa grelha. Havia lagosta, filé, camarão gigante, grande variedade de peixes e vários tipos de suflê. Primeiro veio champanhe, depois vinho tinto, e aí foi um deus-nos-acuda. Disse ao pessoal: "Olha, vocês podem se servir quantas vezes quiserem, mas, por favor, não voltem com o prato empilhado de comida". Não adiantou nada. Lá vinha o Carlos com uma lagosta inteira equilibrada em cima de uma posta de filé *mignon*. Comemos feito náufragos e não parávamos de rir, talvez porque naquela noite a nossa expectativa era levantar uma barraca e comer a nossa querida ração, mas a vida tem dessas coisas, e quando você menos espera está num paraíso. Beber água quando se tem sede é maravilhoso, poder descansar no saco de dormir quando se está exausto é uma delícia e comer uma lagosta em Petit Saint Vincent é indescritível, principalmente na nossa situação.

Na manhã do dia seguinte, fomos ao escritório de Mr. John nos despedir. Ele lamentou o fato de não podermos esticar a estada. Partimos no meio da manhã, rumo a Union Island. Nesse ponto nos separamos do *Vitória Felipe*, que seguiu para Barbados. Nós fomos para Granada, em direção ao sul das Antilhas, e depois para a Venezuela.

A essa altura, Duncan manifestou vontade de continuar viagem até o Brasil. Alguns dias antes, tinha-lhe contado que o nosso roteiro incluía os rios da bacia amazônica, em plena floresta. Admirado, ele perguntou sobre o planejamento e a logística da viagem, datas previstas etc. Estava fascinado pelo projeto. Fiquei contente em tê-lo como membro permanente. Sabia que ele tinha grandes qualidades como velejador e seu *background* de engenheiro também seria muito útil. Em São Paulo, após o término da viagem, Duncan ficou hospedado na minha casa por quatro meses.

Certo dia eu disse: "Duncan, acho que tenho algumas fotos daquele campeonato que nós corremos no Texas".

Encontrei um álbum de fotografias e, apesar de nunca termos conversado na ocasião, Duncan aparecia em três fotos. Ano passado, achei outra foto do Texas. Atrás de mim, em segundo plano, estava Duncan dando tchauzinho.

Alguns anos mais tarde Duncan voltou para o mundo das competições, e num mundial de *Hobie Cat 16* na Espanha conheceu uma jovem brasileira chamada Patrícia Kirschner que competia pelo Brasil. Apaixonaram-se e casaram. Detalhe: Patrícia havia sido minha proeira durante cinco anos na época do *Hobie Cat 16*. As duas pessoas que mais tempo velejaram comigo em épocas diferentes vieram a se conhecer do outro lado do mundo e agora talvez possamos dizer que o mar os uniu. Ou terá sido o vento? Não sei, mas Duncan se tornou uma das pessoas mais importantes das minhas viagens, e juntos fomos para a Antártica em 2003, e em 2004 corremos a Atlantic 1000. A Atlantic 1000 é a regata para catamarãs de até 21 pés mais difícil do mundo, tanto que o *slogan* da prova é: *Iron sailors and plastic boats* ("Velejadores de ferro e barcos de plástico"). Velejamos as 1.000 milhas mais intensas da nossa vida, desde o Key Largo, na Flórida, até Kill Devil Hills, já a 300 milhas de Nova York.

Montamos um pequeno time com o Thomas Scheidt, fotógrafo e cinegrafista; Fernando Bocciarelli, no apoio; e Patrícia Kirschner, como chefe de equipe.

Foi a velejada mais difícil da minha vida, mas valeu o esforço: chegamos em segundo lugar no geral. A parceria com Duncan foi fundamental, pois pude aprender muito velejando ao lado dele.

O *Bye Bye Brasil* segue velejando à noite, e o piloto automático nos propicia um bom descanso.

Na última sexta-feira, dia 23, vínhamos navegando em um ritmo bem forte para poder chegar a Mangareva antes dos fortes ventos previstos para a manhã de domingo. Na mesma noite o piloto automático começou a apresentar problemas, mas, como temos dois, o substituímos pelo reserva. Durante a madrugada o mar aumentou rapidamente, trazendo vagas gordas por trás, que faziam o *Bye Bye Brasil* surfar jacarés bem íngremes. Fizemos uma média excelente na noite e, na manhã de sábado, velejando com todo o pano em cima, rumávamos com boas possibilidades de chegar ainda no começo da noite.

De repente, Igor sai do seu posto, dá um pulo para o outro lado do barco para olhar a travessa frontal. Eu, que estava no leme conduzindo o catamarã cautelosamente, mas fazendo-o surfar bem rápido e com segurança as ondas, fiquei preocupado com a pequena demora do Igor. Ele voltou, sentou-se ao meu lado e me disse calmamente: "A travessa principal do barco rachou". A frase caiu como um pedaço de chumbo no meu estômago. Fiquei calado por alguns segundos e depois disse: "Vamos abaixar a vela balão rapidamente e fazer um rizo na mestra".

Imediatamente após baixarmos as velas, Igor e eu nos debruçamos na proa e começamos a pensar. Como no caso das caixas dos lemes que trincaram na travessia entre o Chile e a ilha de Páscoa, novamente escolhemos a opção de fazer um torniquete com um cabo de *spectra* (muito resistente) para evitar que o travessão se rompesse inexoravelmente e se separasse do casco. Na verdade, isso não ocorreu quando o travessão quebrou porque a adaptação feita com uma barra de alumínio para fixar a asa segurou-o. Se essa barra quebrasse, o barco se desmontaria todo, fazendo cair o mastro e quebrando o travessão traseiro também. Nesse caso perderíamos o *Bye Bye Brasil*, pois teríamos que acionar a Marinha francesa, que estava monitorando nossas posições via rastreador. Num resgate desse tipo, a Marinha vai buscar os tripulantes, mas eles são obrigados a abandonar a embarcação e todos os equipamentos.

Igor está fazendo um torniquete e começamos a pensar em todas as possibilidades junto com a nossa equipe de apoio: como, onde e de que maneira consertar o barco; como enviar a peça de Mangareva para o Taiti etc. Penso: "Tenho que me concentrar ao máximo para fazer este barco chegar", e me lembro da frase do Santiago Isa, meu querido companheiro de barco na Rota Austral que foi contratado por causa de uma frase.

Foi assim: em 2000, o Gui von Schmidt e eu contratamos para navegar conosco um velejador argentino, o Felipe Tommazzi, e um velejador chileno, o

Jaime Gática. Quando faltavam apenas três semanas para começar a Rota Austral, o chileno desistiu e ficamos muito preocupados, pois encontrar alguém para uma viagem como aquela é sempre difícil, ainda mais em tão pouco tempo. Conversei com o Vilfredo Schürmann, que me indicou um velejador argentino de Puerto Deseado, uma pequena cidade do sul da Patagônia.

Telefonamos para o Carlos, mas ele estava impossibilitado de aceitar o convite, porém nos indicou um colega da cidade, o Santiago Isa. Gui ligou para ele e contou superficialmente sobre a viagem. Santiago ficou alucinado e nem perguntou o tamanho do barco. Gui, assim como eu, sentiu-se inseguro, pois em apenas um dia o argentino ligou várias vezes para saber se ele estava dentro da viagem. Sabíamos que ele não era propriamente um velejador, tinha alguma experiência, morava na Patagônia e era um bom remador de caiaque. Em suma, uma pessoa rústica.

Na sua última ligação para o Gui, ele acabou por revelar algo muito precioso para nós. Ele disse simplesmente: "Todo barco que parte tem que chegar". Depois dessa frase ele foi contratado – ouvimos o que queríamos ouvir. Ele poderia não ter os predicados técnicos, mas tinha o mais importante: uma atitude vencedora e decidida.

Velejamos 170 dias juntos, tivemos algumas dificuldades, comuns em viagens como aquelas, mas o que ficou foi uma grande amizade e muita admiração da minha parte. O Santiago é uma das pessoas mais corajosas que conheci, além de espirituoso e de bom caráter.

Aqui no *Bye Bye Brasil* não estamos com boas perspectivas para a chegada, pois Pierre nos confirmou a previsão para sábado à noite e domingo de manhã: ventos de até 35 nós e ondas de 4 metros. E o pior é que, antes deste grave incidente com a travessa, a caixa do leme que trincou a caminho da ilha de Páscoa e foi recuperada em Santiago, voltou a rachar. Novamente fizemos uma gambiarra com outro torniquete de *spectra*.

Chegou a noite de sábado e o mar subiu mais um pouco. O vento sopra favoravelmente, com rajadas de até 27 nós. Mesmo com pouca vela, o barco continua a surfar. Sugiro jogar atrás dele, na água, cabos para gerar mais arrasto e freá-lo um pouco. Vamos lançar ao mar uns 100 metros de cabo, que devem tornar o barco mais estável. Como não posso sentar nem me deitar na minha asa, pois ela fica do lado do travessão partido, Igor e eu revezamos a cama no turno da noite.

Sento em cima do saco do balão e, com a lanterna, a cada quinze minutos, verifico a rachadura. A noite está excepcionalmente fria e eu, enrolado no saco de dormir, sinto o barco. A cada onda que quebra do lado dele, ou uma atravessada errada, fico imaginando o travessão ceder de vez e o barco se desfazer. Nessa hora a minha briga particular consiste em não deixar os maus pensamentos me contaminarem. Eles vêm e eu os deixo passar serenamente.

Sinto medo de acontecer o pior, sinto medo de não cumprir o prometido para com os meus patrocinadores, sinto o mesmo medo que tive antes da saída, em Viña del Mar. O que mais me angustia é colocar em risco o que foi prometido. Devolver o que foi combinado é sempre a minha maior preocupação. Sempre foi assim ao longo de todas as minhas expedições.

A noite está tensa. Na noite anterior eu tinha ido dormir com um mau presságio, mas tentei não pensar nisso para não alimentar fantasias. Para ajudar, o segundo piloto automático começa a reagir estranhamente. Resolvemos desligá-lo. Agora vamos levar o barco na mão. Melhor assim, total concentração, e repito para mim: "Este barco vai chegar a Mangareva, não vai, Santiago?" A lua cheia nos ajuda a enxergar o mar e safar o *Bye Bye Brasil* de alguma onda traiçoeira que venha quebrar em cima dele.

Maris já está avisada da situação e já a comunicou às autoridades locais. Não há perigo de vida, mas se o barco implodir vamos perder tudo, pois, como mencionei, um resgate virá só para nos buscar. Abandonar o *Bye Bye Brasil* no mar com todo o equipamento a bordo será um golpe muito duro. Sempre amei meus barcos, coloco vida neles. Eles são a minha casa flutuante. O meu veículo, meu lar – tudo.

À medida que nos aproximamos, me empenho mais ainda em velejar cautelosamente, freando o barco a cada degrau de onda.

Felizmente a previsão do tempo nos foi favorável e o vento está caindo um pouco. Quando o dia amanhece, começo a procurar no horizonte os cumes das montanhas de Mangareva, que têm em torno de 430 metros de altura.

"Terra à vista, vamos chegar", grito ao Igor. Damo-nos um aperto de mão e ligamos para Maris, que já está com a *gendarmerie* – a polícia francesa – a postos para nos buscar e nos guiar na entrada do atol. Meus olhos se enchem de lágrimas. Vamos conseguir salvar o barco, o projeto está de pé. O trecho das últimas 20 milhas parece não ter fim. O vento aperta um pouco mais, nada grave, mas o suficiente para notar como o casco estava solto. Ele trabalha tanto que as gaiutas chegam a se mover. Sinto isso pelos meus pés apoiados em uma delas. Por rádio nos comunicamos com o barco que a prefeitura mandou para nos buscar e passamos a velejar na direção deles. Assim que nos aproximamos, somos saudados pelos oficiais a bordo, que, com câmeras de foto e vídeo, documentam a nossa chegada.

São necessários mais sessenta minutos para entrarmos na pequena baía de Mangareva, sãos e salvos, completamente aliviados e mais felizes do que nunca. Um bote se aproxima de nós com um velejador alemão, o Gunther, que nos ajuda a amarrar o barco na poita. Começa a nossa aventura pelo arquipélago de Gambier e novas amizades estão por vir.

Um grupo de pessoas nos espera no píer. Vejo Maris e Pepê. Assim que amarramos o barco, todos nos aplaudem. Vamos para terra e, com muito carinho, Monica, a prefeita de Mangareva, nos dá um beijo e coloca um colar de flores no pescoço de cada um de nós, em sinal de boas-vindas. Mais tarde Monica nos leva para almoçar junto com algumas personalidades da ilha.

Ufa, como é bom chegar depois de treze dias no mar num barco aberto, debaixo de sol, que nos castigou muito nesse trecho. Depois de um final tão emocionante, estamos felizes com o resultado, muito felizes!

Em 31 dias de navegação, velejamos, desde o Chile até aqui, cerca de 4.700 milhas – metade do oceano Pacífico. Algo muito expressivo para nós. Bom, mas agora temos que descascar o abacaxi, pois aqui onde o "Judas perdeu as botas" não há condições de consertar a travessa. Vamos desmontar o barco amanhã de manhã para enviar a peça para o Taiti no próximo navio de carga, que chega aqui no dia 20 de dezembro.

A viagem estava programada para ser interrompida mais ou menos no dia 15 de dezembro de 2007, no Taiti. Isso já não é possível porque, por mais que corramos, só poderemos sair daqui no começo de janeiro, o que seria um suicídio, pois entraríamos na estação dos furacões. A melhor solução encontrada até agora é recomeçar a viagem no final de abril, de Mangareva, velejando rumo ao Taiti. Assim o cronograma voltará ao normal.

Como já disse, sempre ocorreram quebras em viagens, No começo isso me deixava contrariado. Depois percebi o porquê de cada acontecimento, para onde cada um deles me levava. Quem sou eu para achar que tenho algum controle da vida? O jeito é se entregar e deixar as coisas acontecerem. O melhor sempre acontece. Lá na frente vou saber o porquê dessa parada inesperada neste pequeno paraíso perdido aqui no Pacífico sul.

O trabalho de tirar o barco da água, encontrar uma grua para retirar o mastro, desmontar tudo, guardar as peças, embarcá-las para o Taiti será tema dos capítulos dos próximos dias.

A viagem não acabou, continua de uma forma diferente. São esses percalços que dão um sabor muito especial a essa longa viagem, que nos tem presenteado com inúmeras situações maravilhosas, impossíveis de serem vividas se não tivéssemos nos lançado ao mar na nossa jangada *hi-tech*.

Não estou triste, nem decepcionado. Fiquei, sim, surpreso com a mudança de planos, mas já passei por tantas experiências semelhantes que tenho a convicção de que estamos em sincronia com a vida.

De um cantinho do mundo 27 e 28 de novembro de 2007

Aqui chove incessantemente há três dias, chuva grossa, com trovoada que ecoa pelos atóis. A paisagem cinza apagou o verde exuberante da mata e o azul-turquesa da água, mas não diminuiu o nosso ânimo.

Acordo com a chuva torrencial ainda de madrugada. Aqui são quatro horas da madrugada; no Brasil, onze da manhã.

Mangareva foi o melhor palco que "escolhemos" para que tudo acontecesse, um paraíso perdido na parte mais austral da Polinésia Francesa, as ilhas Gambier. Na maior das ilhas, onde se situa a cidade de Rikitea, vivem aproximadamente 850 pessoas; outras mil moram espalhadas por outras pequenas ilhas dentro dos atóis que protegem a costeira da ondulação do mar, formando lindas piscinas esverdeadas. A pequena vila tem uma via principal que corta a ilha de um lado a outro. Olhando da estrada para o interior vê-se uma montanha bem íngreme de cerca de 400 metros de altura.

A economia local gira em torno das fazendas de pérola, a fonte de renda de algumas pessoas, que ostentam sua riqueza dirigindo carrões de luxo e camionetes. Tudo isso em apenas uma rua de poucos quilômetros.

Não é um lugar de fácil acesso, pois é a ilha mais distante de Papeete, capital da Polinésia Francesa, localizada na ilha de Taiti. Isso torna tudo caro, pois as mercadorias chegam aqui por avião ou por pequenos navios de cabotagem que aportam na ilha duas vezes por mês. Verduras são produzidas em pequena escala e abastecem somente os ilhéus. Frutas, há as locais, como mangas, bananas e lichias. No quintal da nossa casa, cedida pela prefeita Monica, há um pé enorme de lichia que o Pepê atacou tão logo nos instalamos.

Comida é vendida em armazéns parecidos com aqueles de cidadezinha de faroeste, abastecidos de biscoitos a roupas, enlatados, brinquedos de plástico, ferramentas etc. Tudo caro. Lugar para comer só um, bem simples, e uma pizzaria que só abre nos fins de semana. Só de falar em comida já me dá fome; então vou à cozinha procurar algo para beliscar. No caminho, me vem à cabeça uma história bem engraçada que teve como protagonistas Maris, Bene e eu, na Rota Boreal.

Em 2005, velejando com o Felipe Whitaker, chegamos a uma pequena cidade da costa do Canadá. Era o último dia da temporada de pesca do *lobster*, a lagosta da região. Lower Woods estava em festa, pois eles haviam quebrado todos os recordes, pegando toneladas e toneladas de lagosta. Numa *motor home*, acompanhavam-nos Maristela e seu marido, o Bene, um sujeito que tem tantas qualidades que a Maris brinca, dizendo tê-lo encontrado na rua Santa

Ifigênia, considerada o centro de produtos eletrônicos de São Paulo. Ele era o nosso Professor Pardal.

No píer do porto, conheci o dono do entreposto pesqueiro, Jamie, que, entusiasmado com a nossa viagem, me recebeu muito bem e até me convidou para conhecer os depósitos de lagostas, que consistiam em enormes piscinas de água salgada com milhares de crustáceos com as pinças amarradas com um elástico para não brigarem.

Gentilmente me ofereceu três lagostas gigantescas para o nosso jantar. Colocou-as num balde e eu, feliz, voltei para a *motor home* para dar a boa notícia para o pessoal.

Ao ver as lagostas, Maris me perguntou: "Quem vai prepará-las?"

Respondi que eu conhecia uma apetitosa receita de lagostas.

Ela continuou: "Como vai matá-las?"

Expliquei que em geral elas são colocadas numa panela de água fervente. Ela e o Bene ficaram horrorizados, e começaram a me persuadir a soltar as lagostas no mar. Argumentei com a Maris: "Maris, você não come peixe? É a mesma coisa".

Maris me disse que não ia suportar ouvir as lagostas "gritando" dentro da *motor home* e que uma energia mórbida ia ficar pairando na nossa motocasa. Dei risada. Não estava acreditando nos dois. Por fim eles pegaram as três lagostas e soltaram-nas no mar. Nesse ínterim, do outro lado, vejo o sujeito que me havia dado as lagostas vindo jovialmente em nossa direção.

Imediatamente gritei para os dois: "Entra, entra logo na *motor home*, o dono das lagostas vem vindo". Imaginei que ele viesse dar alguma dica sobre o preparo dos crustáceos. E aí? O que é que eu ia falar para o homem?

Bene, Maris e eu ficamos escondidos no chão vendo o vulto do magnata das lagostas dar voltas na motocasa, coçando a cabeça. Enquanto isso Bene cochichava: "Deixa que eu falo com ele".

"Falar o quê, Bene? Que vocês soltaram as lagostas que ele me deu?"

O Bene argumentou: "Diz pra ele que já comemos".

"Como?", respondi. "Faz dez minutos que eu saí de lá."

Ele continuou: "Então, eu digo que coloquei as três lagostas no chão enquanto ia preparar o fogo e deixei minha mulher tomando conta delas, mas, como ela é uma tonta, deixou as lagostas escapar. Minha mulher não serve nem para tomar conta de três lagostas!"

Tivemos um acesso de riso, pois não dava para ser mais cara de pau. Por fim, o homem foi embora, as lagostas também já tinham ido, e não se falou mais nisso.

Aqui em Mangareva elas estão fazendo falta. Estamos nos virando com a comida liofilizada e fazendo espaguetes, omeletes, coisas desse tipo. Segunda-feira fizemos uma "operação de guerra", coordenada por nós e pela prefeitura local, para desmontar o barco, tudo isso graças à gentileza da Monica, que nos adotou. Rebocamos o *Bye Bye Brasil* até uma rampa do galpão de manutenção da prefeitura, um lugar estranho, pois já serviu de abrigo para os testes nucleares que a França fazia aqui perto, no atol de Mururoa.

Quando havia testes de bombas, as pessoas do vilarejo eram levadas para salas de paredes de concreto e lá ficavam horas e horas. Mesmo depois de muito tempo o atol de Mururoa ainda não foi liberado por causa da radiação.

Uma equipe local improvisou uma empilhadeira, pois ninguém aqui possui grua para baixar o mastro do barco. Em seguida, todos nos ajudaram a soltar as travessas e desmontar tudo. Com uma caminhonete levamos as comidas e os equipamentos para casa. Tudo foi lavado e contado.

Depois do almoço, uma chata de alumínio trouxe uma escavadeira improvisada, que fez o papel de guindaste para colocar os dois cascos do catamarã, cuidadosamente, em cima de uma cama de pneus. O resto do barco foi ajeitado ao lado, e a chata partiu para uma navegação de dez minutos, até a sede da *gendarmerie*, onde o *Bye Bye Brasil* vai ficar guardado até abril, numa garagem coberta e fechada, assim como todos os equipamentos. Vamos embora só com a roupa do corpo e alguns pertences. Melhor impossível!

Ah, toda a operação foi feita debaixo de uma chuva daquelas! Foi ótimo! Lavou tudo, tirou a água salgada e deixou o barco doce. Mais uma vez provamos o gosto da generosidade das pessoas. Não foi diferente em Viña del Mar, em Rapa Nui e agora em Mangareva, a casa do *Bye Bye Brasil* durante a estação dos furacões.

O travessão partido vai de navio para o Taiti daqui a umas semanas, e lá direto para um estaleiro que fará o conserto. Quando retornarmos em abril, a peça deverá estar aqui de volta. Vamos coordenar essa operação de longe. A viagem recomeçará em maio e durante três meses navegaremos do Taiti à Austrália, para completar a travessia. Mesmo com esse imprevisto, recuperaremos no ano que vem as milhas que faltaram agora.

Mas, em 2005, quando estávamos na etapa final da Rota Boreal houve um trecho irrecuperável: ficamos à deriva entre a península do Labrador e a costa da Groenlândia, o vento foi embora e não voltou. A região ficou sem absolutamente nada de vento durante doze dias. Nessa ocasião tínhamos o *Kotic* como barco de apoio para um eventual problema e fomos obrigados a pedir um reboque de 300 milhas para Nuuk, a capital da Groenlândia. Foi difícil aceitar um final com gosto amargo na boca, mas ficamos reféns de uma previsão que falhou. Meu companheiro de viagem Felipe Whitaker e eu ficamos decepcionados no primeiro momento, mas, olhando para trás, percebemos o quanto já havíamos navegado desde Nova York, o quanto nos divertimos e quantos lugares interessantes visitamos. No final a vida nos impôs uma situação que tivemos que aceitar. Nos dias que antecederam a travessia para a Groenlândia, estávamos ancorados em uma pequena baía no norte da península do Labrador, esperando, como sempre, Pierre nos dar o sinal verde para partir. Fascinado por aquele lugar de natureza tão expressiva, me deu vontade de escrever uma carta para o mar.

Partíamos de Hebron rumo a Nuuk, e o que nos separava eram 500 milhas de mar aberto, o mar do Labrador, que grande parte do ano passa cheio de gelo. O que Hebron tem em comum com a praia de Caleta Martial, de onde parti para a Antártica em 2003? Bem, a Caleta Martial está na latitude 56 graus sul, 10 milhas ao norte do terrível cabo Horn. Hebron está aqui no Labrador a 58 graus norte de latitude.

Hebron é uma vila abandonada onde viviam os *inuits*, os habitantes originais destas vastas terras geladas. Já na região da Caleta Martial viviam os *onas*, que remavam suas canoas primitivas e, aquecidos por uma pequena fogueira, caçavam durante todo o ano para sobreviver.

Hebron é banhada pelo mar do Labrador, a Caleta Martial fica bem ao lado da passagem do Drake, o pior mar do mundo, que divide a América do Sul da Antártica. Bem, parece que não há nada em comum, pois esses dois lugares estão a 18.000 quilômetros de distância um do outro. Ah, já sei, eles são frios e inóspitos! Não é só isso que eles têm em comum. O destino uniu esses dois lugares em cinco lindas viagens. Em fevereiro de 2003 parti da Caleta Martial rumo à Antártica, o último ponto das Américas.

Naquele momento Felipe e eu chegáramos a Hebron, no norte das Américas. Dali nos lançaríamos ao mar do Labrador. Lá embaixo vivi momentos intensos antes da partida, momentos de ansiedade, medo de não conseguir cruzar o Drake, e tive que controlar todos os meus demônios para sobreviver. Depois veio a alegria de chegar ao outro lado, junto com meu amigo Duncan Ross.

Lá em cima não foi diferente, e, apesar da minha habitual serenidade, não parava de pensar na travessia. Acho que era a forma de me concentrar para buscar todas as forças. Só uma coisa me interessava na vida: enxergar a costa da Groenlândia e ver se ela era mesmo verde (Groenlândia em inglês é Greenland).

Que momento único e especial! Ao partir poderia olhar para trás e ver a terra sumir, o passado ficar, passado de muitas histórias, memórias de lugares e pessoas que havíamos encontrado ao longo dos últimos oitenta dias. Ao olhar para a frente tentaria enxergar o futuro, vigiar o horizonte, sentir o cheiro do mar, do vento, e tentar decifrar as boas novas que ele trazia.

Muita coisa aconteceu para estarmos em Hebron. Além dos dois anos de trabalho em São Paulo, tínhamos passado muitas horas em cima do *Satellite III*, também muita perseverança, paciência, confiança, e até a fé cega foi testada até o fim. Às vezes pensava: que acordo é esse que tenho com os meus anjos da guarda, a que aprendizado intenso tenho me submetido nesses anos no mar? Não foram poucas as vezes que me senti nu, sem proteção, e temeroso de viver assim tão exposto. Tive que buscar coragem para continuar e, felizmente, não me entreguei, mesmo sabendo que o limite entre o sucesso e o fracasso não passa de uma linha tênue, presa por alguns filamentos de aço dos estais do meu barco.

Sempre soube que essa era a condição, e aprendi a viver no limite, confiando na minha intuição. Será que vale a pena viver de outro jeito? Não sei. Foi essa a maneira que eu me encontrei. Falo em confiança, confiança em Deus, na vida, em si, no companheiro, no barco e nas minhas habilidades. Em tudo, pois a vida sem fé é como oceano sem água. Por tudo isso que tenho vivido e experimentado, naquele momento senti vontade de escrever uma carta ao Mar:

Meu respeito por ti é tão imenso quanto a tua vastidão.

Naveguei por ti e te senti de perto como poucos. Com gosto de sal na boca, vi cada praia de todo esse imenso litoral americano, te vi em várias cores e tons, te vi bem-humorado e também senti tua ira. Algumas vezes sinistro; outras, calmo e sublime. Lembras daquela noite, a 50 milhas da costa da República Dominicana? Estavas tão quieto que pude enxergar todo o céu refletido nas tuas águas. No Drake, vi como tu podes ser gigantesco; na ilha Exumas, conheci tua cor verde-esmeralda e a tua transparência. Já na costa da Patagônia, percebi como podes ser furioso.

Na costa norte do Brasil, naveguei por tuas águas rasas com ondas cavadas e rápidas; ao largo de Trinidad, te vi marrom como nunca; tuas águas se misturaram com as do Orinoco, o mar de dentro. Também nunca esquecerei que no dia 2 de fevereiro de 2001, ao cruzar o paralelo 50 graus sul, tu estavas muito grande e imponente, ainda assim permitiste que nós surfássemos ondas incríveis.

Por favor, diga ao vento que sopre suave e nos leve rapidamente para as terras a nordeste; afinal, somos passageiros do vento. Sei que ele tem várias faces, mas diga-lhe que sopre nas nossas costas.

Muitas vezes tuas águas são turbulentas, tão imprevisíveis e difíceis de serem navegadas, que essa tarefa se torna quase impossível, mas me parece que o teu segredo só será desvendado àqueles que ousarem te conhecer enfrentando teus caprichos.

Apesar de ter passado mais de 650 dias em tua companhia, só conheci algumas de tuas faces; por isso te peço permissão para passar por tuas águas geladas do norte, pois quero ver de perto o mar de pedra, congelado.

Tu tens sido meu mestre por todos estes anos. Mais que isso, Mar, tu és minha terra.

Mangareva, onde tudo recomeça 19 de abril de 2008

Bom dia ou boa noite, já não sei, estou perdido no fuso horário, e, para variar, o voo para o Taiti foi uma confusão. Se até de avião é difícil chegar aqui, imaginem de barco, a Mangareva! Por mar foi bem longo, mas parece ter sido mais fácil.

Atrasado, o avião deixou a minha querida e cinzenta Pauliceia desvairada. Meu coração estava apertado, um pouco angustiado, triste por deixar os queridos amigos. Outro acontecimento inesperado me fez perder o pé. Treze dias antes da partida conheci uma moça, Debora, que entrou na minha vida como um furacão. Mal embarquei e já sofria a separação. Difícil admitir, perguntei-me: "Como será ficar longe dela por tantos meses?" Não podia mudar meu compromisso, meu sonho já não era só meu – e eu ia ter que usar a minha experiência para lidar com a distância.

Depois de quatro horas cheguei a Santiago, onde encontrei Igor, que estava passando uns dias com a namorada em Mendoza, na Argentina. Esperamos mais quatro horas e meia pelo voo para a ilha de Páscoa. Finalmente embarcamos para percorrer pelo ar o trecho que havíamos feito por mar no ano passado. Cinco horas depois chegamos à ilha, acompanhados de Tito Atan, nosso anfitrião durante a nossa estada em Rapa Nui, que coincidentemente estava no mesmo voo.

Para mim era madrugada, não havia conseguido dormir, meus pensamentos voavam pela futura viagem, pela lembrança de tudo o que havíamos feito e por tudo aquilo que iríamos enfrentar no próximo trecho. Depois de uma escala de quarenta minutos, partimos rumo a Papeete, onde aterrissamos cinco horas depois. Eu só queira chegar ao hotel e cair na cama, mas quando a imigração local me pediu a passagem de volta ao Brasil para provar que eu iria sair do Taiti pressenti contratempo. Expliquei que ia velejar de Mangareva à Austrália e, portanto, a minha passagem de retorno seria deste país. A explicação não foi suficiente, e Igor teve que intervir e conversar com o oficial, que só falava francês. Depois de uma hora confiscaram meu passaporte e nos deram um papel que dizia que deveríamos comparecer no dia seguinte ao serviço de imigração, no centro da cidade. Que bela recepção!

Lá fomos nós enfrentar a via-sacra da burocracia. Paguei um depósito no valor de uma passagem de volta ao Brasil, que me será devolvido quando deixarmos o Taiti, no mês que vem. No final, não foi tão ruim! Mas perdemos pelo menos quatro horas para cumprir a burocracia taitiana, debaixo de um sol escaldante e temperatura bem alta. Finalmente amanhã, 20 de abril, partiremos para Mangareva, nosso cantinho no fim do mundo. O *Bye Bye Brasil* nos espera, cheio de saudades do mar, pois passou os últimos quatro meses numa garagem.

Entre centopeias e muita chuva — 20 de abril de 2008

Em dezembro passado saímos desse pequeno paraíso esquecido, sob muita chuva e muitos pernilongos que nos infernizavam a noite toda, incertos do que poderia acontecer nos meses seguintes, já que o travessão principal do barco estava quebrado e um dos nossos novos amigos, o Enui, tinha ficado incumbido de enviá-lo a Papeete para reparos.

Agora, quase cinco meses depois, a temporada de ciclones terminou, a peça foi consertada e aqui estamos nós de volta à velha e conhecida Mangareva. A primeira vez que aqui aportamos fomos recebidos pela Maris e pelo Pepê, já instalados na casa cedida pela prefeitura. Desta vez, por causa de uma crise política do governo local, a prefeita Monica precisou ir a Papeete. Assim, perdemos a nossa casinha. Fomos então buscar ajuda com o Silvestre, um dos oficiais da polícia francesa incumbido da guarda de nossos equipamentos. Silvestre é da Martinica, bonachão, de fala mansa e educadíssimo.

Ao chegarmos à sede da polícia lá estava o nosso amigo pronto a nos saudar. Fomos ver o barco e as peças reparadas. Estava tudo bem. Igor pediu-lhe que indicasse um lugar para ficar e ele nos levou à casa do Bruno, dono de um pequeno bangalô para aluguel. A princípio se negava a cedê-lo. Surpreso, perguntei ao Igor qual era o impedimento e ele me explicou que o dono do bangalô estava reticente em alugar porque a mulher dele estava ausente e não haveria ninguém para limpá-lo, nem tampouco para fazer café para nós.

Disse a Igor: "Pelo amor de Deus, diga a esse homem que não temos onde ficar". Depois de muita insistência, ele decidiu nos mostrar o bangalô, cem vezes melhor que a nossa casinha do ano passado. Negócio fechado a cem dólares por dia. Encontramos um lar bem aconchegante. Agora vamos ter banho quente, que não faço questão, mas pelo menos sai água do chuveiro. Da outra vez era um fio de água gelada que demorava dez minutos só para molhar o corpo.

De volta à terra das "centopeias assassinas", nos ajeitamos no bangalô. As centopeias são uns bichos de 6 a 20 centímetros de comprimento, uns quinze pares de perninhas e cara de escorpião. As safadas entram nas casas nos dias de chuva e sobem em tudo o que encontram, até nas camas. No ano passado uma delas subiu na cama e picou o supercílio do Igor durante a noite. Acordei de madrugada com um falatório na sala e, ao me levantar, vejo Igor com uma faixa na cabeça. Era o efeito centopeia assassina. Passei a dormir com a cama longe da parede e todo untado de repelente. Como agora à noite está chovendo muito, encontrei uma dessas centopeias no banheiro. Hoje já matei uma na sala. E assim vamos vivendo em Mangareva: de dia com calor e de noite com centopeias. Mas aqui na vila tem também um bicho de duas pernas que não bate bem da cabeça e costuma agarrar as mulheres, que já estão até acostumadas com o maluco. Ele é enorme de gordo, forte e mal-encarado. Ano passado ele tentou agarrar a Maris, que, esperta, conseguiu correr e fugir. Ainda não encontrei o monstrengo, mas, assim que encontrá-lo, vou presenteá-lo com uma foto dela que trouxe comigo.

Internet aqui só tem na casa do nosso amigo Hervé, que mora no alto da montanha, ou seja, vinte minutos morro acima para se conectar com o mundo e enviar notícias para o nosso *blog*.

Amanhã cedo vamos começar a trabalhar na montagem do barco, que deve levar pelo menos seis dias. Hoje, domingo, de manhã, fomos conversar com o pessoal da Legião Estrangeira francesa que está aqui para desmontar os abrigos construídos nas décadas de 1960 e 1970, época dos testes nucleares em Mururoa, a 1.500 quilômetros do Taiti. Fomos pedir uma grua emprestada para ajudar as manobras da montagem do barco. Amanhã teremos a resposta.

Agora é madrugada, chove e venta muito. Mangareva dorme, aliás, hiberna, em pleno trópico. Não gostaria de estar no mar com esse tempo. Deitado na cama, ouço a chuva e volto no tempo, para os dias em que, recém-chegados aqui à ilha e sem saber muito o que ia acontecer, trabalhávamos na desmontagem do barco. Em pouco tempo já conhecíamos tudo: a quitanda, a lojinha de pão, a casa do Hervé. Aqui não há um lugar específico que vende comida, quer dizer, um lugar abastecido. Se não fosse o estoque de alimentos que trouxemos no barco, estaríamos em maus lençóis, pois, por não ser este um ponto turístico, tudo é muito escasso.

Vida de mula — 22 de abril de 2008

Em Mangareva a vida continua parada no tempo. De manhã barcos saem para as fazendas de pérolas, as crianças vão para a escola, e pela única rua da ilha passam carros e motos. Parece que o resto do mundo pouco importa. Bolsas, guerras, bombas, economias em crise... tudo isso está em outro mundo. Bom, geograficamente, está mesmo, mas é lógico que se o combustível não chegar aqui, a ilha para e fica às escuras, pois tudo é movido a gerador.

Ontem montamos as estruturas principais do catamarã. As travessas estão no lugar, assim como as asas. Hoje, voltando da *gendarmerie*, vimos uma banca de frutas montada na rua. Minha boca logo se encheu de água, pois aqui fruta fresca, verdura e legumes só tem quem planta, já que tudo vem de avião ou barco. O melão estava geladinho e quem ficou gelado com o preço fui eu: 50 reais, *glup*! A uva, 55 reais um saquinho. Perdi a vontade de comer e encontrei uma boa razão para voltar ao Brasil. Aqui, só criando pérolas! Como não é o nosso caso, vamos ao mar sem comer as deliciosas frutas. É nessa hora que a gente dá valor ao nosso país, terra abundante.

Nosso pedido foi atendido pela Legião Estrangeira. O dia começa com uma operação de guerra. Os soldados chegam com uma pequena grua e içam o *Bye Bye Brasil* por cima da mureta. Vagarosamente o nosso querido catamarã se dirige para o lugar que mais ama: o mar. Começamos então uma sessão de musculação, pois tudo é pesado nesse barco. Apoiamos no barco o mastro e o restante dos equipamentos.

O lugar ideal para a montagem fica numa praia na frente do nosso bangalô, a uns 700 metros do abrigo em que ele esteve hospedado nos últimos meses. Tentamos levá-lo para lá remando, mas com vento contra não saímos do lugar. Como, além do vento, há uma forte correnteza contra, o jeito é pular na água e rebocar o barco no braço. Mais um pouco de hidroginástica... Pisando nos corais com os pés bem calçados, empurramos o barco por trinta minutos, até chegar à pequena praia. Instalamos o trampolim – a lona que une os dois cascos – e lavamos o barco. Algumas peças devem ser desmontadas para serem lavadas e lubrificadas, pois, paradas no tempo, se oxidaram. Tarefa penosa é subir o mastro. Normalmente, em estaleiros bem estruturados, usa-se uma grua bem alta para erguê-lo. A que havia aqui quebrou... Sobrou então a única ferramenta: a imaginação.

A vida no bangalô não está ruim. Falta um lugar para comer ou nos socializarmos com a tripulação dos cinco veleiros que estão na ilha, mas não rola nada de social por aqui. A cada noite preparamos um prato de comida liofilizada e ligamos a TV, que só exibe dois canais: num deles o noticiário é transmitido primeiro em taitiano. Não entendemos uma palavra, só vemos figurinhas. Depois repetem tudo em francês. Se houver algo interessante, Igor me traduz. O nosso programa predileto é a aula que duas mulheres dão para os taitianos. Elas ensinam marquesano, a língua falada nas ilhas Marquesas. Pelo menos é o que diz um cartaz.

A montagem do barco está bem adiantada e, se conseguirmos levantar o mastro amanhã, poderemos partir no fim de semana para Fakarava, uma das ilhas Tuamotu. Maris deve nos esperar lá, e tranquilamente, pois a última nova que corre aqui na ilha é que o gordo tarado foi embora para o Brasil atrás de uma paixão...

Trilha sonora do dia: *rock and roll* dos bons anos 1970 – isso quer dizer que estou sensível.

Mesmo nos confins do planeta, de cujos lugares a maioria das pessoas jamais ouviu falar ou aos quais nunca virá, me sinto em comunhão com o mundo, mas com certo distanciamento. Sei o que se passa no mundão, mas não me envolvo nos acontecimentos como quando estou em São Paulo. Aqui consigo priorizar o que é importante para a vida, e a mente fica limpa, despoluída.

Está tudo bem. O que está pegando é a saudade da Debora.

Quase partindo — 25 de abril de 2008

Os dias continuam lindos em Mangareva, com um vento leste em torno dos 25 nós. Às vezes cai um aguaceiro, as nuvens secam e logo aparece um sol ardido. Pedimos a Éolo, o deus do vento, que continue soprando nessa direção e intensidade, pois assim poderemos ir para Fakarava direto, sem ziguezague. Nosso meteorologista, Pierre, vai nos transmitir até amanhã a situação de sábado e domingo. Dependendo das condições, partiremos domingo, dia 27 de abril.

Igor está reparando um painel solar. Vamos testar o sistema de comunicação, o rastreador via satélite, comprar as últimas provisões (frutas, pão) e fazer as malas. A carga está guardada na *gendarmerie*; só vamos trazê-la para cá amanhã, no final do dia. Estamos ávidos pelo mar, pela rotina do barco, pela solitude, pelo exercício de ficar só, pelas noites estreladas... Aliás, não vamos ter lua nessa perna da viagem. Enfim, só penso em chegar a Fakarava.

Como no ano passado o barco quebrou ao chegar aqui, o cronograma registra um atraso de quinze dias. Vamos zerar as contas ao chegar a Papeete lá pelo dia 13 de maio. Passaremos alguns dias em Fakarava, que é um atol gigante. Atol, resumidamente, é uma estrutura normalmente entre circular e oval que se forma longe da costa e contém uma lagoa, ou laguna, no seu interior. O de Fakarava tem 60 quilômetros de comprimento e 20 de largura. Geralmente a entrada dos atóis é estreita e com muita correnteza. A melhor hora para entrar no atol é entre o período em que a maré para de baixar e começa a subir. Se chegarmos à noite teremos que esperar até clarear, velejando lentamente ao largo do atol. A chegada tem tudo para ser uma roubada!

Chove chuva, chove sem parar... — 27 de abril de 2008

Anteontem à noite mudou o tempo, começou a chover, entrou uma zona de instabilidade, e nós, que estávamos prontos para sair, vamos ter que esperar. Segundo a previsão, haverá uma ondulação muito grande proveniente de sudoeste. O vento, que estava perfeito, vindo de leste, passou a soprar de noroeste, o único totalmente proibitivo para nós. Então só nos resta ser pacientes.

Quando a chuva dá uma trégua corremos para comprar algo ou para buscar algum equipamento na *gendarmerie*. Ontem à noite Igor e eu estávamos com vontade de comer pizza, mas a chuva torrencial nos impedia de atender ao nosso desejo. De repente ela parou. Corremos então para a Pizza Atômica, um dos dois lugares que abrem sexta e sábado. Chegamos lá exatamente às 21 horas e 15 minutos, com os pedidos na ponta da língua. Tarde demais, já havia fechado. Mas pelo menos nos empanturramos de história: soubemos que a pizzaria tem esse sugestivo nome porque bem ao lado dela ficavam os abrigos nucleares que os franceses haviam construído para a população local. Durante os testes de bombas nucleares em Mururoa, as pessoas corriam para esse abrigo a fim de se proteger da radiação atômica.

Mangareva dormia, a vila estava vazia, apenas alguns cachorros latiam, umas centopeias assassinas cruzavam a rua e de quando em quando uma *scooter* passava com algum solitário à procura de algo. Voltamos então para o bangalô antes da próxima chuva e caímos na sopa de macarrão. De sobremesa, TV taitiana. Ai, que enjoo!

Hoje tiramos a barriga da miséria: almoçamos macarrão com frango, legumes, salada e batata frita. Igor caiu de boca no bife com fritas. Pretendemos sair daqui muito bem alimentados e um pouco acima do peso, pois sempre perdemos alguns quilos durante as travessias.

Para ir a Fakarava precisamos de vento leste ou nordeste. Assim, as 760 milhas podem ser feitas em cinco dias. Nada mau. Lá ficaremos até o dia 11 ou 12. A escala seguinte será Taiti.

Ansiedade e pressa não combinam com o mar, vamos esperar o momento certo de partir.

A vida no mar é uma sucessão de escolhas e decisões, e na Rota Austral tivemos que tomar uma difícil decisão.

Patagônia, 2000. Já havíamos partido de Puerto Montt fazia dezessete dias e estávamos com 400 milhas navegadas pelos canais chilenos. O nosso próximo objetivo era chegar à bela laguna San Rafael, um fundo de baía em que se encontra o famoso glaciar que leva o mesmo nome. Era a minha segunda expedição, assim como para o Gui von Schmidt. Já havíamos velejado juntos no Caribe, na Expedição Entretrópicos. A Rota Austral, como batizei aquela viagem, seria muito mais extrema, pois iríamos contornar o extremo sul do continente americano, dobrando o temido cabo Horn, aventura que descrevi em parte em outro desses mergulhos na memória.

Depois do Horn o desafio não era menor, pois subir toda a costa da Patagônia argentina, Uruguai e a costa sul do Brasil para chegar ao Rio de Janeiro seria um longo caminho, cheio de armadilhas.

Os argentinos Felipe Tommazzi e Santiago Isa, nossos companheiros de viagem, moravam na Patagônia argentina e já estavam mais acostumados com o rigor do clima austral. No caminho já havíamos cruzado o temido golfo do Corcovado, a pequena vila de Balmaceda, Puerto Cisne e Puerto Aguirre. Os canais estavam se estreitando, e com isso a maré vazante passava a ser o nosso maior inimigo, chegando a 7 nós em alguns pontos. Já estávamos na latitude 46 graus e o frio, combinado com a umidade do clima chuvoso, já anunciava o quanto iríamos sofrer naquela viagem. A costa sudoeste do Chile é a região de maior índice pluviométrico do planeta, pois a umidade vinda do Pacífico fica presa na cordilheira dos Andes, causando precipitações.

Não existem praias de areia na região e os acampamentos eram feitos em praias de pedra, que não eram muito comuns na região, e no final do dia sempre tínhamos a mesma dúvida: será que hoje não vamos encontrar algum lugar para parar?

A rotina era chegar à praia e colocar os dois barcos no seco, acima da linha da maré. Como os barcos estavam pesando com a carga algo em torno de 400 quilos, a ginástica era estafante. Em seguida montávamos a barraca em cima do trampolim do barco. Eu começava a cozinhar, o Gui tinha que baixar as fotos digitais no computador e fazer a manutenção das câmeras. Um trabalho difícil, pois manter secos os eletrônicos era quase impossível. Revezávamo-nos na tarefa de escrever o diário de bordo, e o Felipe digitava. Depois tínhamos que procurar um lugar na praia com visada para o satélite para montar o equipamento para sincronizar *e-mails*. O *notebook* trabalhou 170 dias debaixo de muita umidade e maresia. Só depois de jantar e fazer todas as tarefas é que íamos dormir. O plano do outro dia dependia das informações que recebíamos da Marinha chilena via *e-mail*. Se a meteorologia nos permitisse, avançávamos, caso contrário permanecíamos no acampamento.

Faltava apenas um dia para chegarmos à laguna San Rafael, e logo de manhã acordei com um grito do Felipe: "Está soprando vento norte e ainda temos algumas horas de maré favorável". Pulei do saco de dormir e comecei a correr, enrolando colchonete, vestindo meu traje seco, preparando café da manhã. Enquanto isso Santiago ia desmontando a barraca e os nossos vizinhos também se apressavam – ninguém queria perder a maravilhosa condição de navegar rapidamente por um dos trechos mais críticos da região. Graças ao vento favorável, as 35 milhas que nos separavam da laguna passaram muito rápido. Por volta da uma da tarde avistamos os primeiros blocos de gelo saindo da boca do rio Tempanos, uma entrada de 6 milhas de acesso à laguna.

O primeiro instante em que os dois catamarãs entraram no lago parecia um sonho. Era difícil acreditar que as duas jangadas estavam entre os blocos de gelo. De um lado, um lindo bosque com árvores bem verdes; atrás, a cordilheira dos

Andes com a sua imponência; e em frente, o majestoso glaciar de San Rafael, que mais parecia uma cachoeira gigantesca congelada que escorregou montanha abaixo. O dia estava cinza como quase sempre, mas assim mesmo os tons azulados dos *icebergs* que povoavam a laguna faziam dela um lugar único no mundo. Acima do glaciar fica o campo de gelo do norte da Patagônia. Essa região é um vestígio do extenso manto de gelo que cobria grande parte da Patagônia há um milhão de anos. Atualmente, com seus glaciares majoritariamente em regressão, continua a ser a maior massa contínua de gelo situada fora das regiões polares. O campo de gelo mantém-se grande por causa da altitude em que se encontra (1.100 a 1.500 metros), do terreno favorável e do clima fresco e úmido.

Encostamos em uma das margens e fomos procurar a Comisión Nacional Forestal (Conaf). Santiago falou com os guardas-florestais Juan e Alfredo e mais uma vez descolamos um pequeno teto *caliente* para dormir. A casinha em que nos hospedamos virou uma estufa, pois acendemos o fogão a lenha para secar tudo o que estava encharcado. No outro dia passamos explorando a laguna, e com vento bem fraco navegamos entre os *icebergs*. O silêncio era quebrado pelo som do glaciar. De uma parede de mais de 40 metros de altura desprendiam-se grandes blocos de gelo.

Naquela etapa da viagem ficaríamos longe do nosso carro de apoio por muitos dias, por isso os barcos estavam entulhados de equipamentos e comida. Os nossos amigos Zé Eduardo Amorozo e Marcelo de Paula só iriam nos encontrar em Tortel, uma pequena vila encravada na cordilheira, de acesso dificílimo.

Naquela noite nos reunimos no chalé do Juan e do Alfredo para tomar uma decisão baseada nas informações que eles iriam nos dar. Para continuar a nossa viagem tínhamos duas opções: a primeira, voltar para o norte por três dias, navegar para oeste e depois descer a costa do Chile passando por fora da península de Taitao. O problema pior seria enfrentar a entrada do golfo de Penas, considerado um dos piores lugares do mundo para navegar, permanentemente açoitado por mau tempo e ondas enormes, sem opções de abrigo na costa.

A segunda opção era mais segura do ponto de vista de navegação, mas não propriamente um lugar para passar flutuando. Segundo os nossos anfitriões, existia um lugar chamado istmo de Ofqui, que é uma área de 2,5 quilômetros inundada de pântanos que liga a lagoa ao rio Negro, que, por sua vez, desemboca no golfo de Penas. Uma vez no mar novamente, estaríamos livres de dar a enorme volta e evitaríamos também contornar a península de Taitao. O problema era como carregar os barcos com toda a carga, que somava 800 quilos, por terra, ou melhor, por um pântano. Decidimos averiguar antes, e no dia seguinte bem cedinho arrumamos as malas e partimos. O Juan nos deu a informação precisa de onde começava a antiga trilha dos índios, que hoje era conhecida por istmo de Ofqui.

Cruzamos a lagoa, que tem aproximadamente 11 quilômetros de comprimento, e com razoável facilidade encontramos a entrada do istmo. Colocamos os barcos na praia e fizemos uma caminhada pelo pântano para avaliar se era possível ou não passar com os barcos. Caminhamos duas horas e meia pela mata até encontrarmos uma área inundada que parecia ser o rio Negro. Fizemos um pacto de que não iríamos desistir e custasse o que custasse carregaríamos tudo nas costas. Imediatamente voltamos e iniciamos a nossa odisseia. Ao final do dia já tínhamos os dois barcos na entrada do pântano, onde fizemos o primeiro acampamento. Senti-me como um suíno em um chiqueiro, pois estávamos acampados no meio da lama, chovia sem parar, fazia frio e ainda tinha que cozinhar no meio daquele cenário desanimador.

No segundo dia de pântano iniciamos a desmontagem dos barcos e o árduo trabalho de transporte da carga: 35 malas, 4 cascos, 2 mastros, 2 retrancas, 6 travessas da estrutura do barco, 2 porta-malas de fibra de vidro de 32 quilos cada um, 1 carreta de desencalhe, 4 lemes, e algumas coisas mais. Cada casco pesava cerca de 80 quilos. O progresso era lento e dividíamos o trabalho. A ideia era levar o primeiro barco uns 1.000 metros mais à frente, depois do trecho em que a mata era mais fechada, com muitos atoleiros. Para carregar um casco eram necessárias quatro pessoas – nós todos –, com cintas nos ombros. Caminhávamos lentamente pela lama, parando a cada minuto, pois era muito desajeitado e difícil desbravar a mata fechada. Em alguns trechos afundávamos até a cintura no pântano gelado. Sempre com uma chuvinha intermitente, eu suava muito e, como estava usando um traje seco, as minhas roupas de baixo ficaram ensopadas. No final do dia, quando parávamos de trabalhar e o corpo esfriava, tinha que trocar de roupa. Banho? Nem sonhar.

No terceiro dia dentro do pântano começamos a sentir os sintomas do desgaste físico. O que salvava o nosso ritmo era o alto astral da equipe, e cada vez que a energia caía alguém fazia uma piada ironizando a situação calamitosa. A cada metro que vencíamos, tomávamos mais consciência do tamanho do desafio. Porém, sabíamos que o custo físico e psicológico era pequeno se comparado ao risco de contornar a península com mau tempo.

Fizemos as contas de quanto cada um carregava e quantas viagens seriam necessárias para chegar ao próximo acampamento. Cada um transportava por viagem uns 30 quilos e caminhava cerca de 600 metros. Esse percurso era feito dez vezes ao longo do dia, em um terreno lodoso, muitas vezes afundando até os joelhos, às vezes até o pescoço. Imaginávamos completar a "mudança" em três dias, mas estávamos já no quarto dia e ainda faltava montar os barcos. No final do quarto dia, às nove e meia da noite, finalmente terminamos e, mesmo exaustos, nos pusemos a celebrar com muita emoção o fato de termos conseguido passar o pior trecho.

À noite comecei a organizar a comida e dei-me conta de que comemos o dobro do provisionado por causa do desgaste físico daquela travessia pantaneira e dei a péssima notícia ao grupo. Tínhamos que racionar a comida, pois o risco de ficar sem o que comer era grande. O erro foi meu, mas nem me passava pela cabeça que iríamos ficar tantos dias no pântano, nem que o trabalho fosse tão pesado.

No dia seguinte, mais esforço, dessa vez para empurrar os barcos para a água. Primeiro, com remos; depois, com uma leve brisa, eles voltaram a flutuar na água levando-nos nas costas, e não o contrário, como nos dias anteriores. O rio Negro era sinuoso e estreito (cerca de 25 metros de largura), difícil velejar, mas nada comparado ao lamaçal.

Rumo a Tortel, olhei para trás e vi ao longe o glaciar San Rafael. Atrás dele, o gigantesco pico San Valentín todo coberto de neve, se erguendo a 4.058 metros de altura. Ao lado, o outro glaciar, o San Quintín.

Mais um dia de rio, agora no San Tadeo e, finalmente, desembocamos no mar e rumamos para a ilha Javier, onde chegamos ao final do dia. O sentimento era de insegurança, pois, com o estoque baixo, não podíamos perder tempo. Mas o dia estava glorioso, com a cordilheira dos Andes toda branca, tendo abaixo uma parede verde de bosques na linha do mar. À noite acampamos em uma rara praia de areia. Santiago fez uma fogueira para nos aquecermos durante o jantar, enquanto a temperatura despencava para 3 graus.

Recebemos um aviso da Marinha, segundo o qual as condições eram favoráveis para avançar, mas uma frente fria estava para chegar, e a ordem era velejar tudo o que conseguíssemos enquanto houvesse luz.

Despertamos bem cedo e com vento norte velejamos o mais rápido possível para a entrada do canal Baker, um lugar mais protegido. Finalmente deixamos o golfo de Penas e, ao final do dia, fomos dormir em Puerto Francisco, uma baía bem pequena e fechada, difícil de ser percebida. O vento norte era o prenúncio da entrada da frente fria, e à noite o barômetro despencou, trazendo vento e mais chuva. Dormimos ancorados, pois não havia praia para encostarmos.

No último dia tínhamos um desafio: navegar 55 milhas por canais estreitos e sinuosos, entre paredões de pedra, montanhas altas cobertas de neve, muita correnteza, chuva intensa, frio e os famosos *williwaws*, rajadas de ventos catabáticos que descem das montanhas acelerando a mais de 100 nós. O vento variava de intensidade e também de direção, tudo isso porque andávamos em um labirinto de ilhas e montanhas, causando turbulência no vento. Em alguns momentos velejávamos rápido e nos animávamos, achando que ia ser mais fácil do que imaginávamos, mas quando o vento caía, os barcos paravam, e batia um desânimo na gente. Para comer só tínhamos nozes e um pouco de frutas secas.

A chuva variava e em alguns momentos caía tanto que era difícil enxergar o que tinha pela frente, tamanho o volume de água. Ao passar por uma ponta, o vento rondou e mudou de direção com muita velocidade. Santiago estava no leme. Quando olho para trás vejo um *williwaw* chegando com uma velocidade extraordinária. Pude ver a água se levantando e girando como se fosse um ciclone, e era mesmo. Pulei para trás, peguei o leme e aproei o barco de frente para o vento, imediatamente. Não daria tempo de avisá-lo, tive que assumir o comando. Por muito pouco não capotamos o barco. Foi a primeira lição de como se deve navegar nos canais chilenos. Um olha para a frente enquanto o outro fica vigiando a retaguarda, como se estivéssemos em guerra, à procura do inimigo.

Gui e Felipe vinham uns cinco minutos atrás e não tiveram a mesma sorte – foram surpreendidos pelo traiçoeiro vento, que virou o *Guru*. Foi tão rápido que só nos demos conta do que havia acontecido depois de ver os dois cascos para cima. Imediatamente retornamos para ajudá-los, mas não foi preciso, pois eles conseguiram fazer a manobra de desvire sozinhos. Que alívio vê-los bem e retomando a velejada!

Dali para a frente o vento passou a nos ajudar e, com o passar das horas, o *La Samba* e o *Guru* ganhavam milhas e não perdiam tempo. Passamos a velejar como se estivéssemos em uma regata, com muito vento. Recordo-me até hoje das velas laranja e roxa cortarem os canais em alta velocidade, entre montanhas e paredões de 1.200 metros no meio da neblina, clima hostil e água gelada. No final do dia o vento acabou, mas não desistimos, e remamos mais uma hora, até avistar a pequena vila de Tortel encravada no pé da cordilheira. Tortel foi uma parada especial, e assim que chegamos percebemos que o lugar era diferente de todos aqueles por que havíamos passado, a começar pela arquitetura e urbanização. As casas de madeira e telhado colorido ficam incrustadas na mata, ligadas por uma rede engenhosa de passarelas de madeira que sobem e descem no meio da vegetação. As pessoas eram tranquilas e havia um silêncio de montanha só interrompido por algumas crianças que passavam brincando. Um lugar perfeito para escrever um livro.

Tortel foi fundada em 1955 basicamente para o escoamento da madeira cortada nas montanhas e transportada pelo rio Baker, que desemboca no golfo de Renas. Nada mudou naquele vilarejo, e o acesso a ele só é possível por mar ou avião.

Conhecemos um grupo de jovens que participavam de um programa comunitário, o Raleigh International, que reúne jovens ingleses para atuação em áreas distantes e a prática de esportes de aventura, como montanhismo, *rafting*, e expedições em botes infláveis. A surpresa foi encontrar o príncipe William da Inglaterra, filho de Charles e Diana, andando como um anônimo pelas passarelas de Tortel. Todos trabalhavam na construção de casas de madeira, passando o dia batendo pregos e serrando.

Ficamos em Tortel por alguns dias para recuperar o cansaço. Ali recebemos o Zé Eduardo e o Marcelo, que conseguiram embarcar a Mitsubishi L 200, com todo o estoque de comida, em uma balsa do exército. O tempo havia piorado muito e o vento passava dos 50 nós. Demos graças a Deus de estarmos bem e protegidos, mas cedo ou tarde teríamos que encarar o mau tempo lá fora. Por enquanto a ordem era comer, dormir e à noite dançar no Seles Café.

Life in a baja bag 28 de abril de 2008

A previsão indica condições razoáveis. Nada maravilhoso, mas temos que ir. O mar e o vento estarão um pouco de través, ou seja, de lado, nos três primeiros dias. Isso significa que a velejada vai ser molhada e as noites, longas, chacoalhadas. *Baja bags* são malas à prova de água usadas para guardar tudo aquilo que não pode molhar, é o único lugar seco do barco. Quando estamos encharcados, digo que amaria viver em uma *baja bag*.

Como tudo está organizado, vamos partir hoje mesmo. Já abastecemos o barco com as frutas que nosso anfitrião Bruno, carinhosamente, nos trouxe do quintal de sua casa: bananas, *grapefruit* e coco, além das maçãs e papaias, que compramos numa barraca. Como calculamos chegar a Fakarava em menos de uma semana, imagino que teremos frutas todos os dias. Algo fresco no barco é um luxo necessário.

Para sair da nossa minúscula praia rodeada de corais pedimos carona ao Hervé, que descolou um barco para nos rebocar até as águas mais profundas. Despedimo-nos de Bruno, Silvestre e todo o pessoal da *gendarmerie*. Mais uma vez despedidas dolorosas, pois nunca se sabe quando voltaremos a pisar em Mangareva para rever os amigos. Nada sei do futuro, mas sinto que a maioria das despedidas é para sempre. O que me sensibiliza é saber que sempre fomos ajudados por pessoas desconhecidas, movidas sem qualquer interesse. Sempre provo o gosto do amor incondicional, uma experiência sem tamanho, principalmente para gente como eu, que vivo numa cidade tão dura.

Igor solta o cabo que nos prende à pequena lancha. O barco começa a deslizar com as velas para cima. Ainda em águas mais abrigadas uma brisa nos faz sair do lugar. Nossos amigos ficaram para trás, só vejo e ouço os braços levantados, acenos, assobios e gritos de boa sorte. Nosso grande amigo e incentivador Hervé está sumindo. O sol na proa ilumina a verde e exuberante ilha de Mangareva. A água turquesa transparente é sinal de que velejamos em águas protegidas e com bastante correnteza. A proa aponta para o horizonte, e, atrás, aquela pequena porção de terra perdida no Pacífico sul vai desaparecendo. O *Bye Bye Brasil* ruma para águas profundas, uma nova etapa se inicia.

Vão ficando para trás as noites chuvosas, as centopeias, as dúvidas da primeira parte da viagem e um pouco de nós. Voltamos ao nosso mundo particular de gente nenhuma, de tráfego nenhum - nada além dos milhões de pensamentos e sentimentos. Depois de cada parada sinto-me diferente, sei que toda essa vivência está me transformando numa pessoa mais compreensiva, mais tolerante, pois a diversidade humana é infinita e poder conhecer outras culturas sem julgamento tem-me alimentado muito.

Fim de tarde, vamos jantar e nos preparar para a primeira noite. O mar está bem mexido, *it´s a long way...*

Dias difíceis — 3 de maio de 2008

Não tivemos nenhuma moleza nos últimos dias. Nunca houve tantas quebras, o que nos tira a confiança no barco, mas isso faz parte do jogo. As famosas caixas dos lemes voltaram a rachar, obrigando-nos a usar menos leme e menos vela para não forçar o barco. Resultado: o *Bye Bye* veleja mais devagar. Imagina se fôssemos ansiosos. Não iria sobrar ninguém para contar a história...

O piloto automático é o ser mais temperamental que já vi na face da Terra: às vezes funciona, outras, não, e no início da noite nos tem deixado na mão. Ontem ele trabalhou direitinho e nos fez animados para navegar muitas milhas à noite, mas o vento voltou somente às 7 da manhã, pelo menos o de popa.

Hoje é sábado, Fakarava se encontra a 157 milhas. Estamos confiantes em chegar domingo à tarde. Os dias estão quentes, não há sombra, o relógio não anda e estamos torrados. Pelo menos temos roupas anti-UV. Vou comprar um guarda-sol em Fakarava. Esta perna da viagem está sendo mais difícil do que eu imaginava, com vento quase contra e um mar de lado que nos infernizou a vida até dias atrás. Ontem navegamos bem, mas o vento caiu demais. Já estamos velejando novamente com a vela balão, sinal de mais conforto, mas também de mais calor, pois o vento vem de trás, quase à mesma velocidade que o barco, ou seja, sobra pouco vento em cima da gente. Para variar, não vimos ninguém, mas hoje vamos passar perto de alguns atóis, quem sabe...

Em Fakarava pretendemos ficar uma semana. De lá para o Taiti, Moorea e Bora Bora...

Agora, em terra firme, ou melhor, em um atol firme, posso contar o que ocorreu no último dia de mar.

Não se deve jamais entrar num atol à noite, e, de dia, o único momento que não é possível adentrá-lo é quando a maré começa a baixar e a água a sair pela pequena passagem, transformando o canal em um rio caudaloso.

Essa travessia de seis dias e meio, um pouco longa para 760 milhas, foi bastante cansativa, pois duas noites ficamos sem piloto automático, o que nos obrigou a velejar sem descanso, e em outras duas noites tivemos muito mar de lado, o que tornou o sono intermitente. Acumulamos um cansaço pesado! Eu só sonhava com uma cama parada, seca e silenciosa, com lençóis bem brancos e travesseiros enormes!

Pior que muito vento é calmaria com muito sol num barco sem cabine e sem sombra. Foi o que tivemos nesse trecho do Pacífico. Mas não foram só privações, pois dentro da limitação do barco procuro sempre o melhor e houve duas noites muito especiais nessa etapa; foram as noites de pouco mar e pouco vento. Fiquei deitado na asa lateral do barco ouvindo música e olhando para cima. Nunca havia olhado para o céu durante tanto tempo e tão relaxado. Vi passar satélites, estrelas cadentes em várias direções, tamanhos e brilhos. As nebulosas são grandiosas, e tudo isso que vemos é o passado, e talvez algumas dessas estrelas já nem existam. Que imensidão é essa que torna o que achamos ser um vasto oceano apenas uma gotinha perdida num imenso escuro vazio? E o barco, que às vezes parece grande, mas é um nada sobre a superfície do mar? Mas nada é pequeno, nem mesmo uma célula, cuja estrutura possui um universo de informações. Tudo é tão relativo e ao mesmo tempo contraditório.

Sem dar bola para as minhas reflexões, o barquinho continuava sua viagem noturna, riscando o mar, carregando tripulantes com seus propósitos, seus sonhos, ambições e dúvidas. Deitado na asa do barco, eu ficava olhando o piloto automático dirigir o barco, a água passar por baixo do trampolim e as velas para cima, exatamente na posição correta, o barco ia, ia... para onde deveria ir. Aquela jangada funcionava perfeitamente! Muitas vezes me senti muito próximo da Debora e contava os dias para encontrá-la em Fakarava. Não preciso recorrer à religião para sentir a manifestação da grandiosidade da vida. Olhando para o céu vejo quanta inteligência, beleza e mistério existe na vida... É difícil imaginar que tudo isso tenha sido feito para nunca compreendermos o porquê da nossa existência, quem somos, de onde viemos e para onde caminha a consciência da humanidade. Como pode alguém querer alcançar a compreensão de tudo isso numa simples vida! Muitas vezes não conseguimos nos entender, nem entender o próximo, quanto mais o universo! Todo esse universo interior que cada um carrega traz ainda questões misteriosas para a maioria dos seres humanos, mas a bordo do *Bye Bye Brasil* me senti mais próximo de uma verdade, me senti em paz. Percebi que algumas pistas são mais simples do que se imagina.

Quando fiquei comigo, senti aflorarem essas questões mais profundas e essenciais. Muitas vezes tive a sensação de que essa travessia é uma preparação interna para outro tipo de travessia. Tempo, o bem mais precioso da vida, não me falta aqui no Pacífico, para as reflexões necessárias nessa etapa da minha vida.

Voltando ao último dia, quando chegávamos a Fakarava, começamos a ver coqueiros mais ou menos às 10 horas da manhã. Como os corais são muito baixos vê-se primeiro a pequena vegetação. Às vezes somente tufos verdes de uma vegetação muito resistente ao vento e à água salgada. Sempre que vejo terra, fico paralisado, permaneço horas perscrutando detalhes que possam revelar o que vem pela frente, pois os dias que antecedem as chegadas são preenchidos por muita curiosidade.

O atol é enorme. Como vínhamos pelo lado sul, a nossa opção de entrada era a passagem do norte e, como o vento estava muito fraco, passamos o dia contornando o belíssimo atol, bem próximo da barreira de coral que divide as águas. Na parte interna, a água era esverdeada, como uma gigantesca piscina protegida da ondulação do mar. As várias ilhotas de coral com vegetação verde no lado interno formavam recantos paradisíacos, como aqueles em que imaginamos passar o resto de nossa vida. Somente alguns metros separavam a laguna do mar aberto. Parecia tão fácil entrar em águas protegidas e relaxar finalmente, mas a entrada estava longe e o vento, fraco. Acho que o enredo já é conhecido, pois as chegadas são sempre incertas.

Do lado de fora do atol, a água era azul-turquesa e tão transparente que se podia ver o fundo, que subia à medida que nos aproximávamos dos corais alaranjados nos quais as ondas quebravam. Inúmeros pássaros tentavam abocanhar os peixes-voadores que voavam em um ziguezague frenético para fugir de seus caçadores, dentro e fora da água.

Foi uma velejada inesquecível, mas à medida que o tempo passava percebíamos que não seria possível chegar à entrada do atol com sol e, para tornar a coisa mais complicada, a maré ia começar a vazar. Mesmo assim decidimos continuar velejando rumo à entrada para avaliar as circunstâncias. A outra opção seria velejar a noite toda de um lado para outro, nas proximidades, e esperar o dia amanhecer.

O vento variava muito, ora mais forte, ora mais fraco, deixando-nos inseguros quanto às chances de vencer a corrente da entrada. Na parte norte do atol, bem no final do dia, o mar ficou muito mexido e desencontrado por causa da fortíssima correnteza da entrada do atol. O *Bye Bye Brasil* pulava que nem cabrito e, com o vento contra, fizemos vários bordos até chegar à altura da entrada do atol. Escureceu; não se enxergava nada, a não ser as luzes de sinalização do balizamento da passagem.

Pensamos bastante e decidimos tentar entrar. Se não conseguíssemos nos aproximar da passagem, desistiríamos e esperaríamos o amanhecer do lado de fora. Mais uma noite em mar aberto não estava no nosso cardápio, mas somos conservadores, e deixaríamos o bom senso decidir.

Igor ficou na asa lateral do barco com o *notebook* ligado, a carta náutica, o GPS e outra carta de papel com mais detalhes. Segundo uma instrução contida na carta, o barco que entra no atol tem que estar num rumo exato, mas, como o vento vinha de lado, isso nos ajudou bastante - pelo menos não teríamos que bordejar no meio da passagem. Igor ia me orientando em relação à nossa posição e, quando chegamos ao trecho para passar entre as balizas da entrada, demos um bordo e aproei o barco exatamente no ângulo indicado pela carta. O vento aumentava e diminuía, o mar fervia com as ondas desencontradas, e eu, no leme, tentava arrancar do barco a melhor velocidade. Quando se veleja à noite sem referência alguma, só se pode contar com a sensibilidade em relação ao leme do barco. O ângulo estabelecido com o vento pode dar mais ou menos velocidade ou um rumo adequado ou inadequado. Precisava encontrar a equação entre velocidade e direção para vencer a correnteza.

Concentrei-me e avancei, guiando-me pelas luzes do balizamento da entrada. A meia milha da entrada senti a força da corrente aumentar. O barco pulava, lutando para vencer a corrente que saía do atol. Tinha a impressão de que andávamos bem rápido, mas ao ver as luzes verificava que não fazíamos muito progresso. Como a água passa muito rápido por baixo do barco, tem-se a impressão de que deslizamos a uma grande velocidade. Falsa impressão. Era como se o barco estivesse patinando no mar! Da sua mesa de navegação improvisada Igor gritava: "Vai, Betão, estamos andando a meia milha por hora. Agora caiu, estamos parados. Não sei se vai dar. Espera, agora foi para uma milha. Caiu de novo, melhorou". Essa oscilação se devia às rajadas, ao aumento repentino, temporário e forte da intensidade com que sopra o vento.

A noite estava escura, não se via muita coisa. Comecei a perceber então a periodicidade das rajadas, e cada vez que uma delas entrava, eu tentava arribar levemente o barco para fazê-lo andar mais rápido e, quando o vento caía, tentava manter o barco no mesmo lugar. Ficamos nessa batalha por cerca de vinte minutos, e pacientemente fomos ganhando metros, até que em determinado momento a corrente desacelerou um pouco, o que permitiu ao barco ganhar velocidade e entrar no atol definitivamente.

Comemoramos eufóricos, e cautelosamente nos guiamos pelas balizas que nos conduziriam até o píer da vila onde nos aguardavam Maris e Pepê. Duas horas depois encostamos o *Bye Bye Brasil* no píer. Que alegria encontrá-los! Depois de muitos abraços esfuziantes amarramos bem o nosso querido barco. Fomos para a pousada comer e descansar. Missão cumprida, e comprida. Ufa! Faltam dois dias para encontrar minha namorada.

Entre as crianças — 8 de maio de 2008

Ouvi dizer que no Brasil está frio, pelo menos no sul do país. Aqui é muito quente, mesmo com o ventinho que sopra do mar. Se ele parar, vamos assar. A escola de Fakarava fica bem em frente ao píer. Ontem o trabalho de uma turma de alunos era sair com os professores para conhecer o *Bye Bye Brasil*. Colocamos o barco estrategicamente em uma pequena praia ao lado do píer para facilitar o acesso a ele.

É uma ventura enorme poder mostrar algo diferente às crianças, ver nos olhos delas resplandecer a excitação, a curiosidade, e imaginar os sonhos que despertam no coração daqueles pequenos seres.

Igor ficou encarregado de responder às perguntas das crianças, que anotavam tudo cuidadosamente para fazer o trabalho escolar.

Fakarava é patrimônio natural da humanidade, declarado pela Unesco. Aqui há uma forte consciência de preservação dos corais. A comunidade local, ao tomar conhecimento da nossa presença, nos convidou para fazer uma palestra para a população. Igor e eu não somos ambientalistas, digo, tecnicamente, mas as fontes de energia utilizadas pelo barco – como a solar, a eólica e o próprio movimento do barco – chamaram a atenção do pessoal. Manifestações dessa natureza acrescem mais sentido à viagem e mostram que, com imaginação e criatividade, podemos encontrar muitas soluções para a vida moderna.

Hoje o dia foi dedicado a uma pequena exploração do atol. Com Maris e Pepê a bordo, navegamos para o lado sul durante cerca de duas horas, passando por águas que iam do verde-turquesa ao azul mais profundo. Paramos numa pequena ilha e fizemos piquenique com latinhas de atum e cavalinha, cercados por corais e muita vida marinha e pássaros. Voltamos com vento forte e uma luz linda, no final da tarde. Amanhã o pessoal vai mergulhar na parte sul do atol, onde a principal atração são os tubarões. Eu vou esperar a Debora, que chega do Brasil.

Mergulhando em Fakarava — 11 de maio de 2008

Na sexta-feira, dia 9, fui ao pequeno aeroporto de Fakarava esperar a Debora. Não nos víamos havia quase um mês, e eu já estava louco de saudade.

Olhei para a pista e vi um pequeno avião branco da Air Tahiti pousar. Ele trazia o meu amor, que passei dias e dias sonhando reencontrar. Em Fakarava ficamos imersos num mundo só nosso e durante três dias não ficamos mais que um centímetro longe um do outro. Agora tenho que partir de novo. Vamos para Papeete, capital do Taiti. Partiremos agora de manhã, as condições estão excelentes. Para percorrer as 280 milhas que nos separam do Taiti deveremos velejar dois dias. Chegaremos na terça-feira pontualmente ao meio-dia, horário combinado com a mídia local para uma coletiva.

Despedimo-nos dos novos amigos e, cheios de colares de conchas, caímos no mar para uma das melhores velejadas da travessia.

Muitas festas — 13 de maio de 2008

Assim que o dia amanhece, a tão esperada ilha do Taiti aparece no horizonte. Quanto tempo sonhei chegar a esta ilha velejando, porque de avião já tinha passado por aqui três vezes. Em toda essa etapa, o vento esteve favorável e forte. O mar está liso. Dentro de poucas horas vamos transpor a passagem do atol que dá entrada ao porto de Papeete.

Apesar do tempo bom, há uma chuva se formando perto da terra. Com certeza o vento vai mudar à medida que nos aproximarmos. Depois de duas horas começamos a sentir o efeito da chuva, o vento aumenta, por causa das nuvens escuras bem baixas. A chuva acabou de cair e o vento se foi. Estamos acalmados a 8 milhas da entrada do atol e o relógio continua correndo. Não podemos chegar atrasados, há muita gente nos esperando.

Estamos rastejando. Sopra apenas uma brisa, e de frente. Somos obrigados a fazer inúmeros bordos para avançar. Vejo vários veleiros chegar a Papeete. Digo ao Igor: "Precisamos arranjar uma carona para entrar no atol, senão vamos chegar atrasados". Igor concorda, mas ninguém se solidariza com os pedidos que lançamos pelo rádio, até que uma lancha da capitania dos portos se aproxima e Igor pede uma carona, mas eles têm outra tarefa: ajudar um navio a entrar no porto. Conseguimos avançar um pouco, mas estou angustiado, pois é quase impossível chegar na hora combinada: ainda temos que navegar dentro do atol, contornando a ilha, até chegar ao hotel Sofitel. Chegou a cavalaria: um barco de um casal americano vai nos rebocar. Amarramos o barco na popa deles e a passo de tartaruga prosseguimos a jornada.

Avistamos o hotel. São 13 horas, estamos uma hora atrasados. O vento acabou de vez. O jeito é pegar os remos e mandar ver. O sol está escaldante e nós, exauridos e ligeiramente tensos em virtude do compromisso. Na praia do hotel há muita gente e várias dançarinas taitianas. O coração dispara, mais uma vez nos esperam com festa. Procuro no meio do povo a minha namorada. Encostamos o barco e pulamos para a areia. Fotógrafos e cinegrafistas nos atacam. Não sei o que fazer. Olho para Igor: ele também não sabe. O que sabemos com certeza é que estamos muito, muito felizes. Mais uma etapa cumprida!

O inesperado 14 de maio de 2008

Acabei de voltar do aeroporto de Papeete, fui acompanhar a minha agora esposa que embarcou para o Brasil. Mais uma despedida doída. Vamos nos ver dentro de um mês.

Ontem, depois da festiva chegada ao Taiti, almoçamos com Steve Morin, o diretor do hotel. Camilla é o nome da sua linda filha de 11 anos, fruto do casamento com Sandra, uma carioca animadíssima. Eles se conheceram quando trabalhavam no Clube Med de Angra dos Reis, muitos anos atrás. A empatia com a família foi imediata.

Hoje de manhã, depois da orgia gastronômica do café da manhã em um bufê que faz qualquer mortal virar um glutão, Debora e eu fomos dar uma volta no hotel. Completamente apaixonados, não nos desgrudamos nem um segundo. De repente tive um impulso. Pensei: já que encontrei a mulher da minha vida, por que não a peço em casamento? Quando vamos ter outra oportunidade de nos casar no Taiti? Estamos aqui, por que não casar hoje? Debora voltaria para o Brasil à noite e eu não estava sabendo lidar com a separação novamente. Nesse exato momento Steve passa pelo *lobby* do hotel. A Debora estava distraída, vendo uma vitrine. Sem que ela percebesse disse a Steve: "Steve, quero me casar agora aqui no hotel, o que eu faço? Como você pode me ajudar?"

Com uma cara estupefata, ele retrucou: "Já fiz de tudo na vida, mas organizar um casamento no mesmo dia, nunca". Pediu-me trinta minutos. Voltei ao quarto com a Debora e disse-lhe que tinha algo sério para contar. Ela fez uma cara de assustada e não sei o que imaginou ouvir, mas tenho certeza de que não era aquilo que eu tinha para falar.

Disse: "Debora, falei com o Steve agora há pouco e lhe pedi que encontrasse um padre para nos casar hoje. Queria saber se você aceita se casar comigo". Ela ficou paralisada, mas por alguns segundos somente. Logo pulou em cima de mim, me abraçando e dando muita risada. Perguntou se era sério e eu respondi que sim. Nesse instante o telefone do quarto tocou. Era Steve: "O padre vai chegar daqui a uma hora e meia, vou tentar improvisar um altar no jardim para vocês".

Tínhamos que encontrar padrinhos, avisar os pais e pensar no que vestir. Ligamos para os nossos pais e demos a notícia. Para nossa surpresa todos receberam o comunicado com muita alegria, mesmo sem nos conhecer pessoalmente. Desci para o *lobby* a fim de comprar uma camisa branca que tinha visto numa loja do hotel e deixei a noiva sozinha. Ela tinha que se aprontar, e conforme a tradição o noivo só pode ver a noiva no altar. Queria cumprir pelo menos alguns rituais.

Telefonamos para Maris, Igor e Pepê. Para nossa infelicidade os dois haviam ido para a cidade e só voltariam à tarde. Convidei então a Maris e o Steve para padrinhos. Aceitaram prontamente e a Maris, além de madrinha, iria acumular a função de fotógrafa e cinegrafista. Fiquei sentado no *lobby* do hotel esperando o padre chegar. Nunca tive vontade de passar pela experiência de um ritual religioso, mas dessa vez senti que precisávamos de uma bênção espiritual. Estávamos juntos havia pouco tempo, mas o nosso encontro foi tão forte que não tive dúvidas em relação ao nosso destino. Quando nos conhecemos, a decisão já estava tomada, não havia hesitação. Só tomo decisões quando tenho dúvidas, ou seja, se não havia dúvidas, precisava decidir nada.

Pouco depois vi um rapaz de ascendência japonesa vir na minha direção com um largo sorriso no rosto. Olhou-me de alto a baixo e perguntou: "Você é o noivo?" Nunca havia visto um padre tão jovem e com um astral incrível como aquele, uma pessoa muito amorosa. Em seguida chegaram Steve e Maris. Combinamos o ritual. A Maris teve a ideia de ler uma passagem bíblica. Outra correria, agora para encontrar uma Bíblia em português, lá em Papeete. Achei a missão impossível. Mas a Sandra, esposa de Steve, tinha uma.

Fomos para o jardim verificar se tudo estava preparado. E estava: uma tenda com arranjos de flores, uma mesa para o padre e cadeiras para os noivos, e até comidas e bebidas. Coisas do super-Steve. Logo em seguida a noiva chegou, linda, com um vestido branco (na verdade, uma saída de praia) e um belo arranjo de flores na cabeça no estilo da Polinésia.

A cerimônia foi de frente para o mar, num gramado perto da areia, com o *Bye Bye Brasil* flutuando ao fundo. Lembrei-me de tudo o que havia vivido para chegar ali e dos presentes que a vida me dá o tempo todo. Deixei passar muitas oportunidades por estar preso em ilusões, mas agora queria viver plenamente, sem medo. Foi uma cerimônia singela, mas muito bonita. Nunca imaginei as surpresas que o oceano Pacífico me reservava.

Fizemos uma lua-de-mel antecipada em Fakarava, um casamento em Papeete e no dia seguinte a noiva – agora esposa – voltou para o Brasil. Nunca fui chegado a convenções, mas dessa vez exagerei. Novamente teria que conviver por um período longo longe da Debora. Não preciso dizer o quanto ela se preocupa comigo quando estamos viajando. Prometi ligar para ela todos os dias.

Imaginem a cara do Igor e do Pepê quando voltaram da cidade e souberam que eu tinha casado. Eles não acreditaram e subiram ao meu quarto para saber se era verdade. Confirmei, e Igor exclamou: "Não posso nem ir à cidade que já vai casando..."

Pois é, só sei que foi assim...

Recomeçar a contar o tempo — 20 de junho de 2008

Dois dias depois de a Debora voltar para o Brasil, numa reunião para planejar as paradas da próxima etapa, Maris levantou uma dúvida: era preciso visto para entrar na Nova Caledônia, território francês? A princípio parecia não ser necessário, pois a França não exige visto dos brasileiros. Mas a Nova Caledônia é território francês de exceção; logo, requer visto e ele poderia demorar cerca de 20 dias. O que fazer vinte dias parados em Papeete, um dos lugares mais caros do mundo, e, pior, com toda a equipe? Outro problema: o visto para a Austrália seria tirado na Nova Caledônia, ou seja, não poderíamos pular esta última ilha do nosso roteiro. Por fim, fizemos as contas e chegamos à conclusão de que seria muito mais barato e simples voltar ao Brasil para providenciar os vistos.

Deixamos o barco guardado no píer da Marinha francesa, que gentilmente acomodou-o, e voltamos. Aproveitei os dias no Brasil para organizar minha mudança para a nova casa, minha e da Debora.

Depois de quase um mês a expedição voltou à ativa. Resolvidos os problemas de vistos, retornamos a Papeete. Agora espero não parar mais até chegar à Austrália.

Chegamos a Papeete no dia 18 de junho à noite e nos dois dias seguintes nos dedicamos a preparar o *Bye Bye Brasil* para partir. Depois de alguns dias no Brasil dormindo muito bem, me perguntei: por que não tenho travesseiro no barco? Que tolice não ter pensado nisso antes! Pronto, agora temos dois travesseiros a bordo. E por que não ter também um guarda-sol? Amanhã, antes de sair vou comprar um. Como se pode perceber, o barco está ficando avacalhado. De um barco vai se transformando numa casa flutuante, com cadeiras, guarda-sol, colchonetes, travesseiros, varal... E assim vai.

Por ter ficado vários dias parado, o barco está muito sujo, os cascos, impregnados de algas marinhas. Amanhã, em Moorea, vou pular na água e esfregá-los para deixar o *BBB* lindo novamente. Para a saída teremos todas as honras da casa: a Marinha francesa vai nos acompanhar até a saída de Papeete, levando a bordo o Dudu, que vai filmar o *"petit bateau rouge"*. Está convidada também a imprensa local. O *Bye Bye Brasil* virou estrela.

Para compensar o atraso de quase trinta dias, traçamos um plano que vai nos custar caro: velejar direto de Moorea, uma das ilhas do arquipélago da Sociedade, que fica a apenas 15 milhas de Papeete, a Nova Caledônia – serão 2.500 milhas, mais que a distância entre Viña del Mar e a ilha de Páscoa, nosso maior percurso até então. Esperamos cobri-la em vinte dias. Vai ser um grande desafio velejar tantos dias sem parar.

O que pensar e o que fazer com tanto tempo disponível? É uma situação paradoxal, pois, num mundo onde as pessoas não têm tempo para nada, onde ele virou um bem tão valioso e raro, estamos aqui sem saber como aproveitá-lo. Estou levando três livros e espero que as boas condições do mar me permitam lê-los.

Fizemos um reforço na despensa. Compramos coisas diferentes, como várias latas de peixe em conserva – já que não conseguimos pegar nada no mar, vamos de lata! A nossa isca já nadou mais de 5.000 milhas. Ela nada, nada... e nada! Que destino! Comer peixe enlatado com tanto peixe debaixo de nós. Pois é, a vida é assim: irônica. Muito peixe, mas ao mesmo tempo nenhum; muito tempo e nada que fazer com ele. Talvez seja esse mesmo o segredo: deixar o tempo se encarregar do que vamos fazer, e comer peixe enlatado.

Moorea por Igor Bely — 23 de junho de 2008

Lá se foi a última noite de verdade, o último café da manhã decente, as últimas horas em que a gente pode se sentar sem precisar usar uma das mãos para se segurar.

Ontem passamos três horas trabalhando no barco para acertar os últimos detalhes. Pequenas coisas que só podem ser ajeitadas um dia antes ou no dia mesmo da saída. Não sei por que, mas é assim! Hoje só falta encher algumas garrafas de água, fechar as nossas malas pessoais e comprar as frutas para que o *BBB* e seus dois tripulantes estejam prontos para voltar ao mar.

Ontem à noite falei com Pierre. Ele me disse que deverão soprar ventos favoráveis durante ao menos quatro dias. Se isso for confirmado, vamos andar bem e possivelmente passaremos das ilhas Cook em menos de cinco dias.

Até a Nova Caledônia são mais de 2.500 milhas em linha reta. De Viña del Mar a Rapa Nui eram 2.200 milhas, e saímos de lá com muita apreensão, quase com medo, podemos dizer. Desta vez, não; nada de medo, é quase como se estivéssemos saindo para uma velejada de um ou dois dias. A rota começa com 700 milhas, rumo 270 graus, até passar ao largo das ilhas Cook; depois mergulhar um pouco, mais 700 milhas, para passar pelo arquipélago de Tonga, e finalmente 1.000 milhas, de novo com rumo 270 graus, para chegar à Nova Caledônia. Com certeza vamos ter surpresa durante a travessia, algo imprevisível, mas é isso que torna o que a gente está fazendo uma aventura de verdade!

Certeza mesmo é a briga que vamos ter com o sol durante três semanas. Temos toneladas de protetor e dois guarda-sóis que esperamos usar nos dias de pouco vento.

Depois da pizza — 23 de junho de 2008

Ontem, domingão, foi dia de pizza aqui também. Aliás, experimentamos muitas pizzas pelo caminho: em Concón, ilha de Páscoa, Mangareva, Fakarava e Papeete.

Estamos em Moorea, na casa de um novo amigo, o Jean-Pierre, um velejador de *hobie cat* que ficou sabendo da nossa viagem pela mídia local e entrou em contato conosco via *e-mail* oferecendo-nos hospedagem. Já não sabemos o que fazer para agradecer tanta gentileza, apoio e carinho!

Dois dias atrás saímos de Papeete e cruzamos aqui para Moorea pouco antes do meio-dia. Finalmente Taiti ficou para trás. Com vento favorável e sol, voltamos a navegar no *Bye Bye Brasil*. Ufa! Depois de um mês, já estávamos enferrujados.

De acordo com Pierre, as condições para sair hoje são excelentes. Esta semana está especialmente boa, com ventos de sudeste-leste de 17 a 12 nós todos os dias. Não podia ser melhor. Vamos passar ao largo de Bora Bora e, depois de uns cinco dias, ao través das ilhas Cook.

Casos como o do Jean-Pierre foram uma constante nos últimos anos, já que as expedições têm como "embaixador" o nosso barco, que chama a atenção pela simplicidade e tamanho. Foi assim em 1994 na Entretrópicos, quando chegamos a uma ilha deserta.

Vínhamos velejando já pela costa de Exuma Cays, um banco enorme de coral de 250 quilômetros de comprimento.

Nossos acampamentos eram montados em ilhas selvagens e desabitadas. Na primeira noite paramos em Allan Cays, uma linda praia de areia bem fina, muito branca. Puxamos os barcos para a areia e montamos as barracas. Como sempre, fizemos o nosso jantar e pouco depois nos recolhemos.

O sol aparece bem cedo, e pular da cama não é uma escolha, é sim uma necessidade, pois a barraca vira um forno, só que neste dia tomamos um susto. Os barcos estavam cercados de dezenas de iguanas que estavam estáticas na praia tomando um banho de sol matutino. Não sabíamos se elas eram agressivas; então ficamos observando durante um tempo até ganharmos um pouco de confiança. Logo vimos que os bichos eram tranquilos, e mais adiante nos contaram que aquela ilha era um dos locais prediletos das iguanas.

Nesse mesmo dia, chegamos no final da tarde a outra praia. Em vez de dormir cedo, decidimos acender uma fogueira para preparar o jantar. O cenário era perfeito. Uma linda noite estrelada, uma brisa bem fresca, a luz da fogueira e um silêncio apaziguador. Estávamos nos deliciando com a nossa comida liofilizada – um banquete na hora da fome –, quando fomos surpreendidos pelo som ensurdecedor de um helicóptero que surgiu de repente às nossas costas. Pairaram sobre nós e ligaram um potente farol. Não tivemos sequer tempo de reagir por causa do susto e da paralisia que se apossou de nós. Alguns segundos depois aceleraram o motor e se foram. Depois de algum tempo, voltaram, passando ao nosso lado, mas sem se importar conosco. Soubemos depois que era a guarda-costeira americana, que patrulha aquela região das Bahamas atrás de traficantes de droga. Devem ter percebido que não nos enquadrávamos no perfil de bandido; além disso, o tráfico de drogas é feito por lanchas velocíssimas com larga autonomia.

No final do terceiro dia nas Exumas chegamos a uma pequena baía bem protegida, e, para a nossa surpresa, havia três barcos de oceano ancorados, um perto do outro. Jamais pensei que encontraríamos algum maluco que iria se aventurar a navegar por águas rasas em um barco de quilha fixa.

Assim que entramos na pequena baía cristalina, que era cercada por ilhas coralíneas, percebemos que em terra havia uma pequena construção, como um quiosque sem paredes. Nem pensamos e paramos os barcos bem em frente dela. Assim que começamos a baixar as velas e puxar o barco para cima da linha da maré, notamos que um dingue vindo de um dos barcos se aproximava. Nele havia quatro homens, todos mais ou menos na faixa dos 50 anos.

Todos desembarcaram e imediatamente vieram em nossa direção. O mais gordo e mais alto perguntou-nos se tínhamos permissão para parar ali. Ficamos por alguns segundos sem saber o que responder, pois, em um lugar selvagem como aquele, nunca imaginamos que tivesse que ter permissão para passar uma noite. Nando respondeu que não e perguntou se havia algum problema parar ali.

O mesmo senhor disse, em tom pouco amistoso, que aquela era uma propriedade particular da qual eles tomavam conta. Em seguida nos perguntou de onde vínhamos e para onde íamos. Essa pergunta acabou se tornando normal, pois os cascos e as velas estavam cheio de marcas dos nossos patrocinadores e essa era a pista de que algo diferente estava acontecendo. Nando respondeu que havíamos saído de Miami e estávamos descendo para a América do Sul. Bastou essa frase para o tom da conversa mudar radicalmente. No lugar do semblante desconfiado, agora todos abriram um sorriso de espanto. Ofereceram-nos o quiosque para passar a noite, perguntaram se tínhamos o que comer e fomos bombardeados por inúmeras questões.

Eles decidiram que fariam um jantar para nós no quiosque. Enquanto desmontávamos os barcos e trocávamos de roupa, os quatro homens iam e vinham dos seus barcos trazendo carvão, mantimentos, bebidas e, por fim, pratos, talheres e copos. Pouco a pouco fomos descobrindo quem eram os nossos anfitriões.

O primeiro homem que nos interpelou na praia era um americano da Flórida, estava de licença médica por um ano. Era piloto da Delta Air Lines. Sua mulher tinha falecido havia pouco tempo de câncer e ele entrou em profunda depressão, por isso foi afastado do emprego. Aproveitou esse período para relaxar, pegou seu veleiro e desceu sozinho para as Bahamas. Ali nas Exumas encontrou um bom ancoradouro para curar suas feridas. O outro barco, um veleiro de aproximadamente 10 metros, estava completamente velho e muito mal cuidado. Acho até que já não era capaz de navegar, somente podia flutuar.

Nele vivia outro americano, um californiano muito divertido, de olhos bem azuis e ar debochado. Depois descobri que era alcoólatra. Vivia naquela coisa que flutuava havia vinte anos com a sua mulher, que era cega. Não cheguei a conhecê-la, pois ela nunca veio a terra. Não me lembro do seu nome, mas fiquei impressionado ao saber que ele e sua mulher viviam como mendigos do mar, recebendo doações e mantimentos de barcos que passavam por ali.

Os outros dois velejadores eram canadenses, que decidiram viajar para as Bahamas juntos para passar um ano. O dono do barco, Paul, estava acabando de sair de um casamento de quinze anos. Ele era proprietário de um restaurante em Montreal. Depois da separação ele perdeu muito dinheiro e teve que vender o restaurante. Pagou as dívidas e com o que sobrou comprou um barco e resolveu dar as costas a tudo e, por coincidência, foi parar na baía dos desolados.

Depois de muita bebida, o churrasco ficou pronto, com linguiça, salsicha e batatas assadas. A turma já estava completamente à vontade depois dos drinques, e o delicioso jantar foi degustado em meio a risos, conversa alta e muito carinho por parte dos nossos anfitriões. Pensei comigo: como é que pode, cada um com seus dramas pessoais, esses velejadores vieram se encontrar justamente no mesmo lugar, em uma pequena baía, esquecida neste paraíso.

Apesar de os dramas serem diferentes, cada um deles encontrava bastante motivo para se embriagar naquela noite, mas senti que aquilo ocorria todos os dias. Senti também muita tristeza e muita angústia. Mais no final da noite, quando começávamos a ficar cansados e com vontade de dormir, Michael se aproximou de mim e começou a falar que ele estava muito preocupado com a nossa viagem, que deveríamos ter muito cuidado, porque o mar mata os valentes mais rapidamente que os covardes, e pediu-me muita prudência nas decisões.

Apesar de todos estarem embriagados, percebi que estavam carentes por carinho e atenção. Notei também que todos eles precisavam de nós, alguém para se preocupar, alguém para despejar algo que estava aprisionado em seus corações, o amor.

Não nos deixaram montar nossas barracas e insistiram que dormíssemos no chão do quiosque, que era mais confortável e mais protegido do vento. Não teve jeito, tivemos que aceitar. Eu já estava um pouco constrangido com tantas gentilezas. Os nossos amigos rapidamente trouxeram umas pranchas de compensado para que pudéssemos colocar os sacos de dormir no chão. Lembro-me muito bem de Michael fechar uma das laterais do quiosque para nos proteger do vento.

Despedimo-nos e combinamos acordar cedo para prosseguir viagem. Bem cedinho sou despertado por Paul, um dos canadenses, que veio de dingue para a praia nos avisar que o café estava na mesa. "Que mesa?", perguntei. Não dava para acreditar, mas ele nos preparou um belíssimo café da manhã no *deck* do seu veleiro. Subimos todos no dingue e fomos para o seu barco. Ao chegar ao veleiro, Paul pegou uma corneta e a tocou bem forte para avisar aos outros que já estávamos à mesa do café.

Deliciamo-nos com tudo de bom que um excelente hotel oferece. O sabor especial não era pelo fato de estarmos comendo ovos com *bacon*,ou torradas com geleia, mas sim a atitude, a preocupação em ver-nos bem alimentados antes de partir. Em seguida chegaram Michael e o californiano, com um saco de mantimentos em latas.

Michael insistiu que levássemos mantimentos extras, porque no mar nunca se sabe o que pode acontecer, dizia ele. Naquele momento era impossível dizer não. Tudo o que não precisávamos era de comida, e principalmente mais peso, porque a lataria era pesada. Depois de comer, todos voltaram para a praia, pois era hora de arrumarmos os barcos para partir. Era hora de dizer adeus. Comecei a sentir um aperto no coração, pois, na verdade, senti que eles precisavam mais da nossa atenção do que nós dos seus mantimentos, mas não havia jeito, tínhamos que partir, e eu ia ter que me acostumar a dizer adeus. Apesar de termos ficado apenas 15 horas juntos, parecia que éramos amigos de longa data. De onde vem uma ligação tão forte, tão rápida? O que será que tínhamos em comum fora o mar? No momento em que comecei a agradecer a eles, percebi que há muito tempo não sentia aquele tipo de energia. Como perdi meu pai com 18 anos, há muito tempo não recebia um abraço de pai, um abraço de homens que podiam ser meu pai. Senti muitas saudades do meu pai, mas ao mesmo tempo recebi um presente, uma oportunidade de sentir o que não experimentava havia muitos anos.

Arrastamos os barcos para a água, e eles por sua vez subiram em um pequeno dingue para nos seguir até a saída do canal. Os catamarãs saíram da praia já com boa velocidade, e eles aceleravam o máximo que podiam, mas eram muito pesados para um motor tão pequeno. Assim que me virei os vi desistindo de nos acompanhar. Todos estavam acenando para os barcos que apontavam para o mar aberto. Não dava mais para segurar tanta emoção e comecei a chorar de tal forma que estava difícil enxergar o que tinha pela frente – velejei só no instinto por um tempo.

O que eu estava deixando para trás, o que os quatro homens representaram para mim?, me pergunto sempre e nunca deixo de pensar nessa história. Onde estarão eles? Agora, a bordo do *Bye Bye Brasil*, viajando no tempo, recordo aquele encontro em uma noite nas Bahamas.

Como um cabrito — 24 de junho de 2008

Estamos começando o segundo dia de viagem. A saída foi bem emocionante, pois ventava muito ontem à tarde, uns 27 nós. Mesmo assim o *BBB* zarpou. Como havia muito mar o barco surfava as ondas com muita velocidade, jogando um aguaceiro em cima de nós.

O vento caiu um pouco e as condições do mar melhoraram. A primeira noite foi dura. Não é muito agradável começar um trecho tão longo com tudo molhado. Como quebrava muita onda em cima da barraca, a água invadiu o saco de dormir e molhou tudo o que tinha dentro dos nossos iglus. Pelo menos faz sol agora e penduramos tudo no mastro para secar.

Estamos ao sul da ilha Raiatea e amanhã vamos passar ao largo de Bora Bora. Infelizmente não vamos conhecer esse paraíso. A ordem é navegar, navegar e navegar.

Dia de pescaria — 25 de junho de 2008

O mar está pra peixe, menos para o Santos Futebol Clube, que está em uma fase péssima, mas competição é assim: 99% triste e 1% feliz. Aqui estamos quebrando recordes. Ontem, vimos o mar ferver. Era um cardume imenso de atuns se alimentando ou se acasalando. Eles estavam na superfície e nós cruzamos bem em cima deles. Igor jogou a linha e logo em seguida um atum mordeu a isca, mas não demorou a se soltar. Pensei: se não pegar algo hoje, nunca mais. Dez minutos depois, continuávamos ainda em cima do cardume. O mar ficou até mais liso, tamanha a agitação da turminha embaixo de nós.

Igor trocou a isca, continuamos a corricar e aí, sim, não deu outra: um lindo dourado de uns 4 quilos, que virou sashimi na hora do almoço. Até que enfim nos livramos das latinhas de atum ou salmão!

Já andamos mais de 300 milhas. Estamos fazendo uma média bem elevada, a melhor da viagem até agora. Mas o preço é alto: não sei se é melhor ir mais devagar, mas confortavelmente, ou depressa, todo molhado.

As noites estão longas, com 12 horas de escuridão, o que nos obriga a ficar esse tempo todo entocados na lata de sardinha, ou melhor, no meu caso, de girafa. Está difícil, o tempo não passa à noite, a mente passeia pelo mundo, viaja pela vida e, é claro, vem a saudade. Debora, onde você anda? Fico nostálgico e me recordo de uma das histórias mais importantes que vivi. Também foi durante a Entre-trópicos, quando cruzamos a floresta amazônica.

1994. Havíamos partido de Miami fazia cem dias, tempo para navegar por todo o mar azul do Caribe, que desenha sobre o mar um "colar de ilhas", desde o sul da Flórida até a Venezuela.

Estávamos em Granada e tínhamos pela frente a última perna do mar do Caribe. Atravessar as 95 milhas de mar aberto até Trinidad nem sempre é fácil, pois esse trecho é caminho de muita correnteza, vento forte, e o mar pode ser muito grande.

No dia da travessia o mar não estava para muita conversa, as ondas vinham de lado, vigorosas. Quebravam justamente no costado do catamarã, tentando nos arrancar da asa onde nos equilibrávamos para fugir daquelas enormes massas de água. As vagas estavam tão grandes que entre um vale de água e outro os catamarãs quase sumiam, dando-nos a ideia exata do tamanho do mar.

Era tanta água na cara que depois de algumas horas os nossos olhos começaram a ficar congestionados de sal. Naquele dia, a comida se restringiu a barrinhas de cereal.

A sensação de estar exposto aos elementos da natureza, que naquele dia criara um cenário impressionante e imponente diante dos dois pequenos barcos, ficou impregnada em minha alma, pois me lembro mais do que senti, do que vi. Foi um dia repleto de sensações.

Dias assim me faziam mergulhar dentro de mim e traziam à tona alguns medos do passado, da infância, de fracassar, de errar, de encontrar o limite e de admitir que sentia medo. Não conseguia disfarçar, pois o medo tem gosto, e não é bom. A boca fica seca, amarga, e não há água que elimine essa secura, esse amargor.

No meu barco eu tinha a companhia de Duncan e de Paulo Viana, o Pilha, cinegrafista que, apesar de não ter qualquer experiência no mar, não esboçava um sinal de medo, mesmo sob aquelas vagas gigantescas e um céu meio fechado. Para ele, que nunca havia subido a bordo de um barco e não tinha parâmetros do mar alto, a situação não era alarmante, mas nós sabíamos que um erro significaria grandes problemas, como a capotagem ou a quebra de um estaiamento e a queda do mastro. Em certo momento ele me perguntou: "Beto, é normal o barco descer estes jacarés surfando essas ondas enormes?". Não respondi. Preferi dar um sorriso. Era melhor pensar que estávamos com domínio sobre tudo.

Bem perto de nós, vinham o Gui von Schmidt, excelente fotógrafo e velejador, e o Carlos Caparros, velejador de Porto Rico que entrou na viagem substituindo um velejador brasileiro que não pôde vir na última hora.

No meio da tarde o céu escureceu mais e grandes nuvens anunciavam uma tempestade, aparentemente com muito vento. O mar, que já estava grande, adquiriu aspecto tenebroso. O vento, antes em torno dos 25 nós, aumentou, trazendo rajadas que faziam o mar parecer que borrifava água por todos os lados. Não enxergávamos quase nada; decidimos então recolher as velas e ficar em "árvore seca", quando o barco corre somente com o mastro. Gui tomou a mesma decisão.

A chuva chegou acompanhada de mais vento que soprava a cerca de 40 nós, e isso era apenas uma estimativa, pois não conseguíamos olhar para o vento. A água machucava os olhos, que eu tentava proteger com o capuz do casaco de tempo. Cedi minha roupa de borracha para o Pilha. Ele tem 1,60 metro de altura. Imaginem-no com uma roupa de um cara de 2 metros! A roupa ficou toda enrugada como pele de foca; aliás, ele parecia mesmo uma foca. Como ele usa óculos, passava a maior parte do tempo enxugando as lentes para tentar ver algo no visor da filmadora. Eu fiquei só de calção e casaco.

Olhando ao redor enxergávamos apenas o outro catamarã, que navegava mais ou menos paralelamente ao nosso, meio escondido pela cortina de água que despencava sobre nós e nos separava.

Não estava tão frio, mas a tensão me deixou trêmulo e dificultou a realização dos trabalhos manuais no barco, pois as mãos perdem a precisão. Apesar de tudo isso seguíamos, lentamente. Aos poucos fomos nos habituando com aquele universo aquático. O mar tinha adquirido um tom cinza-azulado, com cristas de ondas quebrando por todos os lados. Estava tudo uma cor só – não dava para distinguir o céu do mar.

A característica dos *squalls* (em inglês, tipo de vento de intensidade forte que acompanha grandes nuvens de chuva) é ser violento, mas de pouca duração.

Passados trinta minutos o vento começou a cair. Levantamos as velas novamente deixamos correr o barco.

Após a tempestade veio uma leve brisa com boa direção. Pelo GPS deveríamos começar a ver terra, mas, envoltos por uma neblina densa, navegávamos dentro de um mundo silencioso e cinza. Não conseguíamos enxergar além de 1 milha.

Meus olhos estavam fixos na proa, atentos a um sinal de terra, uma embarcação ou um pássaro. Ansioso e curioso, tentava imaginar a Boca do Dragão, a porta de entrada para a península de Paria – onde Cristóvão Colombo em sua terceira viagem à América, em agosto de 1498, ancorou duas naus –, e o norte de Trinidad e Tobago.

Parecia miragem: um leve traço desenhado no horizonte deixava entrever os primeiros pedaços de terra, que passavam a compor a paisagem à medida que nos aproximávamos. A Boca do Dragão fazia jus ao nome, pois as enormes escarpas de rocha negra que emergiam do mar eram castigadas incessantemente pela ondulação provocada pelos ventos alísios, predominantes naquela região.

Meu coração começava a ficar mais leve, pois encerrávamos a primeira etapa da viagem e finalmente eu estava diante de uma das muitas faces da América do Sul. A poucos metros vinha o outro catamarã, todos silenciosos, provavelmente tomados pela mesma emoção.

Quando cruzamos os dois paredões do portão principal das ilhas que formavam a entrada do golfo de Paria a ondulação cessou repentinamente, o vento caiu e o mundo mudou totalmente – tive uma sensação de proteção.

Deixamos para trás o mar do Caribe. Agora, o objetivo era algo muito maior: navegar por um mar desconhecido, o mar fluvial de duas grandes bacias, a do Orinoco e a do Amazonas.

O roteiro ia refazer o caminho de Alexander von Humboldt, que, em 1800, com o francês Aimé Bonpland, subiu de canoa o rio Orinoco. No alto do rio, já próximo do maciço do pico da Neblina, ainda em terras venezuelanas, encontraram o canal de Casiquiare, um canal natural de 360 quilômetros de comprimento que liga as duas bacias, através do qual chegaram ao rio Negro, e, depois de alguns dias, entraram em águas brasileiras.

Patrocinada pelo rei da Espanha, que estava em guerra com Portugal, a viagem chegou ao conhecimento das autoridades portuguesas, que enviaram uma ordem para detê-los e fazê-los voltar pelo mesmo caminho. O plano de Humboldt era chegar a Belém, na foz do rio Amazonas, e provar que era possível criar uma nova rota comercial pela floresta amazônica.

Quem teve a ideia maluca de fazer esse roteiro pela floresta amazônica foi Marcus Sulzbacher, meu sócio nesse projeto, que estava temporariamente no Brasil. Ele partira conosco de Miami, interrompera a viagem por setenta dias, e voltara a navegar depois de Ciudad Bolívar, na Venezuela. Embora não haja linha regular de navegação e pouca gente se aventure por ali, pode-se sair do Caribe e chegar ao oceano Atlântico através dos rios amazônicos.

Chegamos à baía de Chaguaramas por volta das 21h30, debaixo daquelas chuvas grossas e torrenciais, típicas dos trópicos. Já antevia o que seriam os próximos meses. Puxamos o barco pela rampa de cimento do iate clube que exalava ares de abandono. Pouco mais acima, o pequeno restaurante do clube estava lotado de velejadores. Eles não notaram a nossa presença, camuflada pela escuridão.

Esfomeados, entramos mesmo encharcados. O recinto emudeceu, ficamos constrangidos.

Alguém perguntou: *"Hay hamburguesas?"*. Do outro lado veio a resposta: *"Sí, señor"*.

"Então, dez *hamburguesas*, por favor."

Depois disso foi fácil fazer amigos.

A parada em Trinidad foi técnica. Precisávamos reparar as velas, comprar um motor de popa e buscar informações para encontrar a entrada do rio Orinoco, bem como construir duas bases na traseira dos barcos para adaptar os motores. Cometemos um grave erro de logística. Imaginamos que as primeiras 200 milhas pelo rio até Ciudad Bolívar seriam velejadas, pois segundo a informação que havíamos levantado, os ventos alísios sopravam rio acima, mas ao chegarmos lá vimos que teríamos que usar um pequeno motor de popa. Não havia quase vento, e muita corrente contra. Não tínhamos cartas fluviais, nem marcações precisas de latitude e longitude – tudo era estimado, com base num mapa de atlas. Inacreditavelmente, a própria Venezuela não tinha levantamento preciso de sua hidrografia.

Era o começo da estação das chuvas, e o rio estava caudaloso, com um volume de água inimaginável, provocando uma corrente contra de até 8 nós em alguns pontos, suficiente para não conseguirmos vencê-la.

Compramos, para vencer as primeiras 200 milhas até Ciudad Bolívar, um motor de segunda mão de 6 HP. Lá pegaríamos os motores definitivos, encomendados no Brasil.

Partimos do iate clube de Chaguaramas rumo à Boca de la Serpiente, canal situado entre o sul da ilha de Trinidad e Tobago e a Venezuela, bem na foz do rio Orinoco. Passamos por muitas plataformas de petróleo, e à medida que nos aproximávamos do delta do rio a água ficava bem barrenta e menos salgada.

No segundo dia, navegando na costa da Venezuela, entre os manguezais, procuramos o Macareo, um dos canais do delta do Orinoco. Sob chuva e vento variável, ao anoitecer avistamos algumas palafitas no fundo de uma baía, que parecia ser a entrada do canal. As palafitas sustentavam cerca de cinco habitações dos índios Warrao, que vivem naquela região.

Perguntamos sobre o canal Macareo. Disseram-nos que ficava mais a leste. Pedimos-lhes que nos deixassem amarrar os barcos nas estacas para passar a noite. Convidaram-nos para subir e comer um peixe; em troca, oferecemos comidas liofilizadas, e debaixo de um temporal celebramos um jantar recheado de perguntas. Como sempre ouvimos a mesma história: os pescadores artesanais estavam sumindo, substituídos pela pesca industrial e predatória. Eles viviam à beira da miséria, em palafitas primitivas, sem nenhuma estrutura de saneamento. Quando a maré baixava, os cachorros e as crianças desciam as escadas e andavam em cima do lodo dos manguezais procurando o que comer.

Choveu a noite toda. Na manhã seguinte partimos debaixo de um temporal com muito vento. A costa verde de mangue se estendia a perder de vista, tingida por uma névoa causada pelo mau tempo. Avançamos tateando o litoral deserto da Venezuela. No começo da tarde vi ao longe um barco muito veloz que me chamou a atenção. Em seguida outro, e mais outro. Perguntei a Duncan o que seriam aquelas embarcações.

Sabíamos que naquele trecho da costa não existia nada. Ficamos intrigados. De repente uma das embarcações veio em nossa direção. Nós vínhamos com pouco vento e foi fácil para eles se aproximarem de nós. Ouvimos algumas perguntas em francês vindas do barco. Respondemos em inglês, e finalmente alguém falou em espanhol: "De onde vocês vêm? Para onde vão?". Descrevemos brevemente a nossa expedição e perguntamos sobre a localização do canal Macareo. Eles sorriram e nos explicaram que trabalhavam para uma empresa francesa de exploração de petróleo em parceria com a estatal venezuelana. A base deles ficava algumas milhas acima do canal Macareo, um pouco adiante.

Ofereceram-nos reboque para subir o canal até a base. Amarrados na popa da lancha, começamos a entrar na floresta. Da imensa baía em que estávamos fomos levados ao fundo de um canal estreito. Sabia que aqueles eram os últimos trechos de água salgada e que para ver o mar de novo precisávamos cortar toda a Amazônia e, meses depois, chegar a Belém.

O rio fez uma curva, e uma grande cidade flutuante apareceu ao longe, incrustada na mata. Parecia um cenário de filme de guerra. Helicópteros subiam e desciam, lanchas voadeiras rasgavam o rio em alta velocidade e barcaças passavam carregadas. Nunca tinha visto algo igual na vida.

A cidade era composta por contêineres agrupados em cima de uma grande base flutuante. Ligados uns aos outros, havia outros menores. Ali viviam técnicos, engenheiros, pilotos e funcionários da empresa. Fomos recebidos pelo diretor da operação, um simpático geólogo venezuelano.

Amarramos os barcos num lugar seguro e fomos convidados a conhecer a base e ali pernoitar. Ficamos hospedados nos alojamentos dos pilotos de helicópteros, que nos fizeram muitas perguntas. Um deles, um americano que trabalhou na bacia de Campos, era aficionado por bossa nova. Fizemos uma *happy hour* com os pilotos ao som de *Garota de Ipanema*, a música brasileira mais conhecida fora do Brasil, acredito eu.

Contamos ao chefe da base o nosso plano de subir o canal Macareo com um barco rebocando outro com apenas um motor de 6 HP, contra a corrente e com a cara e a coragem. Ele nos ofereceu, para as primeiras 24 horas, o reboque de uma balsa que ia subir o rio puxada por uma espécie de rebocador para buscar combustível para o acampamento.

A balsa partiu, pontualmente, às 5 horas da manhã puxando os dois catamarãs, comigo no leme de um deles e o Duncan no outro. Passamos o dia atrás da gigantesca balsa, navegando por um mundo novo, verde, cheio de pássaros e também de mistério. De quando em quando, avistávamos fazendas de gado. A vegetação da beira do rio era composta de árvores frondosas, em que os guarás brancos e vermelhos se empoleiravam. Quando a balsa se aproximava, se assustavam com o barulho do motor e batiam em retirada para outra árvore mais à frente, e assim iam nos acompanhando, fazendo um espetáculo colorido contra a mata verde.

No final da tarde o tempo melhorou, e uma luz de um vermelho rosado, tingindo a noite azul que se aproximava, proporcionou um dos crepúsculos mais lindos deste planeta.

A carona terminou à meia-noite. Desamarramos os cabos que nos prendiam ao barco-mãe e ficamos no meio da escuridão, com um catamarã amarrado ao outro, boiando no meio do nada, tentando fazer pegar o motor de popa, o que nos deu uma canseira. Até Cuidad Bolívar tínhamos que nos virar com um motor de popa, ou seja, um dos barcos teria que ser rebocado.

Navegamos rio acima até encontrar um cantinho para amarrar os barcos e descansar. Logo na manhã seguinte continuamos a navegação e passamos pela primeira cidade, Tucupita, sem parar. À tarde pegamos um temporal tão forte que, mesmo só com a buja, os barcos voaram. Ao anoitecer chegamos a uma vila muito pobre e encostamos os barcos. Falávamos inglês entre nós por causa da presença do Duncan. Alguns sujeitos mal-encarados começaram a dirigir-se agressivamente ao Gui. Cansado e entretido em levantar o motor do barco, vi Gui saltar para dentro do barco e gritar num tom sério e decidido: "Betão, sai rápido pelo amor de Deus". Não entendi na hora, mas pelo tom do Gui nem discuti. Quando o barco começou a pegar velocidade, apareceram outros caras mal- encarados brandindo enormes facões, mas já estávamos safos. Soubemos depois que as pessoas que moram na região não se dão bem com os guianenses da República Guiana, antiga Guiana Inglesa, e como falávamos inglês... Não deu nem tempo para explicar, o jeito foi sair à toda.

Fomos dormir encostados na margem do rio bem mais adiante, num lugar bem ermo.

No dia seguinte navegamos, sem parar, para Barrancas, pois deveríamos abastecer o barco e comprar galões de gasolina para ter autonomia maior de viagem. Na hora do almoço atracamos no píer principal da cidade, que tem uma forma original, uma espécie de escadaria de cimento. Ao comprar gasolina e galões é que lembramos que não tínhamos bolívares, a moeda local. Como o dólar valia muito, e a gasolina era muito barata, era impossível alguém trocar uma nota de cem dólares por bolívares. A cidade era pequena, desacostumada a receber turistas. O dono do posto tinha os galões, mas não podia aceitar dólares. Propusemos um escambo. Dei-lhe uma agenda, um litro de uísque, uma caneta dourada, uma calculadora e comida liofilizada.

Todos saímos felizes, e assim prosseguimos viagem. Não tínhamos a menor ideia de como seria resolvido o problema de abastecimento dos motores na subida do rio depois de Ciudad Bolívar, distante quatro dias de viagem. Passamos por Ciudad Guayana e Puerto Ordaz, onde pernoitamos no iate clube local. A correnteza era bem forte em alguns trechos do rio, e só conseguimos avançar porque teve bastante vento nos dois últimos dias. Içamos as velas e ganhamos um empurrão da natureza.

A chegada a Ciudad Bolívar foi num começo de tarde, sob forte calor. A cidade, fundada em 1595, debruça-se sobre o rio Orinoco e, por incrível que pareça, não tem iate clube. Em compensação existe uma enorme base da Marinha venezuelana, para onde nos dirigimos. Fomos recebidos muito bem por dois oficiais. Fizemos a entrada oficial no país, pois até então estávamos ilegais. O almirante da base nos deu permissão para ficarmos lá, pois deveríamos ir a Caracas, distante 600 quilômetros, pegar a carga procedente do Brasil e dos Estados Unidos. Disse-nos ainda que éramos convidados da base, pois para ele quem conseguiu vir em pequenos barcos de Miami até lá ou era muito sortudo ou bom marinheiro. Como ele não acreditava em sorte no mar, éramos bons marinheiros e deveríamos ser bem acolhidos.

Do Brasil vinham dois motores de popa Suzuki de 8 HP, barraca, equipamento para *trekking* e roupas para a floresta; dos Estados Unidos, uma barraca especialmente construída para ser adaptada em um dos barcos e toda a alimentação liofilizada, frutas secas etc.

Na capital, fomos direto à empresa de correios buscar nossas encomendas. Para nossa surpresa ninguém sabia de coisa alguma e, pior, eles, que eram um de nossos apoiadores no projeto, nunca tinham ouvido falar da viagem.

Depois de algum tempo consegui ser recebido pelo presidente da empresa. Muito gentil, depois de ouvir as explicações, pediu-me que voltasse no dia seguinte.

Nessa etapa da viagem o Gui e o Pilha voltariam para o Brasil. Marcus viria para continuar a viagem. Fiquei somente com o Duncan.

À noite fomos recebidos pelo embaixador brasileiro e pelo adido cultural. A ajuda da embaixada do Brasil foi fundamental, pois conseguiram permissão para navegar no alto Orinoco, que é área de proteção ambiental e reserva indígena. Para complicar, um trecho do rio faz fronteira com a Colômbia em região militarizada pelas Farc.

No dia seguinte voltei à empresa e recebi a notícia-bomba. Houve um erro de comunicação lá dentro e ninguém sabia dizer onde estava a nossa carga. Sem ela não podíamos sair de Ciudad Bolívar. O presidente me pediu uma semana para resolver – para nós, uma eternidade.

Sem muita opção, Duncan e eu decidimos fazer turismo pela Venezuela naqueles dias. Fomos conhecer o salto Ángel.

Voltamos para Caracas agradecidos pelo atraso dos equipamentos, pois pudemos conhecer um dos lugares mais deslumbrantes do planeta. Novamente o presidente nos recebeu e novamente não nos deu boas notícias. O equipamento estava preso na alfândega, pois as licenças estavam erradas: no caso das comidas, faltava a licença fitossanitária, e no dos motores, as notas fiscais originais.

Novamente me pediu mais uma semana. Sem saber o que fazer, voltei para Ciudad Bolívar, pois lá não gastaria dinheiro para dormir, e também estava preocupado com os barcos amarrados no píer local.

A Copa do Mundo de 94 estava no início e, como não tinha o que fazer, eu passava o dia na sala dos oficiais assistindo aos jogos. Minha vida se resumiu a esperar até que tudo fosse resolvido.

Não adiantava ir a Caracas e ficar trancado num hotel, mas ficar longe também me dava a sensação de que eu não estava me empenhando para resolver a questão. Voltei a Caracas e passei a ir todos os dias ao escritório da empresa de correios.

Depois de 27 dias recebi a notícia de que as mercadorias estavam liberadas. Só precisava encontrar um jeito de mandar tudo para Ciudad Bolívar. Também dessa vez contei com o auxílio do almirante da base, que se prontificou a mandar um caminhão para Caracas pegar os equipamentos.

Marcus chegou do Brasil e juntou-se a nós para montar a barraca no barco. Ela pesava uns 240 quilos e foi projetada para aguentar a chuva pesada da Amazônia, evitar entrada de mosquitos à noite e abrigar quatro pessoas com bastante equipamento.

Meu barco foi incumbido de levar o enorme mastro do outro barco, mais as velas e a retranca. Além dos nove galões com 200 litros de gasolina, que nos davam uma autonomia de três dias.

Os barcos estavam pesados, pois levávamos comida para todo o trajeto. A água para beber seria a do próprio rio, que era bem barrenta. Para disfarçar o gosto, acrescentávamos o "preparado sólido para refresco"..

Estávamos prontos para partir, e depois de tantos dias ociosos tínhamos que andar rápido. Já havíamos ficado 37 dias em Ciudad Bolívar, partiríamos numa terça-feira, mas a Copa do Mundo estava na fase final e o Brasil ia jogar a semifinal com a Suécia na quinta-feira, e eu não queria perder esse jogo por nada. Ganhamos no sufoco, e a final seria no domingo. Decidimos então partir na sexta-feira de manhã e encontrar alguma vila para assistir à final.

A nossa saída foi em grande estilo. Acompanhados por duas lanchas da Marinha venezuelana, deixamos os amigos que nos acolheram tão bem. O almirante me deu seu cartão e uma carta em que dizia que éramos amigos pessoais dele. Meio embaraçado, ele nos alertou que iríamos ter problemas com a Guardia Nacional, a polícia federal deles, que era muito corrupta. A carta era como um salvo-conduto.

O Orinoco é um rio de proporções amazônicas e em alguns trechos mal se pode avistar as margens; em outros pontos ele se estreita bastante, aumentando muito a correnteza.

A chuva continuava a cair em grandes volumes. Somente durante os 37 dias que ficamos em Ciudad Bolívar o rio subiu 11 metros, um absurdo, considerando o tamanho dele.

Durante o dia o calor era um inferno, e eu, que navegava no meu barco debaixo do sol, tinha que me banhar a cada quinze minutos: pegava um balde de água do rio e despejava na cabeça.

À tarde o céu ficava encoberto e começavam a se formar as nuvens pesadas cinza-chumbo-escuro e os trovões pareciam gigantes marchando em nossa direção, tamanha era a vibração. A chuva era sempre precedida de muito vento. Só parava de cair na madrugada, e assim dia a dia o rio continuou a subir.

Não encontramos nenhuma vila dotada de energia elétrica para assistirmos ao jogo. Na época, nosso sistema de comunicação era um negócio novo, que nem sabíamos como operar, nem entendíamos como funcionava. Chamava-se internet.

Para fazer conexão no nosso *notebook,* usávamos uma antena via satélite e, como o sistema não era aberto, tínhamos um endereço para enviar as mensagens. O equipamento foi cedido pela Esca, uma empresa que fazia parte do projeto Sivam, o sistema de vigilância da Amazônia.

Era algo bem moderno, mas a velocidade de envio era absurdamente lenta: um parágrafo de duas linhas demorava sete minutos para ser enviado, e outros sete para receber.

No domingo, dia da final da copa, enviamos um *e-mail* para a Esca, que tinha técnicos de plantão, pedindo que nos mandassem *e-mails* com informações a cada cinco ou dez minutos do jogo Brasil x Itália.

Nesse dia navegamos quase colados um no outro, com o Duncan ao leme do barco-casa e o Marcus na barraca, conectado, esperando informações.

Dois pequenos barcos navegando na Amazônia venezuelana conectados a acontecimentos esportivos do outro lado do mundo! Na hora não percebi, mas o mundo estava diante de um processo gigantesco que ia mudar o modo de comunicação do homem. Os informes sobre o jogo chegaram durante um tempo, até que o último *e-mail* dizia: 3 a 2 nos pênaltis e o Baggio vai bater, mas não disseram quem estava ganhando, e logo em seguida a conexão caiu. Ficamos enlouquecidos, ansiosos e sem notícias. Decidimos que só pararíamos quando encontrássemos uma vila.

A noite caiu, e nós navegávamos em meio à escuridão. Por volta das 21 horas vislumbrei uma luz fraca ao longe: era um vilarejo. Aproximamo-nos bem devagar e encostamos os barcos em um gramado onde havia dois vultos. Eram dois curiosos que haviam visto as lanternas dos barcos se aproximando. Nem me lembro se os cumprimentei antes de perguntar se sabiam do resultado do jogo do Brasil. Um deles prontamente respondeu: "Três a dois para a Itália". Meu mundo caiu.

Amarramos os barcos e depois de muita insistência do Marcus e do Duncan aceitei procurar alguém para cozinhar algo para nós. A vila era bem pequena, nem luz elétrica havia. As luzes que avistamos eram de lampiões.

Chegamos à casa de uma senhora que aceitou nos preparar um jantar. Ficamos sentados na varanda, esperando. Por mim teria ido dormir sem comer.

Passados alguns minutos chegaram o marido e o filho, que voltavam de carro da cidade vizinha – provida de energia elétrica – para onde haviam ido a fim de ver o jogo. Quando souberam que éramos brasileiros, nos deram efusivamente a notícia de que o Brasil era tetracampeão.

Não entendemos a princípio, e por várias vezes perguntávamos se tinham certeza, e eles confirmavam com muita segurança. Contamos que uns tipos nos disseram exatamente o contrário. Meus olhos ficaram marejados, não podia acreditar. Acho que fomos os últimos brasileiros a saber que éramos tetra.

Jantei o melhor frango com fritas do planeta Terra.

Os próximos dias foram longos, pois acordávamos bem cedo. Como a correnteza era forte, e os motores, pequenos, andávamos só 5 quilômetros por hora. Sempre fazíamos a curva do rio pelo lado de dentro, para evitar a correnteza mais forte do lado oposto. Houve várias vezes em que praticamente ficamos parados, tamanha era a força da corrente, que anulava a potência dos motores.

O rio, na verdade, era um mar, de tão grande. Em geral, depois de uma curva, vinha uma reta tão longa que o horizonte se fundia com a água do rio. Eu firme no leme, com aquele zumbido incômodo do motor, olhando pacientemente a margem. A velocidade era tão pequena que se podia contar as árvores. A viagem pouco a pouco foi se transformando numa jornada interna. Ouvindo *walkman* e sentindo a vida.

Os fins de tarde que precediam a chuva sempre proporcionavam um espetáculo de luz. O entardecer nos rios parece mais bonito que no mar.

Depois de nove dias chegamos a Puerto Ayacucho, capital do Estado Amazonas, da Venezuela, fundada em dezembro de 1924, distante 831 quilômetros de Caracas, onde estaria o fotógrafo Roberto Linsker, que iniciaria sua participação na expedição.

Navegamos 670 quilômetros em nove dias, uma média de 74 quilômetros diários, e, como navegávamos doze horas por dia, fazíamos uma média de 6 quilômetros por hora. Um verdadeiro teste de paciência!

Alguns quilômetros antes da chegada, Marcus e Duncan conseguiram passar por uma corredeira na margem esquerda, que era a Venezuela. Eu não consegui e decidi atravessar pelo lado colombiano, onde imaginei encontrar menos corrente contra. Passei bem colado à margem e a um povoado chamado Casuarito.

Quando estava já defronte de Puerto Ayacucho atravessei o rio para o lado venezuelano. De repente ouço alguém gritar meu nome, desacelero o motor e olho alguém correndo na margem: era Roberto Linsker, meu querido amigo.

Encostei o barco, ele deu um pulo e subiu a bordo. Abraçamo-nos e demos muita risada, pois ele nos esperava em Puerto Ayacucho fazia dois dias e, como não sabia quando iríamos chegar, atravessou o rio para conhecer Casuarito. Ótima coincidência encontrá-lo do outro lado, graças àquela difícil corredeira.

Pouco acima de Puerto Ayacucho o rio Orinoco deixa de ser navegável por alguns quilômetros por causa das corredeiras de Atures. Somente em Puerto Samariapo, 60 quilômetros rio acima, ele volta a ser navegável.

Não tínhamos ideia de como levar os barcos rio acima. Sabíamos que isso teria que ser improvisado. Dependíamos outra vez de uma alma boa para fazer o transporte. Desmontar os barcos seria uma tarefa árdua, mas não havia outro modo.

Na cidade encontro o barco do Marcus encostado perto de uma rampa onde estava estacionada uma carreta de dimensões semelhantes às de nossa embarcação. Parecia mais uma carreta para catamarãs do que para um monocasco convencional, mas quem teria um catamarã naquele fim de mundo?

Um venezuelano de Caracas! Era dele aquela carreta, usada para transportar um catamarã inflável – com o qual realizava passeios turísticos pelas corredeiras de Atures – de mesma dimensão dos nossos barcos, com a ajuda de um jipe. O amigo venezuelano se solidarizou com a nossa viagem e nos fez um favor inestimável, rebocando, um por um, os barcos até Puerto Samariapo.

Dois dias depois, partimos de Puerto Samariapo, já no alto Orinoco. Subimos o rio, que naquele trecho tem ilhas bastante grandes, e no dia seguinte chegamos a Maipures, onde mostramos a permissão de navegação à Guardia Nacional. Inicialmente, as autoridades queriam nosso equipamento fotográfico como *regalo*. Não levei a sério. Depois, um deles pediu minha bota. Expliquei que tudo o que tínhamos era estritamente necessário e mostrei as duas cartas: a do ministro do Interior e a do nosso amigo almirante.

Conseguimos deixar os barcos em um lugar seguro, pois as cartas fizeram o tratamento mudar completamente. No dia seguinte saímos do rio Orinoco e subimos o rio Sipapo, a fim de conhecer o cerro Autana, uma montanha de 1.300 metros de altura, sagrada para os indígenas da região. Na língua dos índios Pemon que habitavam a Grande Savana, era conhecida como *tepui* Autana, que quer dizer "casa dos deuses". Ela tem formato de mesa, com um cume totalmente plano.

Há outros *tepuis* também bem conhecidos, como o Roraima e o Auyantepui, de onde despencam as águas do salto Ángel.

Navegamos um dia inteiro com um guia local em uma voadeira. No final do dia chegamos à casa de uma família de índios, que nos acolheu mediante pagamento em dinheiro. No dia seguinte bem cedo partimos para uma aldeia situada no rio Autana. Lá contratamos um guia para nos levar a uma montanha localizada ao lado do *tepui* Autana. Como é muito difícil escalar o Autana, decidimos subir a montanha vizinha para termos uma boa visão dele. A voadeira adentrou um canal bem estreito que foi se afunilando pela mata, até encalhar. A luz que passava por entre as árvores tingia as folhas de um amarelo que contrastava com a água meio avermelhada do riacho.

Descemos da canoa e começamos a caminhar pela água até nosso guia encontrar a trilha. Ele caminhava com uma facilidade impressionante e por ser pequeno e leve parecia uma criança a nos guiar. Aquele pequeno homem tinha algo especial, uma suavidade de alma, e trazia uma alegria e simplicidade contagiantes.

Depois de uma hora chegamos ao cume do cerro. Na nossa frente estava o famoso *tepui* Autana, que se erguia imponente. Podíamos ver 360 graus de horizonte e a grande floresta, que se estendia para além de tudo. Para qualquer lado que nos virássemos víamos o mar verde, os rios desenhando curvas na floresta. Lá de cima podíamos ver algumas nuvens despejando muita chuva sobre a floresta, fechando o ciclo de evaporação, um milagre da natureza que devolve a água à bacia do Orinoco.

O que será da Amazônia sem a mata nativa? O que será dos animais da floresta? O que será do homem sem os recursos da natureza? Sentados numa pedra, ficamos a observar aquele mágico lugar, longe dos locais que achamos importantes, dos grandes centros urbanos, onde a vida passa rápido e engana a muitos, dando a sensação de que lá se encontra o centro da vitalidade. Assim, vivemos afastados da natureza, que é a nossa principal referência e a única coisa capaz de nos revitalizar quando estamos carentes de energia.

O que será de nós quando já não tivermos lugares limpos e puros para nos curar? Estaremos órfãos de mãe, da Mãe Natureza.

Na descida da montanha o guia, já antevendo a chuva, arrancou de uma árvore uma folha larga, com a qual começou a confeccionar, enquanto caminhava, um chapéu. Quando a chuva caiu, ele o colocou na cabeça e assim que a chuva se foi jogou-o fora. Uma perfeita adaptação à vida e suas circunstâncias! Nós, ao contrário, vivemos acumulando milhões de coisas que quase sempre usamos só uma vez e as guardamos pelo resto da vida.

No dia seguinte voltamos a Maipures para continuar nossa jornada rumo ao canal de Casiquiare. O oficial responsável pela base da Guardia Nacional nos advertiu que os próximos dias seriam perigosos, pois uma viagem pela fronteira com a Colômbia envolvia muitos riscos, e um ataque das Farcs era uma possibilidade que não poderia ser descartada. Sem ter qualquer argumento na ponta da língua, perguntei qual seria a nossa opção.

Ele nos disse que poderia disponibilizar uma lancha para nos seguir nos próximos dois dias, com o pessoal dele armado, como batedores.

Perguntei-lhe sobre o custo desse aparato, ao que respondeu que ia nos cobrar um valor simbólico de 2.000 dólares. Quase caí de costas, e não disse nem sim, nem não. Reunimo-nos e avaliamos os riscos dos próximos dois dias. Pensamos em navegar à noite e ficar escondidos durante o dia, sempre colados na margem venezuelana.

Desconfiamos do apetite do oficial e preferimos partir sozinhos, acordando bem cedo e andando o máximo possível para atravessar logo aquela região. Partimos logo pela manhã e mantivemos um dos olhos no outro lado da margem. Compramos gasolina nas vilas, acampamentos indígenas, fazendas e até de ribeirinhos.

Às vezes o rio se estreitava a uma largura de cerca de 800 metros, uma distância que não nos deixaria passar despercebidos. Para a primeira noite decidimos procurar um lugar mais ou menos escondido. Amarramos os barcos bem perto da margem, numa pequena clareira.

Quando anoiteceu estávamos já dentro da barraca comendo o preparado liofilizado francês. De olho na janela equipada com tela contra os insetos, mantínhamos o mínimo de luz para não chamar a atenção. Começou a despencar um temporal, daqueles que não deixavam enxergar além de 100 metros. À noite sempre fazia um friozinho gostoso. Assim que nos enfiamos nos sacos de dormir, percebi um facho de luz iluminando os nossos barcos e em seguida o barulho de um motor. Gelei. Pensei: vamos ser atacados, serão piratas da Colômbia, Farcs... passou tudo pela minha cabeça.

Combinamos não acender nenhuma luz e ficamos ali observando o movimento. Um barco se aproximou e parecia querer ancorar. O motor continuava ligado, mas continuavam a iluminar a nossa barraca.

Mudamos a tática: pegamos uma lanterna de mil velas e dirigimos o foco bem na direção do barulho do motor. Vimos que era um pequeno barco local, com uma capota de madeira. Não conseguimos distinguir o número de pessoas a bordo, mas tratei de pensar no que fazer caso eles nos atacassem.

A chuva continuava forte. Depois de uns dez minutos, o barco partiu, mas continuamos alertas, pois eles poderiam nos pegar de surpresa subindo contra a corrente e descendo com o motor desligado. Ficamos um bom tempo no escuro, de olho lá fora.

O dia amanheceu calmo, e com a luz do sol me sentia mais confortável. Sem perder tempo, partimos para San Fernando de Atabapo, que fica na confluência do rio Atabapo com o Orinoco. Ali o rio Orinoco faz uma curva para a esquerda e se separa da fronteira com a Colômbia.

No final do dia paramos o barco para descansar já em águas seguras, longe da Colômbia. Navegamos em dois dias 160 quilômetros. Depois do rio Atabapo, o Orinoco ficou mais estreito, e para chegar à entrada do canal de Casiquiare ainda teríamos mais 360 quilômetros.

Os dias eram longos e muitas vezes monótonos, pois só víamos árvores e mais árvores. Roberto e eu nos revezávamos no leme do barco. Li um livro que contava a saga dos exploradores do Amazonas, como Francisco de Orellana, Lope de Aguirre, La Condamine, Pedro Teixeira e Alexander von Humboldt. Viajávamos no alto Orinoco duzentos anos depois de Humboldt e Bonpland terem passado por lá, e acho que o que eles viram era exatamente o que nós estávamos vendo agora.

Naquela época, para conseguir subir os rios, eles eram levados em canoas pelos índios. Os relatos contam também que eram atacados por um tipo de inseto minúsculo e, como não tinham roupas especiais, foram ficando inchados de tanta picada. De fato, a pior coisa da floresta venezuelana é o *ren ren*, uma espécie de borrachudo que ataca em bando. Nós pelo menos tínhamos um pouco de velocidade para fugir dos bichos, mas na hora de encostar na margem para dormir a operação tinha que ser feita rapidamente, de calça comprida e mangas longas. O repelente valia ouro.

Os fins de tarde continuavam maravilhosos, e, quando a chuva não caía mais cedo, assistíamos às revoadas de pássaros que ficavam empoleirados nas árvores e levantavam voo ao menor ruído, proporcionando um espetáculo fascinante.

Nas noites de chuva um friozinho invadia as barracas. E era à noite que conversávamos, único momento em que estávamos os quatro juntos. Quando a chuva parava, podíamos ouvir o som da floresta, centenas de pios, ruídos de seres cujo tamanho ou forma nem sequer imaginávamos. Estar afastado da margem me dava uma sensação de conforto. As nuvens se dissipavam e pela janela podiam-se ver estrelas se acenderem no céu. Parecíamos estar numa nave espacial, tantas eram as estrelas que nos envolviam.

De manhã sentíamos o cheiro da mata úmida. As folhagens verdes cristalinas e límpidas que pareciam pertencer a um jardim encantado, pacientemente cultivado por um paisagista mágico.

Mais alguns dias de viagem e chegamos a Tama Tama, uma pequena comunidade de índios que fica cerca de 2 quilômetros depois da entrada do canal de Casiquiare, onde compramos gasolina e pegamos algumas informações.

Conversa vem, conversa vai, uma pessoa me perguntou se havíamos visto um barco, uns dias atrás, durante a noite, nos iluminar. Respondi que sim, e que nos tinha dado um tremendo susto, pois pensávamos ser ladrões. O homem riu e me disse tratar-se de pesquisadores ingleses que subiam o rio e tiveram a curiosidade despertada pelo mastro do veleiro, e lá ficaram tentando descobrir o que eram aquelas duas estranhas embarcações. Pois é, essa lei de Murphy é danada mesmo: isso tinha que acontecer bem na fronteira com a Colômbia!

Nossa navegação era feita de forma muito imprecisa, pois, apesar de recorrermos ao GPS, a carta que consultávamos não passava de um mapa turístico, em que Orinoco e o Casiquiare se resumiam a pequenos traços.

A entrada do canal era tão estreita que não conseguimos percebê-la. Só foi possível encontrá-la com o auxílio dos índios. Fizemos uma festa ao chegar à boca do canal, e a vida mudou bastante a partir daquele ponto, pois passamos a navegar a favor da corrente. Depois de 21 dias subindo os 1.800 quilômetros do rio Orinoco, o barco ganhou velocidade, pois nessa época do ano chovia muito e o canal estava rápido.

O canal tem 326 quilômetros de comprimento e constitui um fenômeno geográfico raríssimo, pois normalmente ele deveria correr no sentido da bacia do Orinoco. A rigor tudo o que está na margem esquerda do Orinoco – Casiquiare, rio Negro e rio Amazonas – é uma gigantesca ilha marítimo-fluvial.

Embora Humboldt o tenha explorado, foi o padre Cristóbal de Acuña que em 1639 fez os primeiros relatos mais precisos do local.

A abertura do canal, de cerca de 50 metros, ia se alargando à medida que descíamos. Encontramos muitos bancos de areia e algumas corredeiras. O maior risco era bater a rabeta do motor de popa e perder a propulsão. Como precaução, levávamos aquele velho motor de 6 HP comprado em Trinidad.

Como o canal era estreito e rápido, podiam-se ver bem os rodamoinhos. As margens bem próximas uma da outra davam-nos a sensação de estar mais do que nunca dentro da floresta. Navegar vendo árvores por todos os lados a bordo do meu catamarã que um dia partiu de Miami me deu uma sensação de grandiosidade em relação à expedição. "Que viagem maluca esta!", pensei.

O que será que existe lá dentro da floresta? Os rios da floresta são como estradas – fora deles a gente entra num mundo extremamente selvagem e difícil. Apesar de tudo seguíamos viagem.

No segundo dia encontramos a primeira tribo de Ianomâmi, exatamente como nos haviam dito em Tama Tama. Primeiro, vimos alguns índios numa canoa; depois, a aldeia. No primeiro contato fomos bem cautelosos e encostamos os barcos bem devagar na margem direita, em frente à aldeia.

Roberto saltou para a terra e foi se apresentar. Toda a aldeia se reuniu para nos ver. Crianças e jovens se aproximaram dos barcos. O chefe conversou com Roberto em espanhol e autorizou filmagem e registros fotográficos. Retribuímos com um pouco de comida, como castanhas e barras de cereal.

Os Ianomâmi, cerca de 20 mil indivíduos espalhados em 360 agrupamentos, vivem em grande parte nas terras ao redor do pico da Neblina. Praticamente sem contato com o homem branco até meados dos anos 1950, protegidos pela inacessibilidade dos rios e cachoeiras que circundam seu território, são um povo de cultura milenar. Desconhecem qualquer sistema de contagem, mas são hábeis guerreiros e caçadores.

Causava-nos aflição ver os índios serem devorados pelos insetos, sem nenhuma proteção. Ninguém ficava com os braços parados, e em volta do cacique algumas crianças ficavam batendo nas pernas e costas dele para espantar os bichos. Cena inusitada! A nossa salvação foram as calças compridas, mangas longas e repelentes.

Peguei no barco um livro de fotografias sobre a Amazônia e me agachei ao lado das crianças, que, curiosas, me rodearam. À medida que eu apontava uma foto no livro, elas me falavam o nome em Ianomâmi. Foi muito divertido tentar falar na língua deles. Eu repetia o nome em português, e algumas delas se arriscavam a pronunciá-lo.

Agradecemos ao cacique o encontro e demos-lhe uma camiseta do projeto. Ele nos retribuiu com um arco e flecha e dois remos. Despedimo-nos e continuamos a descer o canal. No final da tarde chegamos a outra aldeia. Dessa vez houve dificuldade para encostar o barco, pois as árvores debruçadas sobre a beira do rio impediam a passagem do mastro.

O barco-casa, sem mastro, encostou. E eu fiquei ali pensando o que fazer. De repente, alguns índios subiram lepidamente na árvore com facões e começaram a desbastar alguns galhos para providenciar uma passagem para o mastro. Foi o primeiro sinal de que éramos bem-vindos.

Essa tribo, formada por índios de apenas sete famílias que habitavam uma única oca gigante, ao contrário da outra, não falava outro idioma além do Ianomâmi. Só nos restou então a comunicação por meio de gestos. Anoitecia. Passado pouco tempo, eles nos deram as costas e sumiram dentro da oca, sem nenhuma cerimônia.

Ficamos sem saber o que fazer, pois não fomos convidados para conhecer a oca. Marcus foi para o barco dormir, e Duncan, Roberto e eu ficamos ali à porta da oca, procurando perscrutar o que se passava lá dentro. Decidimos sentar perto da porta e, como cachorros, fomos ganhando terreno, arrastando a bunda cada vez mais para o interior da oca. Finalmente, lá dentro, vi que cada núcleo de família se reunia em volta de uma pequena fogueira e todos se encontravam deitados nas redes presas a estacas de madeira. Bem perto de nós estavam o cacique, sua esposa e as crianças. Ao lado dele, o pajé, bem velho.

Ficamos ali estáticos. Roberto me cochichou: "Essa cena que estamos presenciando poderia estar acontecendo há 2 mil anos, pois de lá para cá eles não mudaram nada". Na mesma hora pensei: entramos numa máquina do tempo – o efeito era o mesmo.

A única luz da oca vinha do fogo, que iluminava as faces avermelhadas dos índios, dando ao ambiente um aspecto primitivo e acolhedor. A fumaça das fogueiras ajudava a espantar os mosquitos, mas, por outro lado, dificultava a respiração.

O pajé levantou-se e se aproximou de nós. Trazia na mão uma gamela de madeira com algum tipo de raiz, que era o que eles estavam comendo, e nos ofereceu. Provei e achei horrível, mas fiz cara de quem gostou.

Fiquei ali pensando em mostrar-lhes algo que valesse a pena. Sempre tenho a sensação de que nós achamos mais graça neles do que eles em nós. Fui ao barco pegar o *walkman*, para eles ouvirem música. Eu não levava mais que dez fitas cassete, e revolvia meu pensamento a respeito da música que pudesse agradar-lhes. Lembrei-me do Milton Nascimento, que considero um dos poucos músicos que fazem uma música universal, absolutamente contundente e compreensível a qualquer ser deste planeta.

Entrei na oca empolgado com o aparelho na mão e no ponto certo da música *Sentinela*, que começa com um canto gregoriano belíssimo, seguido de Nana Caymmi, com uma voz sublime. Finalmente, o Milton, que sempre me emocionou, cantando com a voz mais linda deste mundo. Concordo com a Elis Regina: "Se Deus cantasse, teria a voz do Milton".

Liguei o *walkman* e entreguei-o ao cacique. Primeiro, coloquei os fones no meu ouvido para mostrar-lhe o procedimento. Tirei-os e, cuidadosamente, coloquei-os no ouvido dele. Esperei. Vi assomar-lhe uma expressão que vai ficar marcada para sempre na minha memória: parecia que algo resplandecente havia nascido dentro dele. Imagine uma pessoa que nunca sonhou ver um aparelho daquele, sentir a música dentro dela...

Ele ficou sorrindo, e todos, muito intrigados, sem saber o que lhe sucedia. Alguns segundos depois ele tirou os fones e passou-os ao pajé, que também foi tomado pela mesma bem-aventurança. Do pajé o aparelho passou para a mulher do cacique, e de mão em mão a música foi preenchendo o corpo daqueles seres tão doces.

Finalmente, duas meninas, as últimas da fila, vieram devolver-nos o *walkman* e, como retribuição, cantaram uma linda música Ianomâmi. Emocionados, aplaudimos as meninas. Todos nos acompanharam nos aplausos – nunca soubemos se o aplauso era uma prática comum entre eles.

Roberto disse que ia retribuir a música e se levantou. Como ele morou alguns anos na Espanha durante a adolescência, cantou uma música, em espanhol, que trazia alguma lembrança do seu passado. Assim que ele encerrou sua apresentação, todos aplaudiram entusiasticamente.

Por alguns segundos reinou o silêncio, até que outras duas jovens se aproximaram de nós para cantar outra música. Sempre curtinhas, as músicas parecem quase uma declamação, um *rap* Ianomâmi. Novamente todos aplaudiram.

Bem, sobrou eu, o mais desafinado. Arrisquei-me cantar *Beijo partido*, de Toninho Horta, que é dificílima de entoar, mas uma das poucas músicas de que nunca me esqueci. Cantei, e com certeza aquela era a única plateia deste planeta que iria me aplaudir. Acho que viajei milhares de quilômetros floresta adentro à procura de alguém que gostasse de me ver cantando.

Novamente mais duas meninas se apresentaram para nós. O festival se tornava cada vez mais animado. Então, Duncan, que fala africâner, uma das línguas oficiais da África do Sul, nos ensinou alguns refrões para acompanhar seu canto. Agora os dois Robertos eram *backing vocal*. E estávamos os três de pé, em frente de índios Ianomâmi, cantando uma música em africâner. Inimaginável.

Em comunhão com nossos irmãos, sem falar uma única palavra de seu idioma, unimos os nossos cantos, as nossas emoções e os nossos corações. Aquele encontro mágico confirmou para mim o que vale a pena viver na vida, e aquela viagem estava sendo o melhor presente que pude me dar.

A última apresentação foi a mais aplaudida, e foi linda! Música da África para a Amazônia.

Era já hora de se recolher, e Linsker sugeriu que voltássemos para o barco: "Está na hora, índio não dorme tarde".

À noite, na cama, fiquei pensando por que foram tão cruéis os encontros dos europeus com os povos indígenas.

As despedidas são sempre difíceis nessas viagens. São encontros intensos, curtos, que criam um laço de amor muito forte. O encontrar, conhecer, trocar e despedir parece um nascer e morrer. Acho que são um bom treino para o desapego.

Sempre tento descobrir o que está por trás desses rápidos encontros, o que me levou a viajar quilômetros e quilômetros para cruzar um olhar com alguém e nunca mais vê-lo.

Parti de coração despedaçado, olhando para trás e vendo toda a comunidade acenar para nós, com uma expressão no rosto que ficou para sempre dentro de mim.

Esse foi o terceiro dia no canal e logo chegaríamos ao Brasil por uma das fronteiras mais desconhecidas: Cucuí. Atingimos a confluência do canal de Casiquiare com o rio Guainía, e pode-se dizer que o rio Negro nasce naquele ponto. Nessa noite acampamos já próximo à fronteira do Brasil.

Entramos no Brasil pouco antes da hora do almoço. Em cada lado da margem havia uma bandeira sobre um muro de concreto. Essa é uma fronteira tríplice, as terras colombianas ficaram para trás. Só queríamos chegar a algum lugar habitado para comer uma comidinha caseira.

No rio Negro a vida a bordo melhorou muito, pois não há insetos. A alcalinidade da água dificulta a sobrevivência de peixes, e com muito pouca vida, os insetos não se proliferam. Podia-se dormir de janela aberta. O encontro com o rio Amazonas ficava a 700 quilômetros.

Dez quilômetros após cruzar a fronteira paramos na base brasileira do exército de Cucuí. Eles já nos esperavam. Tínhamos que dar a entrada dos papéis no Brasil.

Entre Cucuí e São Gabriel da Cachoeira, nosso próximo destino, o rio Negro é muito perigoso. As corredeiras são fortes, há muita pedra e o rio é bastante rápido. Estávamos inseguros em navegar naquele trecho sem um guia.

Depois de Cucuí fizemos uma parada numa minúscula vila na beira do rio, onde conhecemos um senhor que procurava uma carona para São Gabriel. Para nossa sorte ele conhecia bem as corredeiras e as armadilhas do rio.

Descemos feito foguete, batendo todos os recordes de velocidade. Os barcos passavam por cima de corredeiras, algumas vezes de lado. Olhando a margem, podia-se perceber quão inclinado era aquele trecho. Não se tinha muito tempo para pensar, pois havia muitas ilhas de pedra, e uma vez escolhido o lado não dava para voltar atrás – a decisão tinha que ser tão rápida quanto as corredeiras.

Foram 250 quilômetros de ação. Finalmente chegamos a São Gabriel da Cachoeira e encostamos os barcos no pequeno porto local. A cidade tem dois portos: um na parte de cima do rio, outro na parte debaixo. Tínhamos que passar pelo trecho do rio mais perigoso. Ali fica a parte mais estreita do rio Negro, que impõe uma aceleração espantosa às embarcações. Para ajudar, há muitas pedras, que formam uma cachoeira de verdade. Eram apenas 500 metros de turbulência. Ultrapassada essa parte, o rio se alarga e volta a ser plácido.

Marcus estava no barco-casa, que era motivo de nossa preocupação por causa de sua instabilidade. O meu barco levava vantagem, pois era mais leve e não carregava barraca.

Bastante tensos, nos atiramos corredeira abaixo, com os barcos saltando as ondas, rabeando, enquanto eu controlava acelerando o motor de popa. Na margem do rio, moradores se aglomeraram com a esperança de presenciar alguma desgraça. O pior trecho foi ultrapassado em trinta segundos. Após o funil, onde o rio tem apenas 300 metros de largura, tudo voltou ao normal. Respirei fundo. Havíamos passado pelo pior. Dali para a frente já não havia corredeiras.

A parada em São Gabriel seria mais longa. Tínhamos a intenção de escalar o pico da Neblina, de 2.994 metros de altura, o ponto mais alto do Brasil. Linsker, o mais experiente em escaladas, fez a preparação ainda em São Paulo e conseguiu o apoio de um *lodge*, um tipo de pousada, que ficava na ilha do Rei, em frente a São Gabriel. O pico da Neblina fica a cerca de 350 quilômetros de São Gabriel, somados a estrada e os rios.

Na cidade conhecemos dois espanhóis muito simpáticos, um jornalista, o outro, turista, que queriam também ir para o pico. Decidimos juntar as expedições, e no dia seguinte bem cedinho estávamos todos a bordo de um caminhão do exército que nos deu carona até um pequeno rio chamado Iazinho, a 80 quilômetros de São Gabriel. Levávamos um monte de equipamentos, comida e um barco de alumínio, pois agora éramos muitos. O outro barco estava à nossa espera no local.

Os dois espanhóis levaram um guia próprio e dois carregadores; nós, somente um guia; as mochilas, que estavam com 17 quilos cada, iriam no lombo.

Quando chegamos ao rio Iazinho encontramos uma turma de soldados do exército brasileiro que havia feito um treinamento na mata, no pico da Neblina. Falando assim: foram e voltaram do pico, parece coisa simples. Nós não tínhamos noção do que nos esperava.

O barco que íamos usar estava afundado na beira do rio, aquele de alumínio era dos espanhóis. Demoramos duas horas para arrancar o barco encalhado e prepará-lo para a viagem.

De cara, o motor do barco começou a falhar. Pensei: esta viagem está me cheirando a roubada, mas tudo bem, vamos lá. Aos trancos e barrancos navegamos o dia todo, até quase o anoitecer. Do rio Iazinho passamos para o Ia-Mirim, depois para o Ia-Grande. Foi já no rio Cauaburi que paramos em um lugar abandonado que tinha uma cobertura de palha. Fizemos o nosso jantar e esticamos os sacos de dormir.

O dia ainda não havia amanhecido e nós já estávamos subindo o rio. De ambos os lados, eu via algumas montanhas, mas elas não pertenciam à serra do Imeri, onde se situam o pico da Neblina e o pico 31 de Março, a segunda montanha mais alta do Brasil.

À tarde chegamos ao último rio, o igarapé Tucano, que adentra uma mata bem mais densa e de árvores gigantescas. A certa altura desligamos o motor de popa, que só havia dado dor de cabeça, e passamos a remar.

Quando o barco começou a encalhar, encostamos na margem, ao lado de uma clareira, e fizemos o acampamento.

Para economizar peso, só levamos uma barraca de dois lugares para três: Duncan, Linsker e eu. Marcus ficou em São Gabriel descansando e curando uma forte gripe.

Fomos acordados pelo nosso guia, o Aristides Moreira, um negão muito engraçado, que trabalhava no garimpo lá de cima. Saiu do Maranhão para tentar a sorte no garimpo, e, como todo garimpeiro, tinha o sonho de encontrar uma pepita de ouro gigante, ficar rico e se aposentar.

A caminhada começou por um terreno mais ou menos plano, mas muito encharcado. Duas horas depois, uma leve subida, já em mata fechada, que foi se acentuando. Íamos em fila indiana de nove pessoas. Pelo altímetro de Linsker, quando chegamos aos 400 metros de altura, começamos a descer, até a cota 200 metros, e daí outra subida. À tarde o céu começou a escurecer e nós, a ouvir estrondos de trovão. A temperatura estava em torno dos 32 graus, mas caminhando na mata fechada, o calor não era insuportável.

A chuva começou, a densa folhagem formando como que uma marquise que impedia a passagem da água. Apenas uns quinze minutos depois é que ela vence a barreira e chega ao chão. Vestimos os ponchos e cobrimos as mochilas, pois, encharcadas, elas pesam mais ainda.

Duncan se sentiu mal de manhã, e à tarde estava com febre e o corpo dolorido. Diminuímos o ritmo. O diâmetro dos troncos das árvores de mais de 300 anos era impressionante. Na trilha, hordas de formigas gigantes cruzavam em fila. Como acampar em um lugar daqueles, fiquei me perguntando. Aliás, ninguém monta barraca por aqueles lados, o pessoal dorme em redes.

Já quase no começo da noite, com a trilha bem encharcada e o temporal despencando na nossa cabeça, chegamos a um acampamento de garimpeiros, que também estavam subindo.

Eles montaram uma barraca de madeira e a cobriram com plástico transparente. Dentro penduraram dezenas de redes. Aqueles homens em especial trabalhavam para abastecer o garimpo, eram carregadores.

O garimpo estabelecido na serra do Imeri tinha mais ou menos 2 mil homens que devastavam e poluíam os rios com metais pesados dentro do segundo maior parque nacional do país, que conta com apenas dois guardas-florestais. Não dá para levar a sério um país que cuida de seu maior patrimônio com esse total descaso. Só depois de conhecer a Amazônia é que eu entendi o sentido da palavra "abandono".

As mulas, como eram chamados, carregavam uns 40 quilos de carga num jamaxim, um tipo de cesto de três lados que se prende nos ombros e na testa por meio de uma alça. Vestindo roupas precárias e galochas, subiam os 2.000 metros a uma velocidade que deixaria qualquer corredor de aventura no chinelo. Como energético, ingeriam farinha molhada com água, um tipo de Red Bull local.

Montamos a nossa barraca em um pequeno espaço de lama pura, e por algum tempo fiquei conversando com os carregadores, que preparavam seu jantar.

Linsker também começou a sentir-se mal, e os sintomas eram parecidos com os de Duncan. Os dois foram deitar-se e eu me encarreguei de fazer o jantar.

Já era noite, a chuva não dava trégua, e então decidi ir buscar água para cozinhar e abastecer os cantis. Voltei uns dez minutos pela trilha, até um ponto onde conseguia ouvir barulho de água. Desci uma encosta escorregando, até chegar a um riacho. Fiquei calado antes de pegar a água, pois me dei conta de que estava longe do acampamento, no meio da mata, no escuro total e perto de água, lugar que os bichos costumam frequentar à noite. Enchi os cantis e comecei a voltar para o acampamento. Bateu um pavor, e as pernas começaram a falhar de tanto que tremiam. Quando cheguei à trilha, saí em disparada até chegar à barraca.

Não sei se criei fantasias, mas o medo era de ser engolido por uma sucuri gigante ou por algum felino.

No dia seguinte a mata amanheceu tranquila, com os raios do sol passando por entre as folhas das árvores. Os carregadores já haviam partido. Duncan e Linsker estavam melhores, o que foi um alívio, pois pensava que eles estavam com malária, e a próxima vítima seria eu.

Nesse segundo dia iniciamos uma subida que durou sete horas. Subimos praticamente nos arrastando, agarrando as raízes das plantas, tal a ingremidade do terreno escorregadio. A mochila se enroscava nos galhos, eu tropeçava em tocos, e o coração quase saía pela boca, pois nos últimos meses não tínhamos feito nenhuma atividade aeróbica.

O Moreira ia bem à frente em um ritmo forte. Passado um tempo nós o alcançávamos. De vez em quando, dávamos uma parada de dez minutos para respirar e tomar água. Em certo ponto, já bem no alto, a trilha se bifurcou, e nós pegamos o caminho errado, arrastando conosco os dois carregadores dos espanhóis. O caminho começou a descer, descer: depois de uma hora começamos a achar a coisa meio esquisita, pois nem sombra do Moreira, e se o pico ficava lá em cima, por que a gente estava descendo tanto...

Voltei para o ponto da bifurcação e lá estava o Moreira, placidamente acomodado na beira da trilha. Soltei os cachorros em cima dele e pedi-lhe que fosse buscar o pessoal lá embaixo, porque era essa a função dele e porque, para falar a verdade, eu não estava aguentando mais de cansaço.

Chegamos à vila do garimpo já quase à noite. Estávamos a 2.000 metros e fazia bastante frio. O céu estava encoberto, mas não chovia, só soprava um vento gelado. Encharcados de suor, lama, e com as botas inundadas pesando toneladas, queríamos só um canto para descansar.

O Moreira encontrou no meio das barracas dos garimpeiros um lugar com uma pequena coberta. Montamos a nossa barraca e fizemos uma fogueira. Jantamos e ficamos na frente do fogo secando as botas. Mal sabíamos o que nos esperava no dia seguinte.

O nosso guia tratou de explicar aos garimpeiros que nós não éramos da imprensa, apesar das nossas câmeras de filmar e fotografar, só estávamos documentando a viagem. Eles não queriam nenhuma publicidade gratuita.

Um dos espanhóis, o jornalista, estava fazendo uma matéria para um veículo da Espanha e ia ficar lá por um tempo para entrevistar os garimpeiros. Para isso ia ter que negociar com o pessoal do garimpo. O outro, o Carlos, e seu carregador seguiriam viagem conosco.

Quando o dia amanheceu é que acordamos para a realidade: uma imensa clareira à nossa frente. Parecia que a selva havia sido rasgada por uma escavadeira gigante e invadida por riachos barrentos, cercados por todos os lados por barracas cobertas de plásticos. O lugar era úmido, frio e triste.

A vida em um garimpo pobre como aquele não gera riquezas para quase ninguém, pois o que se ganha se gasta com comida, que é muito cara, e com as garotas de programa, também caras.

Os carregadores ganham pouco e também comem. Só quem ganha mesmo é o dono do armazém. Ou o sujeito achava uma pepita gigante ou iria ficar levando uma vida de escravo. Lei ali era a do mais forte, e eles tinham o seu próprio código de ética.

Estávamos entrando no quinto dia de expedição, e se o tempo ajudasse iríamos chegar ao cume.

O terreno era, na verdade, um charco. Tinha-se que andar com cuidado extremo, pois um passo desatento e só se via a perna emergir do lodo com o pé sem a bota. Que burrice ficar horas secando os sapatos na noite anterior, pensei depois.

Caminhamos lançando impropérios contra a trilha, contra os escorregões, contra o pobre do Moreira...

À tarde vislumbramos, supostamente, a última montanha, onde está propriamente o pico, mas é claro que ela estava coberta de neblina, senão teria outro nome.

Perguntei ao nosso guia: "E agora, Moreira, para onde vamos?"

Para nossa surpresa ele nos explicou que havíamos chegado ao final da trilha: dali para frente nunca ninguém havia ido. Nada como um guia espirituoso para abrandar as nossas agruras! Mas logo vi que o homem falava sério. Linsker então explicou a ele que o cume é o cocuruto, o ponto mais alto, de onde não se pode ir mais.

O Moreira então abriu os braços e o sorriso e soltou: "Ah, agora, entendi, mas para chegar lá, só de buru-buru". Ninguém entendeu nada, e eu perguntei a ele o que era buru-buru.

Buru-buru era o tão desejado helicóptero que ele sonhava comprar quando encontrasse a pepita gigante; assim, ele poderia voar de garimpo em garimpo.

O que fazer agora, pensei. Decidimos nos enfiar no mato para procurar algum sinal de trilha que nos levasse para cima. Tentamos dois caminhos e quase nos perdemos. Achamos melhor voltar para a base e acampar, pois estava armando um temporal. Recomendamos ao Moreira que voltasse imediatamente para o garimpo e procurasse alguém que conhecesse a trilha.

Ele partiu com a promessa de voltar na manhã do dia seguinte com um guia.

Nós começamos a fazer com o facão uma pequena clareira na encosta. Não havia lugar plano. Acabamos dormindo inclinados. Choveu muito durante a noite, e a nossa barraca não aguentou, os sacos de dormir ficaram todos encharcados. Foi uma noite longa e cansativa.

Assim que desmontamos a barraca, o Moreira apareceu com um outro rapaz do garimpo que já havia subido ao pico. Tomamos café e iniciamos a subida.

O novo guia só nos levou até o início da subida, onde acabava a vegetação e iniciava a pedra. Daí para a frente não tinha como se perder. A subida tornou-se bem íngreme e à medida que subíamos a temperatura baixava. Começou a ventar forte e a chuva voltou, deixando a pedra escorregadia. Aquela montanha vive cercada de névoa, e por isso não dava para sentir que estávamos alto. Podia ser qualquer lugar, e era difícil acreditar que aquilo era também uma das faces da Amazônia.

Depois de quatro horas, e debaixo de um temporal, chegamos ao cume. A visibilidade era de alguns metros. Só sabíamos que era o cume do pico da Neblina porque havia uma placa de ferro chumbada na pedra identificando-o.

Estava tão cansado que nem comemorei. Soprava bastante vento, chovia grosso, não havia o que ver, só uma pequena parte plana, muitas pedras e abismo para todos os lados.

Decidimos esperar um pouco para ver se o tempo abria; afinal, depois de tanto esforço, queríamos pelo menos ver a paisagem de lá de cima.

Depois de uma hora a chuva passou e as nuvens foram ficando mais altas, abriu de um lado uma vista. Como o pico da Neblina está situado no meio da floresta amazônica, pode-se enxergar muito longe. Em pé, na ponta de umas pedras, deu para sentir os 3.000 metros de altura. O sol invadiu o cume por uma fresta de nuvens, descortinando a mata verde e imensa. Naquele momento o arrependimento passou, e a emoção tomou conta de todos nós, que nos abraçamos e vibramos com aquele lugar tão difícil de alcançar.

A alegria durou pouco, as nuvens voltaram a fechar, nos deixando com gostinho de quero mais. Em vez de voltar para o acampamento do garimpo, decidimos dormir no cume para ver se no dia seguinte o tempo estaria melhor.

O problema era que só havia espaço para uma barraca, e o Carlos, nosso amigo espanhol, seu carregador e o Moreira não tinham onde dormir, pois só levavam redes.

Sugerimos que eles descessem, mas eles também queriam esperar o dia seguinte. Improvisaram, então, com um plástico azul, um pequeno toldo entre duas pedras.

No final do dia fizemos o jantar e nos recolhemos para a barraca. A garoa não dava trégua e a temperatura começou a baixar rapidamente. Nós não estávamos preparados para dormir no cume, pois a barraca era muito pequena para três, passava água, os nossos isolantes térmicos eram muito pequenos e os sacos de dormir eram de verão, bem fininhos.

Depois de comer algo bem quente, me enfiei no saco para tentar me secar. Não posso dizer que foi uma noite terrível. Foi difícil, senti muito frio à noite, pois a temperatura chegou aos 6 graus, mas só de lembrar que bem ali ao lado havia três indivíduos quase ao relento, dormindo de cócoras, encostados na pedra e expostos ao vento e à garoa, eu não podia reclamar.

Para decepção do grupo, o dia amanheceu com a mesma neblina, e o pico reafirmou a sua reputação e fez jus ao nome. Tomamos café e começamos a descer. A ideia era chegar logo ao acampamento dos garimpeiros para descansar e secar as roupas.

A volta foi mais rápida, mas bem escorregadia, e na parte dos charcos sofremos um pouco mais, pois as chuvas tornaram o lamaçal quase intransponível.

No dia seguinte descemos rapidamente, queríamos ganhar um dia no cronograma. A comida estava acabando, e eu, como fui prevenido, escondi na mata um pequeno saco com comida extra para a volta. Foi a melhor decisão de minha vida.

No final do dia, já quase na chegada, o Moreira entrou por uma trilha que eu não reconheci, mas, como estávamos exaustos, não discuti. Andamos até escurecer, e quando o caminho chegou ao fim o Moreira nos alertou que havíamos pegado a trilha errada. Começamos então a andar em fila indiana por um terreno plano, mas muito irregular, escorregadio, com lanternas fixas na cabeça. As baterias da minha tinham acabado, então andava colado no Duncan. Lá pelas tantas chegamos perto do igarapé Tucano, uma ótima referência, mas não encontramos trilha alguma para chegar ao acampamento onde havíamos deixado os barcos.

Embrenhamo-nos na mata fechada para tentar cruzar direto para o acampamento. Paramos para discutir sobre o caminho. Desequilibrei-me e me apoiei em uma árvore. Por alguns segundos fiquei com a mão apoiada no tronco, que estava infestado de formigas. Senti minha mão ser picada por alguma coisa. Pedi ao Duncan que iluminasse minha mão, mas cada vez mais atarantado com as ferroadas, escorreguei e, para não cair, agarrei um galho de outra planta, cheio de espinhos. Desesperado de dor nas duas mãos, não aguentei, desforrei tudo no Moreira, que não tinha nada que ver com o meu acidente, mas novamente havia nos deixado em maus lençóis. Duncan retirou alguns espinhos de uma das minhas mãos. A outra inchou um pouco, mas não foi nada grave.

Chegamos ao acampamento às nove e meia, e tomamos um belo banho no igarapé. Jantamos e desmaiamos. Depois de dois dias chegamos à ilha do Rei. Foram necessários dois dias de descanso para continuarmos a viajar. Linsker voltou para São Paulo e chegou Peter Moon, jornalista da revista *IstoÉ*, para fazer uma reportagem.

A viagem continuou pelo rio Negro até Manaus. Depois veio o rio Amazonas. 75 dias e 5.200 quilômetros de rios depois da nossa entrada na floresta, chegamos a Belém.

Ao entrar pelo mar do Caribe e cortar todo o norte do continente sul-americano para sair no oceano Atlântico, concluímos um dos roteiros mais fabulosos que podíamos imaginar. Viajamos pelo intenso mar verde, mas estava na hora de voltar para a água salgada. Queria ver longe, ver o horizonte, e apontar a proa do *Atlas* para o lugar que lhe cabia, a bela ilha, a Ilhabela.

Universo aquático — 28 de junho de 2008

Desde que saímos da costa oeste da América do Sul já perambulamos bastante, andamos cerca de 10 mil quilômetros olhando para o nada, pensando milhões de coisas e sentindo a vida mais próxima.

Nessa longa etapa até a Nova Caledônia temos o desafio de levar o *Bye Bye Brasil* em segurança, pois depois restarão só uns seis dias, o equivalente a 700 milhas até a Austrália. Mas aqui continuamos com o nosso jogo de xadrez com o vento, que ora sopra favoravelmente, ora não está nem aí para nos empurrar. Velejar contra o vento numa viagem como a nossa é um martírio para o barco.

E a previsão do Pierre para os próximos dias é exatamente esta: vento contra. Receio que o barco não aguente tanto movimento e quebre alguma peça.

Parece que pressenti: ontem, um dos parafusos principais do casco frontal rebentou. Eu estava no leme e percebi um movimento estranho no casco: um dos dois parafusos estava solto. Igor fez uma amarração com o santo cabo de *spectra*. Mais uma vez a gambiarra nos salvou. Fizemos um rizo para o barco andar mais lentamente e começamos a pensar o que fazer. Não tínhamos nenhuma informação sobre a ilha mais próxima, nem sabíamos se lá haveria alguém que trabalhasse com aço. A noite foi bastante tensa, pois apenas um dos dois parafusos do lado esquerdo segurava o casco na parte da frente. O outro não podia quebrar de jeito nenhum.

Fomos forçados a parar. Da França, Pierre nos dá toda a segurança em relação à meteorologia.

Os ventos têm ciclos e, esta semana, eles estão virando para oeste, o que significa vento contra para nós, e vento contra significa aumento do percurso, maior esforço do barco e muito desconforto. Como a dose de desconforto normalmente já é enorme e o barco está se mostrando cansado, decidimos economizá-lo.

Aitutaki é o nome do lugar em que paramos e pertence às ilhas Cook. Como chegamos ontem na hora do almoço, Igor e eu ficamos animados: "Será que vamos comer algo diferente?".

Ficamos imaginando os canibais de Aitutaki sentados na praia, desolados, à espera de um homem branco para um belo ensopado, pois certamente devia fazer muito tempo que nenhum deles aparecia por aqui. Mas a esperança é a última que morre, e assim que nos avistassem iriam ficar maravilhados. O chefe iria ver o catamarã encostando com dois seres estranhos: um bem comprido e outro com uma chuca no cabelo. Como a nossa parada era emergencial, motivada por acidente de percurso, sem qualquer cunho turístico, logo que estacionássemos a embarcação iríamos pedir: "Por acaso vocês teriam uma furadeira?". "Sim, e das grandes", responderia em coro toda a tribo, com as longas lanças pontiagudas em riste. E o chefe, após nos receber com carinho e afagos, ordenaria: "Preparem o fogo e ponham mais água e mais água no caldeirão, senão o comprido não cabe". Assim iria findar a nossa expedição pelo Pacífico...

Mas os tempos mudaram, e hoje estamos encostados tranquilamente no píer da vila de Arutanga. Ontem mesmo encontramos um torneiro mecânico neozelandês. Em dois dias os reparos estarão prontos. Só resta esperar uma janela de bom tempo para prosseguir viagem. E ontem ainda, quando entramos pela passagem do anel de coral, jogamos todas as cartas na mais difícil entrada de um atol. Com muita corrente numa largura de uns 20 metros, o barco entrou no limite do vento. Não podíamos cometer nenhum erro, caso contrário iríamos parar nas pedras, e aí, sim, seríamos obrigados a ficar um longo tempo por aqui. Igor subiu no mastro para me orientar, pois não conseguíamos ver a entrada, nem mesmo com o GPS.

Quem nos ajudou também a encontrar a passagem foi um solitário velejador francês que havia chegado uma hora antes e por rádio deu todas as coordenadas em relação às pedras. Julian tornou-se amigo instantaneamente e juntos providenciamos os trâmites burocráticos para a entrada no país. Este é um território da Nova Zelândia, portanto fala-se inglês. O povo é o mesmo desde a ilha de Páscoa até a Nova Zelândia, muda apenas o país colonizador, mas a língua da Polinésia é a base. Há dialetos diversos, mas a música que ouvi ontem à noite do barco era a mesma, com algumas variações, cantada em todos os lugares por que passamos desde o início da viagem.

Ontem à noite fomos tomar um aperitivo no barco de Julian, um pequeno monocasco de 28 pés. Fazia anos não bebia rum com água e limão. Como estava cansado, desmaiei e só acordei na hora do *fusilli al pesto*. O barco, internamente, parecia mais uma casa de boneca, com cada centímetro preenchido por equipamentos eletrônicos, ferramentas, comida, livros, alguma roupa e fotos dos lugares visitados. Uma pequena cama na proa e uma cabine central bem apertada era o universo "protegido" de Julian. O casco já havia rodado um bocado: Mediterrâneo, América do Sul, incluindo o Brasil, Caribe e o Pacífico, através do canal do Panamá.

Agora faltava pouco para chegar à Nova Caledônia, destino final dele, e após quase quatro anos, queria se fixar por algum tempo para trabalhar e ganhar um dinheiro para trocar o barco por um maior. Apesar de o barco dele ter uma cabine, não o trocaria pelo querido *Bye Bye Brasil*. Imagina, em uma tempestade, ficar chacoalhando dentro da casca de um ovo! Ainda mais eu, que tenho 1,99 metro. Sempre me perguntam por que velejo em barcos sem cabine. Está respondida a pergunta?

E assim caminha a humanidade neste mundo de contrastes. Em alguns lugares estouram guerras, em outros, impera a luxúria; em alguns predomina a miséria humana, em outros reina a generosidade; em alguns lugares não há o que comer, enquanto em outros grassam abundância e desperdício. Muitas pessoas priorizam a questão financeira como o objetivo de vida e menosprezam a generosidade. Traduzindo: seria o mesmo que comprar ações que garantissem a felicidade. Está provado que esse é um péssimo investimento. Nós, homens, só investimos em coisas perecíveis – amamos tudo o que morre. E aqui estamos nós, desfrutando da paz de uma pequena porção de terra no meio de um mundo de águas.

Ao mar! 1º de julho de 2008

O problema dos parafusos do casco está resolvido. Tudo certo para partirmos hoje, só precisamos de vento, e ele deve começar a aparecer à tarde. Foram dois dias de vento contra, por isso preferimos ficar em terra e desfrutar deste paraíso.

A ilha principal é protegida por uma barreira de coral, no interior da qual há uma piscina de água verde-azulada-clara. Nos arredores oceânicos há outras pequenas ilhas, para onde se pode ir navegando e passar o dia mergulhando ou fazendo piquenique.

Um dia após a nossa chegada, conhecemos o pessoal do catamarã *Patagonia*, uma turma de chilenos sensacional. Nesses três dias alugamos mobiletes e exploramos a ilha de ponta a ponta. Um dia fizemos um assado, no outro piquenique numa ilha chamada Honeymoon – ai, que saudades do meu amor! – e no outro rodamos de moto por aí. Todas as noites nos reunimos no *Patagonia*, o barco de José Gorrono, que viaja com seu Lucas e a namorada dele, Pia, e uma amiga da família.

José tem uma história incrível. Já morou no Brasil, perambulou por vários lugares, até que decidiu comprar terra na Patagônia chilena e criar gado, sem entender nada do ramo. Mudou-se para lá com a Erika, recém-casados, e começou a criar gado quase como um ermitão numa região deslumbrante da Patagônia, mas de clima muito rigoroso. O empreendimento deu certo, até que um dia José vendeu todo o gado, não a terra, e comprou um veleiro. Passou alguns meses navegando, voltou para a fazenda e começou um negócio de pesca para turistas. Montou um *lodge* ao mesmo tempo luxuoso e rústico, que hoje constitui uma de suas atividades principais. Também cria gado e alpaca, animal semelhante à lhama. Como sua mulher é australiana, ele vive entre a Austrália e o Chile. No inverno patagônio ele navega no Pacífico com a família; no verão austral, volta para o trabalho na estância. Hoje os filhos moram e estudam na Austrália. Gosto de ouvir histórias de vida e trajetórias pouco convencionais, gosto de gente que confia na vida!

Hoje é dia de mais despedidas. Igor e eu estamos com muita vontade de voltar ao mar e terminar essa perna de 1.800 milhas até a Nova Caledônia. Ontem Julian seguiu seu caminho; hoje somos nós. José e Lucas nos rebocam para fora do atol com o pequeno bote. Passamos ao lado do *Patagonia* e Erika, que havia chegado ontem da Austrália, gritou: "*Mi casa es su casa, adiós*". Aos gritos de adeus despedimo-nos dos nossos amigos. Não aguento, o coração aperta, bate forte e os olhos... já sabem.

O *BBB* ganha águas abertas e segue seu destino, que muitas vezes é para mim um mistério. Sabe-se lá o que nos espera!

Já faz um ano 4 de julho de 2008

Amanhã começa a Semana de Vela de Ilhabela e há exatamente um ano lançávamos o projeto da Travessia do Pacífico justamente nesse evento. Na ilha, apresentamos o barco para a imprensa e a comunidade náutica. Ele foi testado, fizemos todas as adaptações planejadas e em setembro rebocamos o *Bye Bye Brasil* para o Chile. Doze meses depois estamos aqui, Igor e eu, continuando a nossa jornada de dias longos e noites eternas, pois não conseguimos dormir muito.

Desde que saímos de Aitutaki tivemos mar bastante mexido, com vento em torno de 20 nós, o que nos deixou bastante molhados. Ontem, na hora do almoço, passamos bem próximo de Palmeston, outro atol das ilhas Cook. Um lugar lindo, praticamente deserto, habitado só por vinte pessoas. Deu vontade de parar para descansar, mas estamos atrasados e uma parada quebra o ritmo – queremos chegar logo à Nova Caledônia. Se tudo continuar correndo bem, em 12 dias estaremos lá – faltam 1.400 milhas. Velejamos com balão em cima de dia e à noite fazemos dois rizos na vela grande para descansar mais tranquilos, se é que dá para fazer isso.

Aqui qualquer pequeno acontecimento se torna grande e assunto para nós: avistar um cardume, um avião, um atum em lata no final do dia. Quando nada sucede é normal cada um mergulhar no seu mundo e ficar em silêncio por várias e várias horas. Esta viagem está sendo uma prova de resistência mental.

Nos três primeiros dias de viagem já deu para entrar no ritmo. Temos sol e vento bom. A caixa do leme trincou ontem e novamente a amarramos com o cabo de *spectra*. Já andamos mais de 400 milhas. Nada mau. Hoje acabaram os mamões, mas ainda há cocos e bananas verdes.

Sempre falo do tempo, das despedidas e dos encontros. Aqui o tempo é relativo. Um dia pode parecer uma semana e uma noite, um ano. Acho que, como fico mais introspectivo, acabo mergulhando no imaginário que me leva a muitas lembranças. Tenho tempo de voltar para alguns lugares e me lembrar de algumas personagens com quem convivi. Hoje senti saudades de um amigo que conheci na Patagônia em 1989.

Na época eu era um dos sócios do Aeroanta e um dos meus maiores desejos era conhecer a Patagônia de moto. No começo daquele ano, li um artigo num jornal escrito pelo Roberto Linsker, que contava sua viagem ao cerro Fitz Roy, uma linda montanha encravada nos Andes, nos confins da Argentina e do Chile. Fiquei fascinado com a descrição do Roberto e com o nome da montanha. Consegui seu telefone e fui conhecê-lo pessoalmente. Tivemos uma empatia instantânea, e, ele, muito solícito, deu-me várias informações preciosas. Foi assim que iniciamos uma longa amizade e foi por seu intermédio que conheci o Makoto e o Fabio Tozzi, meus companheiros da Travessia do Drake.

Agora tinha um objetivo: conhecer o Fitz Roy de moto. Juntaram-se a mim dois dos meus sócios, o Zé Renato e o Alfredo. Compramos três Yamaha Ténéré 600 e as mandamos para Santiago. No fim do mesmo ano começamos a viagem. De Santiago descemos para Pucón, a cerca de 800 quilômetros da capital. Lá subimos o vulcão Villarica, meu primeiro *trekking* em uma montanha nevada. Depois, descemos mais ao sul, para Puerto Montt, onde embarcamos as motos num pequeno navio. Viajamos pelos canais chilenos até Puerto Aysén, a 1.625 quilômetros de Santiago, ainda em território chileno. Nunca imaginei que muitos anos depois iria passar por lá velejando num barco sem cabine. De lá cruzamos a cordilheira dos Andes e pela deserta Ruta 40 e chegamos a El Chaltén, no Parque Nacional Los Glaciares, já na Argentina.

Na época era só um vilarejo, pois é a cidade mais nova da Argentina, que foi fundada em 1985 para manter a soberania do país na fronteira patagônica com o Chile. Ao lado do Fitz Roy, nome dado em homenagem ao capitão do barco que trouxe Charles Darwin para a América do Sul, está o cerro Torres, considerada a montanha mais difícil do mundo de ser escalada. Um dos poucos que conseguiram escalá-la foi meu querido amigo Makoto, que tem uma atitude única em relação às montanhas: com uma habilidade fora do comum, ele já escalou muitas montanhas difíceis do mundo, mas uma coisa o distingue de todos: quando chega a alguns passos do cume ele simplesmente para e volta. Abre mão do cume, dos últimos metros e da glória. O que é importante para a maioria dos alpinistas não tem sentido para ele. Makoto é um cara que ensina sem falar – uma das pessoas mais coerentes que conheci.

Fizemos um *trekking* bem longo, para perto da base do Fitz Roy. Na trilha, junto de nós, caminhava um japonês solitário. Ele me chamou a atenção, pois não se aproximava nem se distanciava de nós. Ao chegar à laguna de Los Tres fizemos um piquenique diante daquela imensa montanha de pedra. O lago de águas verdes contrastava com a parede iluminada pelo sol, que sempre estava baixo. Ventava muito e fazia frio. Passamos o dia caminhando e só voltamos às dez horas da noite ao ponto onde havíamos deixado as motos. Vi a moto do japonês, uma Honda 250 com placa do Japão. Era japonês mesmo, e não alguém apenas de origem japonesa.

Continuamos a jornada pelo deserto da Patagônia, acampando em lugares ermos e vilas, até chegar a El Calafate, uma linda cidade turística que é a porta de entrada para o maravilhoso glaciar de Perito Moreno, na beira do lago Argentino.

Quando chegamos ao *camping* da cidade vi a moto do japonês ao lado de uma minúscula barraca. Apresentei-me e perguntei-lhe qual era o roteiro dele. Seu nome era Gotaro Ogawa e ele havia enviado sua Honda de navio para o Chile, de onde planejava conhecer toda a América do Sul, a América Central e do Norte. Tudo em cima de uma pequena moto e um orçamento diário de apenas vinte dólares. O dinheiro tinha que ser suficiente para comer, dormir e abastecer a moto. Fiquei admirado com a rusticidade da viagem. Cheguei à sua barraca no momento que ele cozinhava e foi difícil manter uma convesa com ele, pois seu inglês era incompreensível e só falava espanhol com a ajuda de um dicionário.

Entendemo-nos como pudemos e combinamos para o dia seguinte irmos juntos de moto para o glaciar. A estrada que circunda o lago Argentino é uma das mais lindas por que já viajei. Toda de rípio, ela passa bem perto do lago, que tem águas esverdeadas e turvas, e ao fundo as montanhas com os picos nevados da cordilheira. As montanhas mais baixas têm um tom amarelado que revela a aridez dessas terras. As motos viajavam lado a lado, o vento cortava a pele, mas estávamos extasiados com a magia da Patagônia. Mesmo com toda a aridez, sempre encontramos uma vegetação mais rasteira, muito resistente, capaz de suportar o inverno e as ventanias típicas daquela região. Toda vez que Gotaro avistava algo interessante ele parava a moto e pegava uma amostra da vegetação. Como ele era botânico, a viagem ia servir para coletar grande número de plantas. A cada mês ele enviava para o Japão uma quantidade razoável de "mato".

Sob condições extremamente frias e ventosas, rumamos para o sul e chegamos a Puerto Natales. Estávamos precisando de uma boa hospedaria e no Parque Nacional Torres del Paine encontramos um lugar bem hospitaleiro. Chovia e o que eu mais queria era um bom banho, um jantar quente, um vinho tinto e cama – nada de barraca. Decidimos patrocinar o japa e, antes de dormir, fomos comer um cordeiro no restaurante da pousada. A dureza do clima da Patagônia contrasta com o calor do povo patagônico. Sempre encontrei muita amizade e hospitalidade no sul.

Zé Renato, com toda a sua irreverência, pediu quatro *piscos sour* – drinque preparado com pisco (aguardente feita de uva, com teor alcoólico de 46 graus), suco de limão e outros ingredientes –, que viramos de uma só vez. "Mais quatro, garçom, por favor", emendou o Zé.

O pobre Gotaro, que nem fazia ideia do que estava bebendo, não aguentava nem ficar sentado à mesa. Quando chegou o vinho tinto, ele apenas molhou os lábios, pediu licença e foi dormir, sem comer. Ao tentar sair do restaurante, tropeçou e caiu de barriga no chão. Não deu para não rir. Passamos o jantar sem conseguir comer direito de tanto que ríamos. No dia seguinte Gotaro não conseguia sair da cama, tamanha era a ressaca. Mais tarde ele veio nos pedir desculpas pelo ocorrido, pois estava envergonhado. Como pode ser tão diferente uma cultura comparada à nossa! Eu também não estou acostumado a beber, mas acho que nunca pediria desculpas numa situação como aquela. Ele estava realmente envergonhado.

Fizemos um *trekking* de dois dias pelo parque e fomos conhecer os Paines, um dos pontos altos da região, mas não conseguimos chegar lá, pois chovia muito. Decidimos ir para Ushuaia, via Punta Arenas. Que viagem gelada! Nossos trajes não estavam preparados para tanta chuva e frio. A viagem estava inicialmente programada até El Chaltén e de lá voltaríamos para o Brasil, mas não resistimos e fomos descendo, descendo, até chegar a Ushuaia, no extremo sul do continente. As mãos congelavam e tivemos que improvisar sacos plásticos nas manoplas da moto.

Chegar a Ushuaia foi para mim determinante, pois ficou marcado para sempre o gostinho de ir sempre mais longe. Anos depois, Ushuaia seria uma das escalas mais importantes da Rota Austral e também o ponto de partida para a Travessia do Drake. Naquela época não imaginei que voltaria para lá velejando, ou mesmo que partiria de lá para a Antártica em um barco aberto de 250 quilos.

Alguns dias depois fomos obrigados a voltar para o Brasil rapidamente. Estávamos jantando no Bar Ideal, um local tradicional da cidade, vendo notícias do Brasil pela televisão e assim soubemos do Plano Collor, pelo qual a ex-ministra Zélia Cardoso confiscou o dinheiro das contas dos brasileiros. Partimos às pressas de Ushuaia, mesmo com neve e uma estrada toda enlameada. Subimos a costa da Argentina em poucos dias. Próximos a Comodoro Rivadavia pegamos uma tempestade de vento e areia tão forte que mal conseguíamos nos aguentar em cima das motos. Interrompemos a viagem, pois os ventos chegaram a mais de 130 quilômetros por hora. Vários caminhões tombaram na estrada e dois pesqueiros afundaram no píer da cidade.

Lá me despedi de Gotaro, que ia continuar viagem por outra estrada. Foram vinte dias juntos e nesse curto período nos tornamos muito próximos. Foi uma das despedidas mais difíceis da minha vida. Paramos as motos em uma encruzilhada e todos deram um abraço no querido japa. Eu fui o último e fiquei parado, vendo-o ir embora por uma estrada deserta que sumia no horizonte. Não sabia se voltaria a vê-lo, mas a vida cruzou nossos destinos mais uma vez. Passados alguns meses, Gotaro apareceu na minha casa, em São Paulo. O motor de sua moto estava com um sério problema e recomendaram a Honda de São Paulo. Na época eu era sócio do Singapore Sling e do Aeroanta, que vivia lotado, e todos os dias Gotaro ia lá. Ele fez tantos amigos e gostou tanto de São Paulo e do bairro da Liberdade que acabou morando três meses em casa.

Um dia Gotaro Ogawa foi almoçar na casa da minha mãe e ela disse espontaneamente: "Vocês dois parecem irmãos". Foi o que sempre senti.

O último contato dele foi por meio de um postal enviado do Canadá. Espero que a vida nos faça encontrar mais uma vez, quem sabe pela internet.

Bichos estranhos — 7 de julho de 2008

Palavras do Igor: "Ontem milhares de peixes-voadores voavam em volta do barco, pra lá e pra cá, nem dava para contar! Alguns eram enormes e nos perguntávamos como peixes tão gordos podem voar e a que tamanho esses bichos poderiam chegar. Bem nessa hora ouvimos um ruído de motor no céu e, segundos depois, um enorme avião da New Zealand Air Force passou raspando na gente, como que dizendo: 'Liguem o rádio', o que fizemos rapidinho! Eles, então, rodando em cima da gente, perguntaram o nome do barco e o nosso destino. No final nos desejaram bons ventos e desapareceram, deixando-nos com os nossos afinal pequenos peixes-voadores. Na mesma tarde avistamos várias baleias. Mas estavam longe, o que nos impedia de saber de que espécie eram. Bem, ao menos, agora, podemos dizer que avistamos baleias..."

Sem vento e com chuva — 7 de julho de 2008

Ontem o dia amanheceu bem carregado de nuvens e logo vi que iríamos tomar muitos banhos. Nada mau para quem já está há quatro dias só no desodorante, *baby wipes* e talco de polvilho. O vento, como disse a previsão, ia rodar, passando a cair. Dito e feito, Igor e eu tentamos fugir dos temporais e ao mesmo tempo tirar vantagem do vento mais forte que eles trazem. Uma chuvinha, tudo bem, mas um aguaceiro chega a dar frio. Foi um ziguezague só, o dia inteiro, e no final ficamos reféns de uma enorme nuvem negra e pesada que se formou no nosso lado direito, ao norte. Na verdade, era todo o horizonte negro que se aproximava, trazendo raios e trovões assustadores.

Igor me diz: "É sempre à noite que acontece isso com a gente".

Pois é, e veio com muita água e pouco vento. Mesmo com roupa de mau tempo fiquei ensopado. Os raios caíam bem perto de nós, deixando-nos bastante amedrontados com a possibilidade de virar carvão humano. Um mastro no meio de uma tempestade de raios é um alvo apetecível.

A chuva durou cerca de duas horas. Só fomos jantar quando já estava escuro. O vento acabou e ficamos à deriva. Baixamos as velas e nos recolhemos para os iglus.

A chuva voltou forte e as goteiras apareceram, encharcando os sacos de dormir. Bom, pelo menos era água doce. Mais uma noite longa...

Agora, de manhã, ainda meio escuro, uma brisa vem nos empurrar, fazendo o *Bye Bye Brasil* andar devagarinho. Subimos as velas e começamos a velejar. Agora o céu está encoberto e chove nos arredores. Aqui, uns pingos, só para não perdermos o costume.

Quando saímos de Papeete um senhor muito simpático nos deu duas garrafas com mensagens dentro delas e nos pediu que as jogássemos no mar: uma entre Taiti e Tonga e a outra entre Tonga e Nova Caledônia. Ele já lançou 27 garrafas no mar e uma delas aportou na praia da casa dele na Nova Caledônia. Nas mensagens ele pede a quem encontrar a garrafa que entre em contato com ele para dizer onde ela foi achada.

O mar não está pra peixe — 8 de julho de 2008

Ontem de manhã começamos a preparar o barco para o mau tempo, pois, domingo à noite, Pierre nos avisou que teríamos dois dias ruins. Ele, como sempre, acertou, para nosso infortúnio. Ontem à noite mesmo o vento subiu rapidamente para 35 nós, soprando de sudeste, acompanhado de muita chuva. A noite estava bem negra, e só conseguimos ir para as barracas já no escuro, depois de deixar o barco pronto, com as velas rizadas, o piloto automático acionado e tudo bem amarrado. Das oito da noite às duas da madrugada não consegui pregar o olho, pois as enormes ondas estouravam em cima do barco, algumas delas bem sobre as barracas, inundando tudo de água salgada. Fiquei gelado, pois meu saco de dormir também molhou. Às duas gritei para Igor: "Melhor baixar todas as velas e ficar em árvore seca, sem nenhum pano em cima!". Ele saiu da asa dele e rapidamente soltou a adriça da vela grande. O barco sossegou um pouco. Mas as ondas continuavam a quebrar de lado, provocando estrondos e me deixando apreensivo.

Agora de manhã resolvemos não rumar diretamente para Tonga - país insular descoberto em 1616 pelos holandeses e constituído por mais de 150 ilhas - e sim, para onde o mar nos leva com mais segurança e conforto: o norte. O mundo ficou menos agressivo, as ondas agora vêm por trás, o que deixa o barco mais estável e confortável. Igor me disse que durante a noite se perguntou o que ele estava fazendo aqui, e a resposta veio depois que a situação piorou. Ele está aqui exatamente por isso: para aguentar o pior.

Queremos preservar ao máximo o *Bye Bye* e descansar ao longo do dia, já que temos que estar alertas à noite.

Pancadaria 11 de julho de 2008

Hoje, para nós, seria dia 10 de julho, mas, como atravessamos o antimeridiano de Greenwich, aqui é 11 de julho. Estamos perto de Tonga e acabamos perdendo um dia na vida. Que pena! Mas como vou voltar para a América do Sul desconto na volta. Na verdade, apesar de ser a segunda escala não programada, ganhamos muito ao vir para a ilha de Niuatoputapu, lugar difícil de chegar e também de pronunciar.

Faz umas quatro noites que não dormimos bem, desde que começamos a pegar mau tempo com muita chuva e tempestade de raios. Dos males o menor, ao menos o mar estava razoável e só tínhamos que administrar o estresse provocado pela água que entrava pela costura das barracas e molhava os sacos de dormir. Achei que era ruim dormir molhado. Se soubesse o que nos esperava nos dois dias seguintes! Quando tivemos conhecimento de que teríamos vento forte de 35 nós, ou mais, vindo de sul e sudeste, com mar bastante grande, ficamos nervosos, pois se o barco quebrasse naquelas circunstâncias seria fatal para o sucesso da viagem. Só nos restava procurar um abrigo. Mas onde? Achamos melhor esperar, pois já estivemos numa situação semelhante e acabou vindo um vento de somente 20 nós.

De qualquer maneira preparamos o barco depois do almoço do dia 11 de julho. À tarde o céu começou a fechar, com nuvens bem pesadas, cinza-chumbo, despejando chuvas e trazendo mais vento. A noite chegou e fizemos três rizos na vela grande e baixamos a buja. Ligamos o piloto automático e ficamos à espreita do mau tempo. Um sentimento ruim se abateu sobre mim, pois dentro da falsa proteção da barraca eu ficava esperando as ondas, que já estavam grandes, se chocarem no casco, inundando a barraca e provocando um estrondo assustador. Mesmo sem velas o *Bye Bye Brasil* acelerava na descida das ondas, e a velocidade do barco e o barulho do mar me deixavam cada vez mais assustado. A cada estrondo eu colocava a cara para fora e acendia a lanterna para ver se estava tudo bem, se não havia algo solto ou quebrado. Nessas horas vem sempre uma onda e acerta em cheio a cara da gente. E dá-lhe palavrão contra o mar.

De vez em quando eu gritava para Igor, para saber se ele estava bem. O barulho era infernal, a cama mexia, me jogando de um lado para outro, para baixo e para cima. Passa tudo pela mente, é difícil não pensar que a qualquer hora o pior pode acontecer. Fiquei olhando os minutos passarem durante a noite e administrei o medo. A cada estrondo do mar contra o barco eu esperava o pior: quebra da travessa ou de um estai e o mastro na minha cabeça. Só restava esperar o dia clarear, ter paciência e manter a calma. Quantas coisas poderiam quebrar: parafuso, rebite... qualquer pequena avaria poderia se transformar num problema grave. Tinha que confiar. O sucesso da viagem estava por uma ferragem.

Quando o dia começou a clarear vi um cenário aterrador, um mar horrível, uma paisagem desoladora e selvagem. Ondas enormes, escuras, quebravam na popa do barco; algumas mais do lado, fazendo muita espuma. No horizonte só se viam montanhas negras de água se deslocando rapidamente, e para qualquer lado que eu olhasse sabia que não ia encontrar nada.

Pensei comigo: o que me trouxe aqui? Por que esta experiência tão forte? O que motivou a me expor a um universo tão inóspito de águas tão revoltas em um pequeno barquinho vermelho que desliza sobre as ondas enormes, esquecido do mundo? Talvez a maioria das pessoas não consiga imaginar o que é estar aqui. Mas não dá para descer do barco, temos que continuar. O barco pode ser um lugar que me dê sensação de liberdade, onde nada vejo além do horizonte, e ele pode me levar para qualquer paragem que eu possa imaginar, mas ao mesmo tempo pode ser uma ilha flutuante que me aprisiona, não me deixando outra opção senão aceitar essa condição.

Nessa hora penso: onde é o centro do mundo? Na vida urbana, bombardeado pela mídia, tenho a sensação de que lá é o centro do universo, que as coisas relevantes acontecem lá. Aqui vejo que sou nada, nem um pouco importante. Então, onde é o centro do mundo? Achava que fosse eu, mas aqui vejo que isso é ilusão, uma atitude egocêntrica. Diante da natureza sou nada – menos que uma gota no oceano.

Sempre nos preparamos para o pior, mas pensando no melhor. Era hora de colocar em prática o que imaginamos. Não podia deixar os maus pensamentos me contaminarem. Sem perder o humor, Igor e eu tentamos deixar a vida o mais normal possível. Fizemos todas as refeições, comemos atum enlatado com biscoito antes do almoço, jujubas de sobremesa, e assim enfrentamos o dia. À noite falamos com Pierre novamente e decidimos buscar abrigo no dia seguinte numa das ilhas do arquipélago de Tonga. Escolhemos a que fica mais ao norte, sem saber se havia gente morando ali – fomos simplesmente à procura de um lugar seguro. A carta náutica não dava muitos detalhes da entrada do atol e havia um risco grande de não conseguirmos um lugar para parar. Isso nos deixou bastante apreensivos.

A segunda noite foi pior que a primeira, o mar ficou desencontrado, e já sabia que não iria dormir também. Com céu encoberto e uma tímida lua, ficamos no escuro, na companhia dos estrondos do mar que castigavam nosso catamarã. Como já tivemos muitas quebras nesta viagem, perdemos a confiança no barco. Eu me perguntava o que viria agora. Não há sensação pior do que ficar à espreita de uma quebra, pequena ou grande, a qualquer momento. Imaginei o barco partindo-se ao meio e nós dois executando todos os procedimentos de segurança, chamando um resgate e abandonando tudo, deixando para trás meu querido barco, anos de trabalho, e voltando para casa desolados e derrotados pelo mar.

Olhava para fora e via um monte de espuma branca na popa do barco. O barulho foi me cansando. Mais parecia a anunciação de um castigo, um grito da natureza. Perguntei-me: será que não somos bem-vindos aqui?

Ainda à noite, uma onda gigantesca arrancou o piloto automático do lugar, pois à tarde outra onda já havia danificado a peça que engata o equipamento à cana do leme. Por cinco vezes o barco ficou sem controle no meio da noite, presa fácil para uma onda estourar na sua lateral e virá-lo. Que noite longa! Além de todos esses transtornos, ao jogar um pouco de talco de polvilho no rosto para aliviar a umidade acabei polvilhando os olhos! Um descuido que me custou horas de ardência. Numa tentativa desesperada de aliviar a dor, fiquei por uma hora com a cara fora da barraca, deixando as ondas lavarem os olhos. A água doce havia acabado e uma garrafa nova estava num lugar de difícil acesso.

O dia amanheceu e logo avistamos duas ilhas – uma delas, a mais baixa, era o nosso abrigo. Ufa, que alívio! Mas ainda estava longe. Neste último dia de sufoco o mar estava ainda maior, com ondas de 6 metros quebrando em duas direções, e mesmo com pouca vela e um cabo enorme amarrado na popa para tentar freá-lo o *Bye Bye Brasil* insistia em surfar os enormes jacarés, numa velocidade vertiginosa.

Por volta de meio-dia chegamos ao lado oposto da entrada da ilha e começamos a velejar bem próximo à barreira de corais, procurando a passagem assinalada na carta náutica sem muita precisão. Para nossa alegria vimos dentro do atol, próximo à terra, um veleiro, reconhecido apenas pela pequena imagem de uma haste branca entre os coqueiros. Eu vinha no leme e Igor, pelo rádio, chamou os nossos futuros amigos franceses, que prontamente responderam com dicas da chegada. Aliviados, vimos as marcações da entrada, mas mesmo assim acertamos em cheio a bolina num coral. Felizmente estávamos andando devagar e o estrago não foi desastroso, mas levei um susto, achei que iríamos ficar presos na barreira de coral. O vento que soprava na baía estava muito forte e entrar no estreito canal dando bordos próximo das pedras sem cometer nenhum erro de manobra foi o último estresse do dia.

Os franceses nos esperavam na entrada do canal. Ancoramos ao lado deles na laguna, finalmente em águas protegidas. Baixamos os panos e demo-nos um forte aperto de mão, como de costume. Esse é o nosso ritual, e mesmo quando saímos para mais uma perna damos um abraço. Mais uma etapa vencida. Faltam apenas nove dias, ou 1.070 milhas, para chegar à Nova Caledônia. Acho que devíamos estar com cara de esfomeados, pois logo Adrien, Michele e Michel nos convidaram para almoçar. Uma pasta sempre é bem-vinda! Sempre!

Voltamos ao barco e iniciamos uma limpeza geral. Esvaziamos os cascos, colocamos tudo para secar, arrumamos os mantimentos e iniciamos o contato com os habitantes da ilha. As crianças se juntaram no píer da vila e pediram doce.

Atracados no píer, fomos observados como dois alienígenas. Este ano somente seis barcos a vela aportaram aqui. Como o nosso, nunca; brasileiro, jamais. Uma das crianças me perguntou se Igor era meu filho. Brincando, respondi que sim e disse que o nome dele era Mogli, o menino-lobo. Depois que todos se foram, fiz a barba, que fica branca quando cresce.

Inacreditavelmente aqui está bem frio, nublado; às vezes cai uma garoa fina e há muito vento mesmo aqui dentro da baía. Ao longe podem ver-se ondas irromper por cima da barreira da ilha. Que bom estar aqui! O mesmo lugar que algumas horas atrás era um inferno agora é o paraíso. Não é à toa que o arquipélago de Tonga já foi chamado de Friendly Islands, por causa do acolhimento amistoso dedicado ao capitão Cook na primeira visita dele, em 1773. Aliás, todas as ilhas em que paramos deveriam se chamar Friendly Islands. Dormimos então o sono dos justos – doze horas ininterruptas.

Give me loli 13 de julho de 2008

Hoje, nosso segundo dia na ilha, fui à vila principal para trocar dinheiro no correio e pagar as taxas de entrada no país. Na ilha não há energia, somente alguns moradores têm geradores, as casas são pobres e a pequena população de mil pessoas se dedica ao plantio para consumo próprio, pesca e criação de animais. Na rua que corta a ilha de um lado a outro perambulam porcos, cachorros, cabras, galinhas, gatos, cavalos e crianças. Uma escola e um pequeno posto de saúde cuidam da educação e das doenças da população. O aeroporto já não funciona. Para sair daqui é só esperar o navio que vem uma vez por mês de Nukualofa, a capital de Tonga. É um lugar distante, quase desconhecido. Não há turismo, hotel, restaurante, e a única mercearia tem praticamente as prateleiras vazias.

Cumprimos os procedimentos burocráticos e Igor pegou uma carona até a tal mercearia com o pessoal da alfândega e da saúde. Não dá para acreditar, mas não é que o sujeito da aduana perguntou ao Igor se ele é meu filho? Igor respondeu que não. Então, insistindo, o cara perguntou se nós éramos namorados. Bom, não sei se a barba feita piorou as coisas, mas agora vou fazer o Mogli cortar a juba, porque um dia ele põe tiara, no outro usa chuquinha... O moral da expedição está baixíssimo aqui em Niuatoputapu! De acordo com a previsão sairemos daqui domingo. Igor acabou de pescar três peixes no píer; enfim, vamos variar o cardápio.

Esta viagem está repleta de surpresas. As últimas duas paradas não estavam no cronograma. Ficamos na mão uma vez por causa de um simples parafuso e agora pelo mau tempo. Mas, como dizem que "Deus escreve certo por linhas tortas", vamos ter fé que o melhor foi assim. Aqui nesta pequena ilha esquecida no norte de Tonga as crianças passam o dia sentadas no píer dizendo: *"Give me loli"*. Já até sonhei com essa frase, que virou pesadelo. Eles pedem doce o tempo todo, como um papagaio, só porque no primeiro dia demos-lhes algumas barrinhas de cereal.

Ontem uma senhora chamada Cia nos convidou para almoçar. A pobreza e as condições de higiene da casa nos espantaram, mas logo a generosidade e o carinho dela falaram mais alto e nos comoveram.

Segundo a meteorologia, hoje o tempo começa a melhorar. O vento estabilizou em torno dos 20 a 25 nós, e o mar caiu um pouco, já não está tão agressivo. Modificamos a rota e vamos passar ao norte das ilhas Fiji, que ficam a 350 milhas daqui. Serão dois dias e meio de viagem. Depois começamos a descer para a Nova Caledônia.

No quesito reabastecimento, Adrian, Michele e Michel nos ajudaram muito. Deram-nos água, recarregaram nossas baterias e ainda nos ofereceram dois jantares e um almoço. Nosso estoque de gás está no fim, por isso racionamos os almoços: comemos coisas frias ou alguém ferve água para nós. Para os nove dias da próxima etapa vamos utilizar o mínimo para aquecer duas refeições diárias. Sairemos na hora do almoço.

Aos trancos e barrancos — 15 de julho de 2008

As coisas não param de quebrar. Meu Deus, que sina essa de ter que lidar com a incerteza de tudo dar certo ou não! Dois dias atrás, lá pelas três da madrugada, Igor grita: "O parafuso do travessão frontal quebrou de novo!" Saí voando do meu saco de dormir, só de *short* e camiseta, e fiquei de joelhos olhando a peça. Prontamente o engenheiro Igor entrou no compartimento da frente para examinar por dentro e analisar a possibilidade de arrancar o resto de parafuso por baixo. Tiramos toda a carga da frente e Igor se enfiou pelo buraco e começou a serrar uma madeira para ter acesso ao parafuso. Tudo isso em meio ao mar imenso e ondas quebrando contra a embarcação. Minha boca ficou seca, sinal de apreensão por um novo rompimento da travessa. Enquanto Igor trabalhava dentro do casco eu vigiava as ondas e ao mesmo tempo mantinha a gaiuta semiaberta para ele respirar. Quando vinha uma onda eu a fechava. Ao lado da balsa salva-vidas instalada na proa do barco eu havia deixado uma reserva de latinhas de Red Bull, exatamente para uma situação de emergência. Não tive dúvida, bebi duas latas rapidamente.

Estava ensopado e com frio e não sabíamos da resistência da travessa com um parafuso só. O parafuso reserva não entrava, pois era difícil fazer coincidir três furos com o barco balançando. Depois de duas horas martelando e tracionando o casco com cabos, conseguimos trocar o tal parafuso. Voltamos para as barracas exaustos, ensopados e desconfiados.

De manhã o mar melhorou um pouco. Mas, para a brincadeira não perder a graça, depois quebrou uma bússola, uma das cadeiras onde sentamos para velejar e a outra caixa do leme começou a trincar. Já li muitos livros sobre travessias náuticas e relatos sobre quebras são constantes, mas há muito passamos do limite aceitável.

Notícias boas: Pierre disse que hoje à noite o vento vira para leste e tudo vai melhorar. Mesmo com tudo isso velejamos 185 milhas – um recorde – e hoje, fim de tarde, vamos passar ao largo de uma das ilhas do arquipélago de Fiji. Faltam menos de 900 milhas para a Nova Caledônia.

Noites intermináveis — 17 de julho de 2008

O tempo passa. Já são 53 dias de navegação. Quanto tempo... Pouco tempo... Tudo depende do que se faz com ele. Ele que não é nosso, mas nos oferece o livre-arbítrio para usá-lo como quisermos. Aqui neste mundão às vezes nos assustamos, pois temos muito tempo para pensar na vida. Não que não façamos nada; pelo contrário, mas as horas no leme do barco, entretido em fazê-lo navegar, me levam para outros mundos, mundos interiores, onde se travam as maiores batalhas, onde encontro o amor, a compaixão, a tristeza e a alegria de estar vivo. Sofro com a distância da minha mulher, mas sei que é mais um treinamento da vida para ambos.

Hoje o dia começou com peixinhos-voadores saltando para todos os lados e abrindo passagem para o *Bye Bye Brasil* que avança cheio de remendos, meio sei lá como, mas avança. Levanto-me do sarcófago aliviado, pois a longa noite se foi, tudo está molhado, e eu, exausto de tanto contrair o abdômen para me segurar durante a noite. Visto a roupa de velejar e vou tomar o café da manhã. Oba, o mamão está maduro, e as bananas também! Tomo água de coco e como umas torradinhas com queijo. Desligo o piloto automático e pego no leme.

"Bom dia, Betão", diz o incansável Igor. Também não teve uma noite boa. Ele sai da toca, veste a roupa e joga a linha no mar. Hoje vamos pegar um danado. Igor toma café e pega os equipamentos de vídeo e foto para limpar. Depois de uma hora, nada de peixe morder a nossa querida lula roxa.

Pegamos o notebook Semp Toshiba Extreme para fazer o diário. Igor faz o dele e eu o meu. É um instrumento precioso! Sem ele seria difícil se comunicar com o mundo, ter tantas cartas náuticas, escrever, e ainda é à prova de água e choque. Ele aguenta mais desaforos que o barco.

Jogamos o cabo do dínamo na água para gerar energia, e por uma hora ele fica freando o barco e nos roubando 1 nó de velocidade, mas mantendo o nível das baterias alto. Nos dias sem sol ele é fundamental.

Hora do aperitivo. Oba! Latinhas de peixe, já que os que estão embaixo de nós não estão nem aí para a nossa nutrição. Almoçamos. Começa o turno da tarde. Assim passa o dia, com pequenos reparos, filmagens, fotos etc.

À noite ligamos para o Pierre para saber das novas sobre o tempo, e faço um boletim, dia sim, outro não, para a Rádio Eldorado de São Paulo. À noitinha, preparamos o barco com o piloto automático e diminuímos as velas. Jantamos e voltamos para os sarcófagos para outra noite interminável, cheia de pensamentos, sonhos e sensações. Assim navega o barquinho, cada dia mais perto da Austrália. Como sempre falamos entre nós: um dia ela vai aparecer no horizonte. Um dia.

Pressentimento — 19 de julho de 2008

Depois de amargar um dia e meio de ventos fracos e baixar a nossa maravilhosa média, o vento voltou, mas na direção mais incômoda para um veleiro: contra, na cara. Temos novamente que conviver com as ondas de frente, com o esguicho de água salgada e com tudo o mais que está úmido ou molhado. A vida fica muito restrita no barco.

O bilhete para Ile des Pins, nosso destino na Nova Caledônia, está caro. Fico preocupado com o barco, que já não pode quebrar. Ontem voou para o mar a nossa última bússola; agora velejamos pelo GPS e pela direção do vento e posição do sol.

Faltam apenas 350 milhas, mas a ansiedade é grande. Escrever o diário de bordo é muito difícil, pois a cada onda o barco dá um tranco e eu digito errado – fica parecendo o samba do crioulo doido. O barco sobe e desce, e com vento e ondas laterais a coisa fica muito desconfortável. O catamarã trabalha de um jeito que me deixa de mau humor. Sei que não é bom para a estrutura, e não gosto de sentir o que estou sentindo, mas falta pouco para a Nova Caledônia.

Vanuatu, a última esperança — 25 de julho de 2008

Desta vez foi por pouco que o barco não foi para o fundo do poço, literalmente. Ué, mas esses dois malucos não deviam estar em Ile des Pins, na Nova Caledônia? Como foram parar em Vanuatu?

O vento estava vindo de frente e o mar, de lado. O barco pulava muito, as ondas cresciam e quebravam na lateral, e ele trabalhava de um jeito que eu não estava gostando, como já disse. Pois bem, faltando ainda dois dias para chegar à Nova Caledônia, o parafuso da travessa frontal quebrou de novo, ficando somente um parafuso para segurar um dos cascos no meio daquele mar que só piorava. Logo percebemos que o barco não ia aguentar velejar naquela direção. Consultamos as cartas náuticas no *notebook* e procuramos um lugar aonde ir velejando num ângulo com vento de popa. Achamos Port Vila, capital de Vanuatu. Ainda bem que havia terra na nossa única opção de itinerário... Mas ela estava a 250 longas milhas... Dois dias num ritmo lento, porém mais seguro.

Diminuímos as velas e começamos a velejar para Vanuatu sem saber nada sobre esse lugar. A Maris e a Debora estavam saindo de São Paulo para nos encontrar na Nova Caledônia quando foram avisadas das mudanças repentinas de planos. Depois de tantas quebras, mau tempo, cronogramas alterados por burocracias, a viagem está sofrendo outro atraso. Talvez um bom sinal, quem sabe, para evitar situações piores, mas o fato é que ficamos muito desanimados e cismados com o barco.

Durante a noite deixamos o *Bye Bye Brasil* bem lento, com pouca vela. Passei uma das piores noites da viagem, pois sabia que se rompesse o outro parafuso estaríamos em uma situação de muito risco, com sérias chances de perder o barco. Fiquei na minha barraca ouvindo os barulhos, criando outros e imaginando como seria perder o barco.

No dia seguinte o vento aumentou um pouco e o mar também, forçando-nos a velejar em um dos bordos com o mar um pouco de lado, e foi nessa hora que uma enorme onda estourou na lateral do *Bye Bye Brasil*. Imediatamente senti o barco solto, os cabos de aço que sustentam o mastro afrouxados e Igor deu um pulo para ver o que tinha ocorrido na travessa frontal. O outro parafuso quebrou e a travessa correu uns 20 centímetros para o lado. O barco estava preso somente pelo cabo de *spectra* e a qualquer momento tudo poderia ruir. Rapidamente Igor amarrou um cabo no estai frontal para dar um pouco de tensão. Diminuímos as velas, tiramos a buja e esperamos o pior, pois ainda faltavam mais de 100 milhas para chegar.

À tarde o tempo se arrastou, assim como o catamarã, e quando começou a anoitecer nos preparamos realmente para o pior: um pedido de resgate, se tudo quebrasse. Tiramos a balsa salva-vidas e deixamos todos os equipamentos de emergência à mão.

À noite ficamos de plantão, com lanternas na mão, conferindo os outros parafusos que ainda sustentavam o lado oposto da travessa frontal. Os barulhos eram horríveis, a cada hora aparecia um som diferente – uma sinfonia macabra. A mente lutava entre esperar o pior e ser otimista e acreditar em chegar a Port Vila.

Felizmente o vento e o mar caíram bastante, deixando-nos alguma esperança. Por volta das 10 horas da manhã avistamos a ilha. Chegamos às 16 horas debaixo de um pé-d'água, rebocados por um veleiro americano que entrava na baía de Port Vila. Felizes e aliviados, conseguimos salvar o barco. Dupla felicidade, pois reencontrei a Debora e a Maris, que chegaram na mesma hora. Cumprimos todas as burocracias de Vanuatu e estacionamos o catamarã no iate clube.

Esses foram os piores momentos da minha vida num barco. Não corremos risco de morte, mas o barco escapou por pouco – é quase um milagre estarmos com ele aqui. Agora temos um desafio enorme pela frente, que é consertar o *Bye Bye Brasil* e seguir viagem para a Austrália. Por ora só penso em comer e dormir. Estou me sentindo magro, acho que perdi nos últimos trinta dias mais ou menos 10 quilos. Nem acredito que vou dormir numa cama que não balança, seca, e junto com a minha mulher.

Tanna, uma luz no fim do túnel — 4 de agosto de 2008

Muitas estrelas no céu, como nas noites sem lua em que velejávamos por esse imenso Pacífico. Na caçamba da caminhonete vínhamos pulando, chacoalhando como um filhote de canguru na bolsa da mãe. Cangurus não saem da minha cabeça. Austrália! Como quero chegar à maior ilha do planeta! Vamos chegar, só não posso precisar quando.

Maris, Pepê e eu estamos voltando do Yasur, o segundo maior vulcão do mundo em atividade. Estamos em Tanna, uma das ilhas do arquipélago de Vanuatu, considerado o país do povo mais feliz do mundo. Eu vinha ouvindo música e me questionando sobre a felicidade, sobre toda a viagem, sobre as pessoas que amo, e lembrando-me de um telefonema que recebi alguns dias atrás da equipe de São Paulo. Eu vinha sorrindo intimamente na caçamba da caminhonete.

Tanna é simples, as pessoas vivem num mundo à parte, preocupadas apenas com a alimentação. Será que posso chamá-las de pobres? Acho que não. Miséria, não vi; rusticidade, sim. Podemos chamá-los de primitivos? Talvez. Mas de onde vem tanta alegria, tanta felicidade?

Segundo a New Economics Foundation, organização não-governamental que fez uma pesquisa sobre o bem-estar das populações, "as pessoas podem viver bastante e terem uma vida feliz sem utilizar mais do que a sua cota justa dos recursos naturais do planeta". Os vanuatenses devem saber a medida da cota justa.

Fomos a Tanna porque todos insistiram conosco para visitarmos o vulcão Yasur. Fizemos o duro trajeto da vila ao vulcão por dois dias consecutivos. São duas horas chacoalhando num veículo 4 x 4 por uma estrada de terra horrível que corta a ilha subindo e descendo uma serra. Passamos por vilarejos povoados de casinhas de palha. Aqui vivem 25 mil pessoas, uma gente doce, amável, sorridente e feliz. Desde um velho até uma criança, todos têm a mesma atitude. Acho que está impregnado na genética.

Nós que vivemos nos grandes centros urbanizados e "civilizados" nos perguntamos: onde mora a felicidade? De que precisamos para sermos felizes?

Ora, dentro da nossa prepotência em chamá-los de primitivos damos morada para a ignorância, pois somos um bando de insatisfeitos, que busca a felicidade no consumo desenfreado e nos valores materialistas. Os anos vão passar e talvez um dia vejamos o quanto caminhamos para o lado errado.

Na primeira visita ao vulcão, estava ansioso, pois pelas fotos e relatos iríamos conseguir ficar a poucos metros da cratera e presenciar o vulcão em plena atividade. Há alguns anos subi o vulcão Villarrica, no Chile, e debruçando-me na borda da cratera vi aquele caldeirão incandescente. Foi inesquecível. Mas aqui é incomparável. Quando, da estrada, avistamos o vulcão ao longe, do outro lado do vale, vimos uma imensa coluna de fumaça e, de tempos em tempos, uma explosão e mais fumaça. Depois de uma hora de rodeio na caminhonete, chegamos à base do vulcão. Assim que descemos, já no final da tarde, os guias nos deram lanternas e jaquetas. Fazia muito frio e ventava bastante. Uma temperatura muito estranha para uma latitude como aquela.

Subimos pela encosta de areia vulcânica fofa, com fumaça saindo por debaixo de nossos pés. Ao chegar ao topo, fomos surpreendidos por uma grande explosão. Pedras imensas de lava eram cuspidas para o alto e para longe. A maioria delas caía na encosta da montanha, do lado de dentro da cratera, outras voavam para longe, mas do lado oposto ao que estávamos. À medida que escurecia o espetáculo tornava-se mais grandioso, como fogos de artifício em uma noite de ano-novo. As explosões eram ruidosas, violentas, faziam o chão tremer e lançavam lufadas de ar quente contra o nosso rosto.

Permanecemos no topo da montanha por uma hora, vendo pedras cor de laranja, incandescentes, passarem a uma velocidade de 300 quilômetros por hora por cima de nossas cabeças. Ficamos tão admirados que voltamos no dia seguinte, encarando mais quatro horas chacoalhantes na estreita e sinuosa estrada.

No segundo dia, o sYasur estava mais nervoso e as explosões, mais violentas e ruidosas. Uma delas cuspiu uma pedra bem no caminho que havíamos percorrido quinze minutos antes para subir a encosta do vulcão. Foi o suficiente... Batemos em retirada, assustados. Não se pode dar chance ao azar, e, afinal, já havíamos visto o bastante. Algo inesquecível, muito forte! Aquele tipo de coisa que faz a gente perguntar depois de algumas horas: será que foi verdade?

Esses dias em Tanna foram ótimos para dar uma relaxada em relação ao barco, pois passamos por várias situações limites, quase perdemos o nosso *Bye Bye Brasil*. Conseguimos chegar, mas perdemos a confiança no barco.

E o que fazer agora?, foi o que nos perguntamos. Ficamos nos últimos dias tentando encontrar uma solução para o final da viagem. A primeira ideia foi terminá-la na Nova Caledônia e evitar uma longa travessia até a Austrália, especialmente porque nesta época predomina o vento sudeste e, como este ano as frentes frias estão mais fortes, dificilmente ocorrerá um período de seis dias de mar calmo. O *Bye Bye Brasil* não resistiria.

Terminar na Nova Caledônia significaria completar mais de 90 por cento da travessia, mas deixaria para sempre um gosto amargo na boca e a viagem ficaria marcada com o estigma de incompletude. Mas como ir contra o bom senso, contra tudo aquilo que sempre regeu nossas decisões?

Tivemos então a ideia de rumar para o norte, procurando ventos mais favoráveis e, depois, velejando para oeste, chegaríamos às ilhas Salomão, um grupo de ilhas colado em Papua-Nova Guiné, perto do norte da Austrália. Dessa forma teríamos cruzado o Pacífico, e, em termos de longitude, cumprido o nosso objetivo.

Começamos a procurar informações sobre as ilhas Salomão e as notícias não eram animadoras... Não é um lugar muito seguro, exige muita burocracia e oferece poucas opções para parar...

Igor insistia em dizer que tinha um sentimento estranho em relação ao barco, que algo poderia acontecer em uma travessia longa, mas se sentia confiante em subir para as ilhas Salomão, pois as escalas eram bem menores.

Eu fiquei dividido, pois não queria terminar a viagem assim de certa forma melancólica, mas confiava na minha intuição e no Igor. Aliás, nos damos tão bem que nunca tivemos atrito em nenhuma decisão. Temos um jeito semelhante de encarar os momentos difíceis, somos ambos muito conservadores. Decidimos consertar o barco, trocar os parafusos e seguir viagem para o norte.

Conseguimos, finalmente, na última quinta-feira, 31 de julho, tirar o barco da água. Todo esse atraso se deveu ao fato de o trator do Boat Yard, único lugar de Port Vila que poderia fazer isso, estar quebrado. Logo depois de puxar o catamarã da água começamos a desmontá-lo. Três horas depois Igor conseguiu retirar o parafuso quebrado de dentro do casco e, se tudo corresse bem com os reparos, em três dias o *Bye Bye Brasil* poderia voltar ao mar.

Voltamos ao hotel cansados e desabamos na cama, pois o dia seguinte iria começar cedo. Meu sentimento em relação à decisão que tomamos era angustiante, mas eu não podia ir contra os meus princípios. Se eu tivesse tomado atitudes impensadas no passado, certamente não teria terminado nenhuma das cinco viagens anteriores. No fundo, o que fazemos é administrar riscos, e ir para a Austrália agora seria correr um perigo muito grande. É claro que poderíamos chegar, mas também, talvez, precisássemos acionar o resgate e abandonar o barco no meio do mar. O prejuízo de um resgate seria bem maior do que terminar a viagem nas ilhas Salomão.

Nesse momento vi mais uma vez que os grandes amigos fazem a diferença, e uma equipe de pessoas conscienciosas pode dar uma luz. Eu estava dormindo, mas no Brasil havia uma reunião da qual participavam o Dega e o Elton, coordenadores do projeto, o Dudu, diretor do filme da travessia e dono da produtora ST2, o Doro, assessor de imprensa, e o Mark Essle e o Aluísio, ambos da Matos Grey. Nesse grupo de amigos havia dois velejadores, e um deles, Mark, havia passado dois anos em um veleiro com a família exatamente nesta região. Eles me telefonaram no meio da madrugada e me deram apoio para qualquer que fosse a minha decisão, mas sugeriram outra alternativa: interromper o projeto, fazer uma revisão minuciosa no barco e esperar até o final de outubro, quando as condições climáticas estivessem mais adequadas, os ventos, mais calmos, e tudo, mais estável.

Estamos no inverno e as frentes frias, em plena atividade. Na semana passada houve ventos de até 170 quilômetros por hora na Nova Zelândia e por três vezes as frentes frias chegaram à Nova Caledônia, o que não ocorria fazia muito tempo. Achei a ideia bastante razoável, pois, além de tudo, Igor e eu estávamos muito envolvidos nos últimos acontecimentos e nessas circunstâncias poderíamos tomar uma decisão impulsiva. Acordei Igor e contei-lhe a nova estratégia, à qual ele reagiu com certo desagrado, porque em setembro começaria seu último ano de engenharia em Lyon, na França.

No dia seguinte, bem cedo, voltamos ao barco para iniciar a montagem com os parafusos novos. A falta de confiança no barco se devia ao fato de ele ter velejado muitas milhas sem um parafuso, trabalhando de maneira errada, numa ocasião, e navegado com a travessa frontal solta e os cascos fora de esquadro, em outra. Esse "atrevimento" poderia ter comprometido sua estrutura. Algo pior poderia ocorrer sem nenhum aviso.

Pois bem, quando começamos a mexer nas travessas Igor percebeu um início de trinca, quase imperceptível a olho nu, exatamente no lado oposto ao que tinha quebrado quando chegávamos a Mangareva. Resumo da ópera: a travessa poderia quebrar a qualquer momento, mesmo se fôssemos para as ilhas Salomão. Resolvemos suspender a viagem para recuperar a travessa, como fizemos na Polinésia Francesa, e daqui a três meses voltaremos a Vanuatu. Ficamos muito felizes em descobrir a trinca, pois nos antecipamos a um futuro embaraço. Não que eu não queira velejar agora, mas, no final, pude ponderar as duas opiniões: a nossa contrariedade – minha e do Igor – e a postura do pessoal no Brasil. Fiquei feliz também por receber um telefonema do Stefan Kozak, amigo de longa data e presidente da Red Bull, que nos deu apoio total qualquer que fosse a nossa decisão, mas pediu que analisássemos todas as alternativas, e também o apoio de outro amigo, o Fabio Boucinhas, do Yahoo Brasil, que, como velejador, entende perfeitamente o que estamos vivendo.

Assim, a Austrália continua viva dentro de nós. Não vamos desistir; pelo contrário, empenharemos todos os esforços para cumprir o que nos propusemos a fazer. Uma viagem como esta mostra como é difícil transitar por essa linha tênue que separa a responsabilidade da ousadia, a intuição do desejo. Vivenciamos mais uma vez a experiência de ser humildes e reconhecer os nossos limites, como um alpinista que abre mão de chegar ao cume para voltar vivo para casa. Felizmente ainda não esgotamos todas as nossas possibilidades. Sinto-me aliviado e leve. Vamos voltar e dar tudo o que temos para chegar à Austrália. Essa é uma promessa que faço para mim mesmo e para todos os que estão torcendo por nós.

Muito em breve vou gritar: "Terra à vista! Austrália!", e dar um caloroso abraço no meu grande companheiro Igor.

De volta a Vanuatu, três meses depois

30 de outubro de 2008

A noite está abafada e úmida; a rua, deserta e silenciosa. Às vezes passa um carro. Gente nenhuma à vista. Dormi muito e perdi a noção do tempo, acordei agora há pouco e me deu uma fome louca. Acho que não vou encontrar nenhum restaurante aberto. No meu relógio são dez e meia da manhã no horário do Brasil. Aqui já é bem tarde. Não desanimo e continuo a caminhar para o centro de Port Vila.

Sinto uma brisa leve no rosto que traz cheiro de maresia. Que alívio, pois já estou suando. As vitrines do pequeno comércio iluminam a rua principal que começa a ficar molhada. Agora começou uma garoa forte que aumenta um pouco mais. Acho que é o meu treino que se inicia novamente. Penso: será que além de não encontrar nada aberto ainda vou voltar ensopado para o hotel?

Caminho mais um pouco e chego ao Hotel Sebel. Está fechado, mas insisto e a recepcionista vem me atender. Ela abre a porta com um sorriso simpático. Conto que preciso encontrar um restaurante e ela tenta ligar para alguns lugares, mas não encontra nada aberto. Agradeço e continuo andando até a marina, aonde chegamos da última vez, pois sei que lá tem um bar que fica aberto até mais tarde. Chego perto, ouço música, atesto o movimento. Entro e a garçonete que nos atendeu há três meses continua lá. Ela me reconhece e me leva para uma mesa. Aliviado, peço o cardápio. Ela me oferece um drinque, mas eu digo que só quero comer. Ouço: *"I'm sorry, the kicthen is closed"* O jeito é voltar para o hotel. Não tem outra solução, o treinamento começou mesmo. Comer, só amanhã.

Na volta venho pensando em tudo o que temos que fazer. Por falar em trabalhar, meu incansável companheiro Igor chega amanhã à tarde. Temos que montar novamente o *Bye Bye Brasil*, que ficou aqui no *boat yard* para o conserto da travessa. Espero encontrar tudo em ordem.

Foram três meses no Brasil aguardando uma previsão favorável da meteorologia. Espero que o soldador de alumínio que veio da Nova Zelândia para fazer o reparo no trinco da travessa frontal tenha realizado um bom trabalho. Do jeito que estava poderia comprometer o barco e a viagem.

A chuva agora apertou muito, e fico aguardando passar debaixo de uma marquise. Permaneço ali por uns vinte minutos ouvindo a chuva cair e olhando a rua deserta que de dia fervilha de pessoas. Que ciclo maravilhoso da natureza! Adoro chuva, ela me traz uma sensação de renovação, de revigoramento – ou melhor, de renascimento. Um ciclo que se inicia ou se finda, não sei, mas me pergunto: até quando vou velejar? Quando será a minha última viagem? Onde busco inspiração e motivação para realizar o que venho fazendo há anos? Esta é a sexta viagem. Nos últimos anos não parei de viajar e sinto dentro de mim uma vontade enorme de compartilhar tudo o que acumulei ao longo das inúmeras milhas navegadas.

Volto a caminhar, acho que a chuva não vai parar tão cedo. Os pensamentos me inundam, mais do que a poderosa chuva que cai. Fico vulnerável diante das incertezas da vida. Questiono meu modo de vida e penso como será lindo ver a Austrália. Será que chegaremos? Por que esta dúvida, por que este temor? Onde mora a confiança?

Como não confiar na vida, como não confiar no divino? Basta olhar para o céu uma única vez com atenção para entender que devemos buscar as respostas dentro de nós. Já me perguntei se cada ser humano que tivesse a possibilidade de olhar para o céu que vi nesta longa viagem não mudaria de atitude, não se sensibilizaria, não se emocionaria ao ver a grandiosidade do lugar que habitamos. Por que perder tempo com coisas tão pequenas e mesquinhas? O céu é aqui!

Gosto de pensar que todo obstáculo traz uma oportunidade. Neste momento parece-me que temos uma chance única de construir uma vida mais próspera, baseada em valores verdadeiramente humanos, dignos do que nos foi confiado. O momento inspira o questionamento sobre a necessidade de abrir mão do antigo jeito de viver em troca de uma forma mais amorosa e generosa de nos relacionarmos com o outro e com o planeta. Sempre aceitei que o que vivemos é o que merecemos. Não acredito em castigo, mas creio em responsabilidade e disciplina. Acho que o mar tem me ensinado a olhar para o mundo com mais profundidade.

Voltando faminto ao meu quarto, lembro que trouxe umas bananinhas de Paraibuna para a viagem. Vou tomar um banho bem quente e dormir.

Enfim, partindo de Vanuatu — 6 de novembro de 2008

Outro dia, voltando para o hotel à noite, decidi pegar um táxi local, umas *vans* que circulam por aqui em Vanuatu. O trajeto é uma surpresa, pois nem sempre você vai direto para onde quer. Na maioria das vezes os motoristas são muito engraçados e, depois que descobrem minha origem, falam de futebol, perguntam do Brasil, da vida; enfim, mostram-se sempre muito curiosos em relação aos brasileiros. Quando conto que vivo em uma cidade de 18 milhões de habitantes, ficam perplexos. Desta vez fui eu quem ficou surpreso, pois o motorista sabia a escalação da seleção brasileira de 1970.

Há dois dias peguei um motorista que, no meio do caminho, perguntou-me se me incomodava em pegar a filha na escola. Disse que não, e lá fomos pegar a menina. Uma graça de garota, muito educada e de olhar esperto. Deu para sentir o amor de um pelo outro. Ela vinha contando o que fez na escola e sempre que via uma amiguinha na rua gritava-lhe algo ou acenava.

Outro motorista perguntou-me aonde eu queria ir. Expliquei-lhe o caminho e ele foi para o lado oposto. Pouco depois parou a *van* e pegou outro passageiro, levou-o morro acima, ali pegou outra passageira e depois voltou ao caminho que deveria ter feito desde o início. Ontem foi a vez de entrar no carro de um motorista que ouvia um pastor falar pelo rádio. O som estava tão alto que se podia ouvir a uma quadra de distância. Era quase um trio elétrico pregando e enviando mensagens religiosas. Ele andava bem devagar para "espalhar a palavra de Deus".

São essas coisas que fazem Vanuatu ser Vanuatu. Hoje, no mercado, conhecemos um baiano que trabalha aqui no ministério da Saúde. Ele confirma que este é o país de gente mais feliz do mundo, mas diz achar o pessoal "um pouco devagar". Vindo de um baiano, posso afirmar, então, que o vanuatense é um "baiano sem pressa".

Pois bem, depois de todo o estresse, o barco está pronto e flutuando bem aqui na frente do nosso quarto. Igor e eu trabalhamos muito nestes últimos dias e, pela quarta vez, montamos o *BBB*. Espero que seja a última. Tivemos um contratempo e uma grande decepção com os donos do *boat yard*, o local onde o *BBB* ficou guardado. Antes de voltar ao Brasil, pedimos que uma solda fosse feita no travessão frontal, exatamente onde estava aparecendo uma microfissura. Também pedimos que refizessem as pontas das duas bolinas, que são de fibra de vidro, e outra solda em uma das caixas do leme. Pedimos que enviassem um orçamento via *e-mail* ao Brasil para aprovarmos os reparos. Nunca enviaram nada e quando tudo ficou pronto mandaram uma nota no valor de 6.500 dólares. Não acreditei no valor e achei que haviam se enganado. Os donos, que são neozelandeses, não estavam em Vanuatu. Ligamos para eles, mas não quiseram discutir o orçamento por telefone e condicionaram a retirada do barco ao pagamento em dinheiro vivo. Não aceitavam nem cheque nem cartão de crédito. Foi um desgaste enorme e, no fim, fomos obrigados a pagar para não comprometer o cronograma da viagem. Fomos literalmente assaltados, mas Igor e eu decidimos olhar para a frente.

Hoje demos conta de todas as burocracias que faltavam. Para a Nova Caledônia vamos velejar 300 milhas e chegar a Koumac, uma pequena vila no noroeste da ilha. Temos uma excelente previsão de tempo, com dois dias de ventos com força de 10 a 15 nós de leste a sudeste. Vamos experimentar o barco depois de todos os consertos milionários. Estou tranquilo, mas também ansioso para voltar ao mar, e tanto Igor quanto eu queremos muito chegar à Austrália. Vamos ter a companhia de uma lua crescente e tímida na saída, mas na velejada para Bundaberg ela estará cheia e iluminará nosso caminho.

A chegada à Nova Caledônia — 10 de novembro de 2008

A ansiedade era grande, meus olhos não desgrudavam do horizonte, queria ver terra. Já deveríamos estar avistando o verde, mas havia uma neblina que escondia o nosso destino, a Nova Caledônia, a tão sonhada ilha que há três meses foi preterida por Vanuatu por motivos muito fortes. Depois de abortar Ile des Pins, que fica ao sul da ilha, rastejamos com a travessa frontal solta até Vanuatu.

Estávamos cautelosos, ainda na maré da frustração de não ter conseguido chegar à Nova Caledônia da última vez. Na saída de Vanuatu tivemos um pequeno problema na caixa do leme. Perdemos uma hora para consertar o berço do leme dentro da caixa de alumínio. Depois disso aproamos o *BBB* para a Nova Caledônia e mais nada foi capaz de nos deter. Parecia que Vanuatu tinha garras que não queriam nos largar.

Foram dois dias de ventos favoráveis, e avançamos bem nas primeiras 24 horas. Depois, o vento foi caindo, até acabar por completo, bem perto da chegada. Somente quando estávamos bem próximos da barreira de coral, na parte norte da ilha, é que avistamos terra. O vento, muito caprichoso, acabou bem na entrada do passe. Por sorte a maré nos puxou para dentro, por uma água turquesa muito transparente, e começamos a navegar na gigantesca piscina que circunda a Nova Caledônia. O mar estava lindo, plácido e amistoso. Em águas protegidas começamos a ver peixes diferentes dos voadores que nos acompanharam nos últimos dois dias. Primeiro, um cardume de espadinha, depois uma espécie de cobra ficou circundando o barco, muito curiosa, pois colocava a cabeça para fora a todo minuto. Vi uma imensa tartaruga e muitos pássaros pescando. Passamos por pequenas ilhas, daquelas que aparecem nas charges de quadrinhos satirizando um náufrago solitário.

Os últimos dois dias no mar foram os mais quentes de toda a viagem. Sorte termos comprado dois guarda-sóis para esta etapa. Mesmo assim, o reflexo do sol na água é perigoso. Nossas roupas da Santa Constância com proteção anti-UV fizeram toda a diferença. Velejei pensando que estas podem ser as últimas milhas da viagem. Estou olhando para cada momento com muita atenção e vivendo intensamente os últimos dias. As noites trazem muitas estrelas cadentes e uma meia-lua clara que nos faz companhia até a uma hora da madrugada, antes de a noite se tornar escura, repleta de pontos luminosos no céu.

Depois da calmaria da chegada, ficamos esperando o vento por mais de cinco horas. Abortamos a chegada em Koumac, no lado oeste da ilha, e, a duras penas, navegamos até Poingan, outra opção mais ao norte. Para lá foram nos esperar Maris, Pepê, Tatiana – da TV Record, e Regis, tio do Igor. Fomos obrigados a remar por umas duas horas para sair do lugar, pois a correnteza mudou e estava nos levando de volta para a entrada do coral. Acho que Éolo ficou sensibilizado, então nos mandou uma brisinha que nos empurrou diretamente para Poingan. Demoramos um dia inteiro para navegar apenas 25 milhas. Chegamos bem no final do dia a uma bela praia de frente a uma pequena pousada onde alguns turistas se banhavam. Por trás da linda praia de areia bem branca havia um coqueiral que se misturava com pinheiros. O Regis organizou a cobertura da nossa chegada com uma rede de tevê local.

O *BBB* se comportou bem e estamos satisfeitos, mas a verdade é que o barco não passou por nenhum teste de verdade, pois nestes dias o mar estava muito gentil e inacreditavelmente liso. Agora, aqui na Nova Caledônia, vamos explorar a ilha, preparar o barco e aguardar a boa previsão da meteorologia para a partida.

Fiquei curioso com o nome Nova Caledônia e perguntei ao Regis. Ele me explicou que quando James Cook descobriu a ilha achou que o aspecto da costa era semelhante ao da Escócia e então a batizou de New Caledonia. Caledônia, em latim antigo, corresponde à Escócia.

14 de novembro de 2008

Estamos soltando as amarras do píer da pequena marina de Koumac, são 15h40. Pela primeira vez na viagem não há ninguém para nos dar um adeus. Nem mesmo as pessoas que estão por aqui nos acenaram. Partimos sós, mas não achei ruim. Talvez assim possamos nos concentrar mais nos últimos afazeres do barco. Nossa equipe voou hoje de manhã para a Austrália para preparar a nossa chegada a Bundaberg.

O *BBB* vai ganhar águas abertas e, pela primeira vez em muitos meses, podemos falar que a próxima parada será a Austrália. Este barco tem que chegar e cumprir seu destino. Coloquei toda a minha energia nesta viagem, dei tudo o que tenho e agora, diante das últimas 700 milhas, sei que vou ficar ansioso para chegar, mas ao mesmo tempo sei que, quando terminar, vou ficar saudoso. Como disse o grande navegador francês Bernard Moitessier. "Há duas coisas terríveis para um homem: não ter realizado seu sonho... ou tê-lo realizado".

Na saída, o vento está na cara e somos obrigados a bordejar ainda dentro da proteção dos corais. Olho para trás e vejo as altas montanhas da ilha. Aqui deste lado, onde a Nova Caledônia é virada para a Austrália, podem-se ver grandes marcas de exploração do níquel, conhecido como ouro verde. A maior riqueza da ilha faz dela o terceiro maior produtor de níquel do mundo. Vivem aqui quase 250.000 pessoas espalhadas pelas 33 regiões. A ilha é bem grande e tem mais ou menos 400 quilômetros de comprimento por uns 50 de largura. Grande parte da costa é protegida pela barreira de coral, o que a deixa mais linda, pois a água é muito clara, um anel turquesa.

Pouco tempo depois chegamos no passe e a correnteza nos levou para o mar aberto. Arribamos o *BBB* para o rumo desejado e, com vento de popa, vamos deixando para trás terra, gente, burocracia e quase um oceano inteiro. O mar está um pouco mexido, acredito que seja porque próximo de terra existe muita corrente. O barco está bem abastecido, mas, em comparação com a saída do Chile, muito mais leve. Fizemos uma redistribuição de carga e estamos levando somente o essencial. Também decidimos dar uma variada no cardápio. Compramos algumas latas de peixe mais exóticos, cuscuz, queijo *brie* e alguns frios para os primeiros dois dias. Muita fruta fresca também subiu a bordo. Já vai anoitecer e uma boa chuva dá uma lavada no barco. Nada mal. Já sabemos que teremos vento mais calmo nos primeiros dias, além de muito calor.

Acabamos de fazer nosso primeiro jantar e decidimos que vamos velejar com todas as velas para cima. Nada de rizos e também não vamos baixar o balão; temos que aproveitar ao máximo cada rajada de vento. Estou encarando esta última perna como uma regata. Sinto que cada segundo é precioso.

A noite está movimentada. O vento ronda muito e nos obriga a ajustar as velas ou alterar o rumo no piloto automático. Não é nada agradável sair do sarcófago seco, molhar os pés ou eventualmente tomar uma onda, fazer o que é preciso e voltar salgado para casa resmungando. Até agora ainda não tomei nenhuma onda, mas gato escaldado...

Enfim a última terra sumiu — 15 de novembro de 2008

O sol chega bem cedo nas nossas costas. Saio voando da barraca, que não demora a esquentar. O vento caiu agora de manhã, mas à noite foi bom. O mar permaneceu muito liso e o barco está até seco, coisa rara. Monto meu guarda-sol e pego umas frutas para o café da manhã. Desligo o piloto automático e assumo o leme. Nossa velocidade está ridícula, mais ou menos 3 a 4 nós. Não vou fazer contas de quantos dias vamos demorar caso o vento continue assim. Não vou ficar chateado. O que tiver que ser, será. Melhor pensar que o vento vai voltar. Igor foi verificar o nível das baterias e percebeu que os painéis solares já não estão carregando. Não dá para reclamar, eles prestaram bons serviços a nós, mas, da próxima vez, nada de painéis flexíveis. Os rígidos são muito mais eficientes. Vamos usar somente o dínamo para carregar as baterias, mas não com esta velocidade, que nem faz a hélice girar.

Que surpresa, golfinhos! Os primeiros da viagem. Eles ficam brincando na proa do *BBB* e Igor vai fotografá-los. Na hora do almoço o vento retorna e agora vamos a 7 nós. Ficamos assim a tarde toda, até o lindo pôr-do-sol, quando o vento se acalmou. À noite está tranquila e cheia de estrelas. A preguiçosa lua chega cada dia mais tarde. Olho as estrelas, sentado na minha asa. Janto um saboroso prato de bacalhau com purê de batatas. Hoje dá para ficar deitado do lado de fora, vendo o barco deslizar silenciosamente pelo mar. Tudo está muito harmônico. Estou em paz, saboreando os últimos dias de viagem, lembrando tudo o que passamos e o quanto custou chegarmos a este ponto do oceano, que hoje nos presenteia com uma noite límpida, fresca e suave. Como o mar pode ser tão diferente a cada minuto... Ao contrário daquele som infernal dos vagalhões se quebrando assustadores, agora só ouço um pequeno ruído da água que corre sob os cascos. Como é bom ouvir o murmurinho do mar, parece até que ele quer cochichar algo no meu ouvido. Novamente a noite tem ventos variados.

Caminhando sem vento — 16 de novembro de 2008

Nem só de brisa vive o homem, é preciso ter esperança, planos, mas um ventinho é indispensável, pelo menos no nosso caso. Estamos há dois dias nos arrastando para a Austrália. Ainda faltam 500 milhas, e foram necessárias 48 horas para andar apenas 200 milhas. O sol nos castiga mesmo sob os dois guarda-sóis .O reflexo na água e o calor que passa pelo tecido nos assa. Banhos de balde nos refrescam por alguns minutos. O lado bom de tudo isso é que o *BBB* não está sendo forçado, vai deslizando devagar por um mar quase de azeite. O mar está tão liso e o barco, quente, que chega a queimar o pé na parte vermelha do casco.

Nossa alimentação esta ótima e o consumo de água, dentro do previsto. Se tudo continuar assim chegaremos a Bundaberg entre os dias 20 e 21 de novembro. Assim espero. O que tem me surpreendido é a quantidade de peixes e pássaros. Os peixes-voadores aqui são enormes, e tão gordos que parecem desafiar a lei da gravidade. Saem voando pela proa do *BBB* e, com suas asas, vão planando bem próximo da água, mudando de direção para despistar seu predador. Aqui vimos peixes-voadores com barriga bem azul ou barriga meio amarelada. Dependendo do ângulo do sol, eles brilham reluzentes e dão um espetáculo para nós. Vi alguns peixes-espadas bem fininhos voando pela nossa proa também. Duas tartarugas bem grandes colocaram a cabeça para fora hoje à tarde para dar uma espiada na nossa jangada. A água está clara e limpa, como o horizonte. Nenhum vento à vista, só umas rajadas que vêm e vão. Uma acelerada, uma esperança. Pronto, acabou, voltamos a rastejar, não temos o que fazer a não ser aceitar. A previsão do Pierre é boa em relação à direção do vento, mas nem ele nem os *sites* de meteorologia estão acertando a força do vento.

Neste trecho a maior dificuldade, fora o calor, é a ansiedade. Pudera! Estamos quase no fim da viagem, é compreensível que fiquemos assim, sedentos pela Austrália. O *script* está bem escrito, parabéns a quem escreveu. Será que é uma gentileza do vento, uma carícia do mar, que depois de tanto bater, decidiu nos agradar? Não vou fazer nenhum pedido, vai que sou mal compreendido!

Decidimos velejar com todos os panos até às 22h30, quando a lua apareceu vermelha entre as nuvens no horizonte. Que imagem maravilhosa! Será que essa cena aqueceria o coração daqueles que se esqueceram da vida? Estes breves momentos valem mais que tudo. Fortaleço-me a cada milha navegada, cada mal tempo superado, e sinto o quão diferente estou desde que saí do Chile. A lua vai subindo e tornando o mar prateado. O mar brilha, e um fenômeno estranho ocorre quando olho para baixo. Parecem *flashes* de luz verde no fundo do oceano, pequenos clarões bem embaixo do barco, uma espécie de luminescência. Igor me contou que ontem à noite viu a mesma coisa.

O vento rondou tanto que somos obrigados a dar um jibe para 30 graus norte. Agora navegamos longe do rumo desejado. Vamos um pouco mais ao norte, para a latitude 22 graus, como Pierre sugeriu. Entro na toca para descansar um pouco, perco a noção do tempo, relaxo. O jeito é me entregar.

Perto de um lugar chamado longe 17 e 18 de novembro de 2008

Sol, sol e mais sol. Pouco vento. Neste exato momento estamos acalmados, rastejando, como costumo falar. Como é hora do almoço, vamos aproveitar e comer umas latas de peixe com biscoito. A água está azul, linda, cheia de peixes-voadores. Faz alguns dias que o mundo ficou azul por todos os lados, até onde a vista alcança. Confesso que nunca fiquei tão ansioso com uma chegada. Faltam 350 milhas, metade do caminho, e realmente nunca estivemos tão próximos. Tão próximos, mas tão longe, na dependência do vento. Acabou de passar um avião sobre o nosso barco. Vai na mesma direção que nós, só que a uma velocidade inacreditável. Quem está lá dentro vai chegar sem ter ideia de como é o caminho, e está espremido como sardinha enlatada, penso eu, para me confortar. Bom, mas eu também durmo apertado: um a um no placar. Preciso encontrar outra vantagem. A viagem é o caminho, não o destino. Pronto, estou feliz. Agora deu saudades da Debora, que ainda não sabe se vai conseguir ir para a Austrália. Maris, Pepê e Tati vão chegar hoje a Bundaberg. Estou curioso para saber como é este lugar cujo nome já pronunciei milhões de vezes. Hoje meu maior sonho é amarrar o *BBB* no píer do iate clube local.

Ontem tivemos bom vento por cerca quinze horas. Ficamos bem animados, achando que o vento estava se estabelecendo, mas foi um engano. As noites têm sido boas para descansar do sol e sempre tem uma brisa. Durante a noite de ontem o vento deu uma apertadinha e, como havia algumas nuvens, o barco ia acelerando cada vez que uma passava ao nosso lado. Uma delas trouxe mais vento e o *BBB* acelerou muito, pois estávamos com a vela balão para cima. Pulamos da barraca assustados com a velocidade do barco e, do jeito que ele adernou, achei que íamos virar. Gritei para Igor soltar o piloto automático que estava próximo dele e arribar o leme. Como o barco estava rápido nesta hora vieram duas ondas que me pegaram em cheio, ensopando não só minha roupa, mas toda a barraca, saco de dormir e tudo o que estava na porta da barraca. Igor me contou depois que me viu sumir no meio da onda. Imagino que ele deve ter-se contido muito para não rir. Não dá para escrever o quanto eu gritei. Acho que no lugar dele eu teria rido muito. O problema é que as safadas das ondas me pegam muito mais vezes do que a ele, pois durmo no lado mais vulnerável do barco, a sota-vento. Essas seriam as duas únicas ondas em cinco dias, e, quando fui dormir, resmunguei para o mar: o francês que não toma banho é ele, não eu, pô!

Estamos navegando muito próximos da Grande Barreira de Coral. Pela água pode-se perceber: vejo em alguns momentos muitas algas boiando, outras vezes, milhares de pequenas águas-vivas bem azuis. Os atobás voltaram a nos visitar assim como os petréis. Um deles ficou tentando pousar no zepelin, no topo do mastro. Desistiu, depois tentou o pau do *spinnaker*, e também não deu certo. No final foi-se, à procura de outro veleiro.

Navio! Gritei para Igor, o primeiro da viagem, um sinal de que estamos chegando próximo da costa, sinal de que vamos ter que ficar atentos à noite, pois esses monstros andam muito rápido. Este aqui não demorou muito para passar por nós indo para o sul, sabe-se lá para onde. Será que nos viram? A noite cai e, depois da rotina, vamos para a cama descansar. Embora exausto, estou cismado com o navio que vi passar, não consigo relaxar e a toda hora coloco a cabeça para fora. Não deu outra. Chamo Igor: outro navio, está vendo? Um bicho enorme passando bem perto de nós. Imaginei uma viagem inteira assim, cheia de geladeiras gigantes nos assustando.

A velha trinca — 19 de novembro de 2008

Ainda faltam 290 milhas e uma pequena onda na direção favorável nos ajuda a dar uma surfada. Vou no leme conduzindo o *BBB* com precisão e delicadeza, tentando extrair o melhor a cada rajadinha, a cada descida de onda. Parece que o barco é uma dama em um salão de festas sendo conduzida com toda a sutileza. Atento, vou descontando mentalmente as milhas que nos separam do paraíso. O vento rondou, caiu, voltou, caiu novamente, veio ameaça de chuva, e nada. Continuamos no Saara em pleno oceano Pacífico. Quando o vento acabou definitivamente, lá estávamos nós à deriva. Olhei para o horizonte e avisei Igor: lá vem outro navio, e parece que bem na nossa direção! Tentávamos sair do lugar e, a cada vez que olhava para a lata de sardinhas, ela estava assustadoramente maior. Pedi ao Igor que ligasse o rádio e avisasse o navio que estávamos no caminho. O rádio estava descarregado. Igor trocou as pilhas e chamou o navio. Não responderam, e nós já começamos a pensar em remar quando uma pequena rajada nos fez sair do lugar. Também percebemos que eles mudaram de rumo. Acho que nos perceberam pelo radar. Não me arrependi de ter colocado um refletor de radar no alto do mastro. Que alívio! *Bye bye*, bicho-papão.

Como de rotina, dou uma checada na caixa do leme para ver se está tudo bem. Não está. A pequena trinca que vi no segundo dia cresceu e já pede a nossa velha gambiarra. Decidimos não mexer ainda, ela vai ficar sob forte vigilância. O tempo começou a mudar e o céu encoberto nos ofereceu um alívio. Algumas nuvens de chuva começaram a nos empurrar de um jeito interessante. A chuva vinha por trás, mas não nos alcançava, pois ficávamos à frente da rajada o suficiente para não nos molharmos, apenas o necessário para aproveitar o vento. Tenho falado com a Debora todos os dias e, depois que desligo o telefone, sinto-me alimentado, com uma saudade imensa, porém. O treino aqui no barco é para aprender a lidar com a ansiedade. Ainda não sei se ela vai para a Austrália me encontrar.

A noite vem, a única certeza no momento. Aparecem algumas nuvens estranhas. Igor olha para mim e diz: "Não gosto disso". Já não bastavam os navios para me tirar o sono, agora temos a possibilidade de uma virada de tempo! Estou cansado, mas não consigo relaxar por causa dos navios. O céu está encoberto, sem estrelas. Dou uma cochilada e acordo de sobressalto, colocando a cara para fora para procurar alguma luz. O vento esta razoável, mas no meio da noite caiu. Passou da meia-noite. Repito para mim mesmo: hoje já é dia 20, posso dizer pela primeira vez que chegaremos amanhã! Esta é a última noite que vou dormir no barco. Sei que amanhã não vou querer dormir, vou curtir todos os últimos minutos, as últimas milhas, gravar tudo na mente. O momento é único na minha vida.

Mudança de tempo — 20 de novembro de 2008

O dia amanheceu encoberto, o que é ótimo, um dia a menos exposto ao sol. O vento rodou, como Pierre já havia nos avisado. Escolhemos a tática certa e fomos mais ao norte para pegar a rondada do vento em um ângulo favorável. A previsão dizia ainda que o vento viraria depois para noroeste. Se tivéssemos ido diretamente de Koumac para Bundaberg, teríamos nos dado mal, pois nos últimos dois dias poderíamos ter vento forte na cara, uma situação que queríamos evitar a todo o custo pois seria expor o *BBB* a um estresse desnecessário. Andamos mais, mas valeu a pena. No mar, nem sempre o caminho mais curto é o mais rápido. As decisões conservadoras nos trouxeram até aqui, então são elas que vão nos acompanhar até a chegada.

Agora de manhã um grupo de baleias-piloto veio nos visitar. Elas sempre andam em grupo e, coincidentemente, a última vez que vi baleias-piloto foi a caminho da Groenlândia. Por sinal, Igor e eu estávamos juntos também. Daquela vez chegamos a menos de 1 metro delas. Aqui elas estão mais tímidas e logo mergulharam aos nos perceber. Já soube do relato de um velejador que foi afundado por um grupo que atacou seu barco. *Bye bye*, pilotos, vamos seguir o nosso caminho. Olho para os lados e continuo a não ver nada. Aqui é um lugar onde tudo e nada é a mesma coisa. Imensidão por todos os lados, um vazio que me alimenta. Continuamos a navegar sem parar, pois sei que há uma grande porção de terra pela frente nos esperando.

Restam apenas 140 milhas e as condições mudaram radicalmente. Em vez de dias estáveis de vento fraco e muito sol, agora começou a soprar um vento mais forte do norte. O barco voltou a acelerar bastante, parece um cavalo retornando para a baia no final do dia. Tratamos de diminuir as velas para desacelerar o barco, não queremos risco nenhum. O mar está ficando mexido e, já no começo da noite, começaram os bons banhos de água salgada na cara, que invade a barraca e deixa nossos sacos de dormir molhados. Igor grita: "Betão, aproveita, hoje é tudo pago, vai ser a última noite". Damos muita risada porque sabemos que é mesmo a despedida e é para não nos esquecermos do mar, nosso amigo poderoso, grandioso, que, mesmo em dias tempestuosos, se mostra absoluto e tranquilo naquilo que ele sabe fazer: ser Mar.

Eu já sabia que a noite de despedida ia ser dura. Fizemos nosso último jantar liofilizado com um Red Bull para segurar as baterias, que estão baixas.

No horizonte vemos uma linha de nuvens pesadas com relâmpagos. Estamos a 100 milhas da costa e algo muito assustador se passa na Austrália. Relampeja muito, caem raios por várias horas consecutivas, enquanto nós, sentados no barco, velejamos no escuro, assistindo a um espetáculo impressionante de luzes que iluminam o horizonte por uma extensão enorme. O vento aumentou durante a madrugada, chegando a uns 20 nós, o que não é muito, mas o mar está um pouco atrapalhado e faz o *BBB* pular e descer os jacarés com muita velocidade. Os relâmpagos e trovões aproximam-se bastante de nós, mas não sofremos nenhuma alteração de vento, só ficamos atentos e um pouco temerosos de essa coisa vir para cima de nós. De olho em tudo no barco, acendo minha lanterna toda hora para ver se tudo está certo. Capricha, *BBB*, falta pouco para você descansar!

Ainda na madrugada passou um navio bem perto de nós; pouco depois, um veleiro. Já é o quinto navio em 48 horas. Estou cansado e decido entrar na barraca para esticar a corpo. Fico metade dentro e metade fora, olhando para o escuro e esperando que um relâmpago ilumine o horizonte. Hoje Igor e eu conversávamos de tarde sobre tudo o que aconteceu na nossa vida neste último ano. Agora que estamos tão próximos de concluir a jornada, fica difícil mensurar o que foi feito. Não sei se as fichas vão cair tão cedo. A emoção é tão grande que precisamos relembrar tudo o que vivemos para tentar dar uma dimensão à nossa travessia. Uma coisa sempre me surpreende quando finalizo uma viagem. A chance que temos de algo dar errado é tão grande que fica difícil acreditar que se possa chegar ao final de uma viagem assim. Basta um cabo de aço se partir em algum lugar ermo e pronto, acabou. Mas, por alguma razão desconhecida, tudo tem dado certo. E, se dentro de algumas horas chegarmos à Austrália, essa será a sexta vez que concluirei uma longa viagem. As razões mais óbvias que contribuíram para o sucesso tenho bem claras na minha cabeça, mas ainda é um mistério o porquê de até hoje eu ter sido poupado de um eventual insucesso.

O mar ficou um pouco melhor, agora está vindo mais de popa, e assim o *BBB* surfa as ondas de um modo bem suave, do jeito que ele gosta. Agora, sim, posso desfrutar a velejada. As nuvens negras vão-se embora e muitas estrelas voltam a cintilar no céu. Deitado na asa, posso fazer o filme de tudo o que aconteceu desde que a ideia desta viagem nasceu. No começo era apenas o sonho de cruzar o maior oceano do planeta. Depois, um sonho compartilhado com Maris e Igor, quando ainda estávamos na Groenlândia. Quando os convidei para participar da viagem, o sonho já não era apenas meu. Passou a ser o nosso sonho. E assim foram-se somando os sonhadores. O *BBB* não vai chegar à Austrália somente com dois tripulantes. Tem muita gente a bordo. Gente apaixonada que dedicou amor e trabalho à ideia. Daqui de longe, sentado na asa do *BBB* que desliza rumo à terra dos cangurus, sinto toda a cumplicidade dessa família dedicada e competente. Sinto também muita vontade de ligar para cada um neste momento e agradecer do fundo do coração por terem acreditado no nosso sonho. O sucesso é uma experiência coletiva, e a prova disso está aqui embaixo de nós. Uma pequena jangada vermelha navegando elegantemente a algumas milhas da costa da Austrália.

Sinto vontade de dar um abraço no Igor, mas ainda não é hora. Ele está na casa dele e eu, na minha. Estou muito emocionado e imagino que ele também. Daqui a pouco vai clarear. Segura, coração!

A chegada — 21 de novembro de 2008

Quando os primeiros raios de sol iluminam as velas do *BBB* ainda rizadas, vejo que chegaremos em um belo dia de sol. Faltam 40 milhas apenas, só dois dígitos. Levantei-me da asa e fiquei de pé para ver o que tinha à frente. Nada, só uma névoa que ficou presa no continente depois da chuva. Igor esta em pé, olhando para a frente, mais concentrado que cachorro em proa de canoa. Ainda vai demorar para vermos terra, pois o lugar em que vamos aportar é bem plano e baixo.

Ligo para a Maris para combinarmos o exato lugar da chegada. Ela me conta que ontem à noite caiu na região a maior chuva dos últimos trinta anos. O temporal veio com muito vento, derrubando árvores e destelhando casas. Disse ainda que ficaram sem luz e que as ruas do hotel estavam alagadas. Olhando para os últimos dias com pouco vento, começo a ver que foi ótimo negócio não ter chegado antes. Nem gostaria de imaginar como seria entrar na barra de rio de Bundaberg com um mau tempo como o de ontem. Sinto que estamos mesmo em sintonia com algo maior. Agora, com pista livre, é hora de tirar os rizos da vela e levantá-la até o topo do mastro. O mar está excelente, o vento vem por trás e a chegada ocorrerá em questão de horas.

Decidimos deixar o barco mais leve. Usamos toda a reserva de água mineral para um bom banho de água doce, com direito a xampu no corpo todo. Quero chegar bem arrumado e com uma muda de roupa limpa.

Em pé, apostamos qual dos dois vai ver terra primeiro. Não desgrudo o olho do horizonte, mesmo sabendo que de onde estamos é impossível ver alguma coisa. O mesmo faz Igor. Nestas últimas milhas a emoção está a bordo do *BBB*. Cada vez que vem o filme na cabeça meus olhos se enchem de lágrimas. Grito para Igor, que está em pé ao lado da casa dele: "Igor, lembra do dia em que saímos de Concón e da hora que olhamos para trás e vimos o barco da Marinha com toda a nossa equipe nos acenando?". Ele dá risada e começo a relembrar os primeiros passos da viagem, quando, em dezembro de 2006, fomos para a Bélgica fechar o acordo de compra do barco. Estava muito frio, chovia e ventava muito na marina onde boiava o nosso futuro barco. Fazia uns 3 graus, e mal conseguíamos examinar o catamarã.

Depois do negócio fechado com Hans Bouscholte, o barco só foi enviado ao Brasil em março de 2007, chegando na véspera da Semana de Vela de Ilhabela daquele mesmo ano. A primeira escala no Brasil foi no estaleiro da Holos, no Rio de Janeiro, onde o barco passou pelas primeiras adaptações feitas pelo nosso amigo Lorenzo. Depois, rumou para Ilhabela, onde permaneceu por quatro meses em testes e onde concluímos a sua montagem. As velas vieram da North Sails, de Buenos Aires, os trampolins foram feitos em Ilhabela... Em meados de setembro rebocamos o barco com a nossa Mitsubishi Pajero até o Chile, o que já foi uma viagem em si. Lá em Viña del Mar, hoje um lugar muito distante para nós, montamos o barco e, depois de muito trabalho, colocamos a barriga do *Bye Bye Brasil* nas águas geladas da costa chilena.

Igor e eu falamos do passado recente com um sorriso no rosto, e mesmo nós, envolvidos no projeto até a alma, ficamos surpresos como tudo no final estava dando certo. Foram muitos os percalços, muitas noites sem dormir chacoalhando dentro da minicama. As quebras foram sérias, chegando até a interromper a viagem por duas vezes. Foram centenas de decisões que tivemos que tomar, e comentamos que uma decisão errada no meio de muitas poderia ser fatal para o sucesso da viagem. A sensação é que andamos na corda bamba. Se cometêssemos um erro perderíamos tudo o que lutamos para conseguir. Foi uma pressão enorme que sofremos, mas faz parte deste tipo de viagem.

No total foram 71 dias velejados, ou 71 noites, muitas mal dormidas. Fizemos conta das horas. Pelos nossos cálculos, passamos cerca de 700 horas dentro da barraca, e outras 1.700 no barco, em puro contato com a Natureza. Não sabemos se é muito ou não. Talvez no futuro isso possa parecer um *flash* em nossa lembrança, mas, agora, no final da viagem, sentimos que está na hora de chegar, as baterias precisam de recarga. Chegar à Austrália foi o que norteou a minha vida e a do Igor nestes últimos anos.

Apesar das dificuldades, o que vivemos neste imenso oceano Pacífico nos dá uma contrapartida muito positiva. É imensurável o valor desta experiência em nossa vida. Sinto que precisava viver esta travessia. Talvez alguém pergunte para que tanto desconforto, tanto risco ou qualquer coisa do gênero. O que posso dizer é que este tempo que eu me dei de presente foi muito fundamental. Aprendi muito com Igor, melhorei minha autoestima, lidei com todas as dúvidas inerentes à vida, que se apresentaram na viagem de forma superlativa. Agora percebo com mais facilidade o que sinto. Uma viagem como esta não acontece por acaso. Entendo que experiências futuras vão exigir de mim as habilidades e aprendizados que tive sobre esta jangada.

Além de tudo, os meses em contato com a Natureza me dão uma sensação de limpeza. Sinto-me mais equilibrado, mais próximo da minha essência. Acredito que a vida moderna nos faz esquecer de nossas verdadeiras qualidades e, junto da Natureza, pude rever muitas atitudes e comportamentos que me desviaram dos verdadeiros propósitos da existência. Nunca imaginei também que me casaria no meio do Pacífico, mas a vida prega boas peças, e ter encontrado a Debora foi uma benção na minha vida.

A apenas 20 milhas da chegada Igor me chama e diz: "Betão, olha ali à direita, está vendo um morrinho? É terra, a Austrália de braços abertos para nós". Brincando, respondo: "Nunca estivemos tão próximos da Austrália". Damos um grito de guerra e um grande abraço, abraço de irmãos. Nossa amizade está selada para sempre com esta grande conquista. Agradeço ao Igor por toda a dedicação e companheirismo. A comemoração seguiu ao nosso estilo: ficamos calados, olhando para a frente, cada um imerso nos seus pensamentos e emoções.

Daqui para a frente a tímida Austrália, quase uma difícil donzela, vai dando o ar da graça. Outras partes mais elevadas vão aparecendo e se juntando, formando uma longa extensão de terra à nossa frente. Estamos de pé, paralisados. Em silêncio, navegamos um bom tempo, extasiados com a visão. Nunca tive a certeza de que chegaríamos, mas nunca duvidei de que tínhamos capacidade para chegar.

Três horas depois nos aproximamos da entrada da barra e, ao encontrarmos as balizas da entrada do canal, dou uma última olhada para trás. Acabou, agora o *BBB* vai descansar, orgulhoso por ter navegado pelo maior oceano do planeta. Entramos pela barra de rio e, pelo rádio, o Bundaberg Port Marine nos orienta para encontrar a entrada do clube. Encostamos o barco no píer e recebemos as autoridades locais para os trâmites de entrada no país.

Depois, o almejado abraço na Maris, no Pepê e na Tati. Para nossa surpresa, eles prepararam um banquete para nós no bar da marina. Tomamos o nosso tão sonhado champanhe olhando o *Bye Bye Brasil* amarrado no píer. Missão cumprida. Estamos todos no mesmo barco!

Para terminar

Velejamos mais ou menos 9.000 milhas para chegar à Austrália – uma viagem longa, mas o que vale é o caminho, ou será quem caminha?

Exploramos ilhas, conhecemos pessoas e nos adaptamos à vida na nossa jangada que singrava pela vastidão do Pacífico.

Tempo, tempo que tivemos à nossa disposição, tempo que falta na vida da cidade grande, tempo que passa num piscar de olhos, tempo que traz arrependimento por deixar de fazer algo em algum tempo.

Pois é, quando a viagem começou a vida me disse: "Não era tempo o que você queria? Pois bem, agora faça dele o que quiser!"

Foi assim que começamos lá na costa do Chile, e muitas vezes, de manhã ou mesmo no meio de uma noite de insônia, eu me perguntava: "O que fazer com o tempo? O que vou pensar hoje? São seis e meia da manhã e tenho um dia inteiro pela frente, sem ver nada além de água, céu e meu companheiro."

Parece conversa de louco, mas é difícil lidar com a liberdade. Quando deixei tudo, quando não tive pessoas com quem conversar, quando parei de ver coisas e principalmente quando fiquei longe do bombardeio da mídia, não soube o que fazer, o que começar. Agora já não tinha o mundo externo para me estimular, estava somente comigo. Só me restava mergulhar para dentro do meu oceano. Medo? Talvez, mas sobretudo o sentimento verdadeiro de que esta é uma fronteira desconhecida não só por mim como pela maioria dos seres humanos. Mas o tempo – sempre ele – foi generoso comigo, pois ele me deu a chance de me observar e lançar um olhar para a vida por uma nova perspectiva. Por esse prisma, faz sentido valorizar quem caminha, e não somente o caminho.

Igor e eu chegamos à Austrália mais amigos do que éramos quando partimos do Chile. O tempo fez nos conhecermos melhor e fortaleceu a nossa amizade.

Isso foi mais importante do que vencer o desafio náutico. Reafirmamos que, para nós, o que importa não é o "fazer", mas o "como fazer".

Ficamos muito tempo num lugar em que se vê pouca coisa, mas se sente muita.

Depois que nos despedimos, na Austrália, Igor voou para a França e deixou com a Debora, que foi do Brasil nos encontrar, uma carta. Pediu a ela que só me entregasse depois que ele tivesse partido. Nela, ele me transmitiu sentimentos muito similares aos meus. A sintonia entre nós se confirmou a cada linha.

A viagem não foi somente nossa. Tivemos ajuda de inúmeras pessoas que estiveram a bordo, representadas pelo trabalho, pelo amor e pela dedicação. Muitos outros estavam conosco em pensamento – senti-as muitas vezes em todas as viagens.

Nas noites estreladas, no meio do Pacífico sul, fiquei magnetizado pela beleza do céu, que no passado me causava enorme nostalgia. Mas agora é diferente, já não quero partir no meu foguete, sei que o meu tempo é aqui, junto das pessoas que amo e com os meus mais profundos compromissos.

Também descobri como é vasto meu oceano interno, e como eu o desconheço, mas estou feliz de ter tido a coragem de começar a me aventurar por ele. E pensar que cada ser deste planeta é um oceano diferente – isto, sim, é vastidão! Agora dá para entender o que acontece quando dois mares se encontram...

Quero aprender a saborear o presente e desfrutar dele. Sei que é algo que poucos sabem. A maioria prefere trocar o real pela ilusão, o amor pela promessa, a eternidade pela mortalidade.

Hoje me lembrei de uma frase que meu pai me disse quando eu era pequeno. A lembrança veio vindo, aos poucos, sorrateira, e mais parecia uma paisagem da Nova Escócia coberta e envolta em uma neblina que aos poucos foi se descortinando. Deixei-a emergir. Ao mesmo tempo eu reconstituía na minha vaga lembrança a nossa conversa. Meu pai me explicou o que fazia um homem ser um bom velejador: "Um bom velejador tem que perceber que o vento vai mudar, mas, antes que ele mude, ele tem que se antecipar, manobrar o barco e navegar para o lado favorável – esse é o segredo".

Aquelas palavras soaram como magia para mim, e é claro que eu considerava o meu pai como um grande velejador, e não conseguia imaginar como ele podia saber que o vento ia mudar. Como ele sabia? Onde e como aprendeu? Em seguida ele me disse: "E assim é a vida; às vezes uma oportunidade aparece e você não percebe, deixa ela passar. Pode ser que ela nunca mais passe, e você a terá perdido para sempre".

O vento e a vida têm seus caprichos, e entendi que só precisava aprender a ler os seus sinais, pois nem sempre teria todo o tempo que imaginava ter.

Hoje vejo que o melhor que pude fazer foi partir.

Sobre o autor

Beto Pandiani, 51, realiza há 14 anos expedições oceânicas a bordo de barcos sem cabine. Filho do também velejador italiano Corrado Pandiani, conquistou prêmios nacionais e internacionais e coleciona marcos vitoriosos na história da vela mundial.

Betão, como é conhecido entre os amigos, cursou Administração na PUC-SP e tornou-se um bem-sucedido empresário do entretenimento. Durante as décadas de 1980 e 90, criou casas noturnas que badalaram as noites paulistanas: Singapura, Aeroanta, Clube B.A.S.E., Olivia e Mr. Fish, entre outros negócios.

No final dos anos 1990 assumiu a vela como profissão e negócio, passando a trabalhar exclusivamente com o esporte que é a paixão de sua vida.

As expedições de Roberto Pandiani originaram cinco títulos pela Editora Terra Virgem: *Rota Austral*, *Travessia do Drake*, *Rota Boreal*, *Entretrópicos*, *Travessia do Pacífico*, e um DVD duplo da Travessia do Pacífico, pela Fnac.

Atualmente, Beto ministra palestras sobre planejamento, gerenciamento de risco, superação de resultados e trabalho em equipe para grandes empresas e instituições, entre elas Caloi, Credicard, Reebook, USP, Atos Origin Brasil, Unibanco, Citibank, Votorantim, Medial Saúde, Vale, Novartis, Banco Itaú, HSBC, BCP, Globosat, Fort Knox e Vivo.

contato@betopandiani.com.br
www.betopandiani.com.br

Sobre as expedições

Em 1994, Beto Pandiani realizou sua primeira expedição, a **Entretrópicos**, que saiu de Miami e, 289 dias depois, chegou à Ilhabela, no litoral de São Paulo, levando quatro velejadores em dois catamarãs sem cabine de 21 pés.

A segunda viagem foi a **Rota Austral**, realizada de 2000 para 2001, no mesmo tipo de embarcação, numa extensão de 4.500 milhas. A equipe – composta também de quatro velejadores em dois barcos – saiu do Chile e dobrou o Cabo Horn, até chegar ao Rio de Janeiro, outra viagem com roteiro inédito. As viagens seguintes seriam realizadas a bordo de apenas um catamarã, tripulado por dois velejadores: em 2003, na **Travessia do Drake**, pela primeira vez um barco sem cabine – mais uma vez um 21 pés – alcançou a Antártica.

Em 2004, **Atlantic 1000**, a regata de 1000 milhas na costa leste americana, foi concluída com êxito, e, no ano de 2005, a expedição **Rota Boreal** percorreu, de Nova York à Groenlândia, uma distância de 3.000 milhas num 20 pés.

Nos anos de 2007 e 2008, juntamente com Igor Bely, Beto realizou a **Travessia do Pacífico**, a mais longa de todas as viagens. Foram 71 dias velejados entre o Chile e a Austrália em um catamarã sem cabine de 25 pés.

Créditos dos retratos dos parceiros:
Pepê e Dudu: *Maristela Colucci* / Beto, Oleg e Duncan: *Julio Fiadi* / Marcus: *André Andrade*
Dega: *Gui von Schmidt* / Beto e Igor: *Maristela Colucci* / Felipe e Beto: *Maristela Colucci*
Beto, Linsker e Duncan: *Arquivo pessoal* / Igor, Makoto e Julio: *Julio Fiadi* / Nando: *Tácito de Almeida*
Bene e Beto: *Maristela Colucci* / Thomas, Beto, Patrícia, Boccia e Duncan: *Arquivo pessoal* / Beto, Felipe, Santiago e Gui: *Arquivo Pessoal* / Beto, Maris e Igor: *Pepê* / Zé Eduardo: *Gui von Schmidt* / Fábio e Sophie: *Julio Fiadi*

Na primavera de 2010, enquanto Beto Pandiani planeja sua próxima expedição, Passagem Noroeste, este livro, composto nas fontes Minion Pro e Folio, foi impresso sobre papel Polen Soft 80 gramas na Gráfica Vida & Consciência.